Michael Wachtler
Die Tirol-Saga

Historia eines mysteriösen Volkes von Wilden.

Von Raufbold Ötzis bitterem Ende bis zu den

Helden der Schmerzen.

Mit Illustrationen

von Reinhard Egger und Fredy Fuetsch

Erste Auflage 2007

Michael Wachtler

Die Tirol-Saga

Historia eines mysteriösen Volkes von Wilden

Verlag ATHESIA Spectrum - Ferrari-Auer GmbH

Covergestaltung: Reinhard Egger, Freddy Fuetsch (www.block2.at)

Lektorat: Verena Wisthaler

Koordination: Edith Campei

Druck: Athesiadruck, Bozen

ISBN 978-88-6011-068-8

e-mail: spectrum@athesia.it

Internet: www.athesia.it/spectrum

Für den Inhalt

e-mail: michael@wachtler.com

Unterstützt durch das Amt für Kultur

Michael Wachtler
Die Tirol-Saga

Historia eines mysteriösen Volkes von Wilden.

Von Raufbold Ötzis bitterem Ende bis zu den

Helden der Schmerzen.

Mit Illustrationen

von Reinhard Egger und Fredy Fuetsch

Inhaltsverzeichnis

Sammlung loritanischer Geschichtsführer

Unparteiischer Versuch Historia und Charakter dieses „Heiligen Landes im Gebirge Tirol“ zu beschreiben

Reisen durch das Heilige Land im Gebirge Tirol

Wort des Herausgebers an die Leser

Das vorliegende Manuskript entdeckte ich eines Tages zwischen einer Fülle von Dokumenten. Ich konnte mir nicht im Entferntesten einen Reim machen, wie es zu mir gekommen war. Da immer wieder auf dieser Erde neue Staaten entstehen, während andere verschwinden, machte ich mich daran das Land Loritanien zu suchen, wo der Chronist scheinbar herstammte. Es gelang mir beim besten Willen nicht.

Dies bekümmerte mich nicht weiter, da es keinen Menschen gibt, der sämtliches Wissen dieser Erde in seinem Geist unterzubringen vermag. Vieles vom großartigen neuen Wissen, wie selbst die Relativitätstheorie, sind für jeden normal Sterblichen so schwer zu verstehen und liegen so weit von unserer Gedankenwelt entfernt, dass ich mich nicht weiter damit beschäftigte, die Koordinaten des Landes Loritanien zu erfassen.

Gesichert ist, dass es einen loritanischen Abenteurer in dieses „Land im Gebirge Tirol" verschlug, wo es sein Anliegen war, für sein Volk eine detailgetreue Beschreibung seiner Erkenntnisse zu verfassen. Anfänglich ärgerte ich mich über seine eigenartige Darstellungsweise, doch dann bemerkte ich, dass ihm wirklich daran gelegen war, von seinem Standpunkt eine wahrheitsgetreue Beschreibung der vorgefundenen Gegenden, aber auch deren Personen, Sitten und Bräuche anzufertigen. Mit ähnlichem Ansinnen brachen oft genug unsere Leute auf, um von den primitiven Völkern der Südsee, Afrikas oder Amerikas zu berichten.

Da ich nach reiflicher Überlegung zur Auffassung gelangte, dass die loritanische Gedankenwelt vielleicht selbst den einen oder anderen aus unseren Ländern interessieren könnte, lege ich nun dieses Buch in verkürzter Form vor.

Michael Wachtler

Sammlung loritanischer Geschichtsführer

Vorwort von Professor Samot Reschif

Herr Leahim Relthaw, einer der außergewöhnlichsten Forschungsreisenden des Landes Loritanien, trat mit dem Wunsch an mich heran, ich möge diese Reiseberichte auf ihren Wahrheitsgehalt überprüfen. Es war sein Anliegen, nicht in Verdacht zu geraten, den Wert dieser Beschreibung durch Übertreibungen, Ungenauigkeiten oder sogar Lügen zu mindern. Er legte mir in der Folge eine Fülle von erstaunlichen Dokumenten und selbst Gegenstände vor, welche eindeutig bestätigten, dass es sich bei seiner vortrefflichen Reise durch das Heilige Land im Gebirge Tirol um wahrhaft Erlebtes handelt. Unwahrheiten und Lügen würden sowieso keinen langen Bestand haben, weil es in der Folge genügend Interessierte geben wird, welche dies Land und seine Leute kennen lernen möchten.

Nicht Eigennutz oder Ruhm waren seine Beweggründe dies Volk und seine Geschichte zu erforschen, sondern der tiefe Wunsch, dieses höchst merkwürdige Land anderen zugänglich zu machen.

Genauso lobenswert wurden Vergleiche und Bewertungen loritanischer und tirolerischen Kultur, Geistes und Gelehrtheit vermieden. Zu unterschiedlich waren schon immer beider Entwicklungen. Loritanien kennt weder das Wesen des Krieges, noch tragen dessen Bürger irgendwelches Besitzdenken in ihrem Geist und selbst Maßlosigkeit bei Trinken und Essen sind unbekannt. Allerdings habe ich kraft meines Professorenamtes unserer Universität den Auftrag erteilt, in einer Studie, die Auswirkungen einer mangelnden Wertschätzung von Bildung, Geist und Kultur untersuchen zu lassen, in dem wie es scheint, sich beide Länder zuäußerst unterscheiden. Es berichten nämlich gewisse zweifelhafte Aufzeichnungen, dass selbst in Loritanien vor undenklicher Zeit ähnliche Zustände wie bei diesen Gebirgsmenschen geherrscht haben. Seit allerdings Erbkönige, Kriegsherren und Berufspolitiker durch einen Rat der Weisen und des Geistes ersetzt wurden, haben sich sehr viele dieser niederen Instinkte verflüchtigt.

Allerdings sollte vom loritanischen Rat der Weisen überprüft werden inwieweit einer tirolischen Gruppe ein Aufenthalt in Loritanien ermöglicht werden könnte. Vorerst müssten allerdings die Grundlagen geschafft werden, damit erste Tiroler Reisende die geistigen Anlagen unseres Landes überhaupt zu erfassen vermögen.

Wir werden allerdings Herrn Leahim Relthaw bei einer wahrscheinlichen nächsten Reise in dieses Land im Gebirge ersuchen von seinem Standpunkt des Beobachtens abzugehen und in Diskussionen mit den Eingeborenen Wesenszüge von Tirol und Loritanien aufzuarbeiten.

Hiermit danke ich Herrn Leahim Relthaw, Bürger von Loritanien, aufs Herzlichste für seine Beobachtungen.

Abschlußbericht des Berichterstatters Leahim Relthaw, Bürger von Loritanien

Während meiner letzten Abenteuerreise hatte ich Gelegenheit ein Land im Herzen Europas kennen zu lernen, das von uns weit abweichende Bräuche, Kultur und Sitten hat. In seiner selbst gewählten seltsamen Absonderung bewahrt es Verhaltensweisen und vielfach ausgeschmückten Götterglauben, der sich in dieser Form anderswo kaum noch erhalten hat. Dazu befinden sie sich in einem sonderbaren Wetteifer den natürlichen Reichtum ihrer Landschaftsschönheit umzugestalten, nach ihrem Willen zu formen und zu ändern. Ihr Geisteshorizont ist von dem vollends bestimmt, während sie andere Möglichkeiten der Bildungserweiterung nicht interessieren oder unbekannt sind.

Werter Leser! Die undenkbarsten Geschichten, von denen ich berichte, sind wahr, die eigenartigsten Zitate stammen wirklich von den genannten Personen, die unglaublichsten Handlungen der Menschen wurden deshalb wiedergegeben, weil sie sich so zutrugen. Der Stil dieses Buches ist der einer Reportage und der Aufbau trägt selbstverständlich den Stil des Autors und ist nicht austauschbar. Beschreibungen kurzer flüchtiger Modeerscheinungen wollte ich nach Möglichkeit vermeiden. Der treuherzige Chronist ist sich bewusst, dass er vielleicht manch Vorgefallenes falsch auffasste, oder das ihm Erzählte nicht sinngemäß verstand. Selbstverständlich kann eine Beschreibung deshalb nie gerecht sein, weil jene Personen, von denen die Rede ist, alles daran setzten um zu verfälschen oder die Duftmarken ihrer Ichsucht zu platzieren, wie sie am wenigsten der Wahrheit entsprechen. Vielleicht wollte manch einer seine von ihm unter Schwierigkeiten, wenn nicht sogar unter Todesgefahr vollbrachten Leistungen besser gewürdigt sehen.

Leben und Taten des tapferen Junkers Don Quichotte de la Mancha und seines Knappen Sancha Pansa, Alice im

Wunderland, Pinocchios Abenteuer, Gullivers Reisen haben Eines gemeinsam: Sie entstammen dem Geiste besonders begabter Erzähler und haben deshalb viele Generationen von Menschen begeistert.

Das Land und seine Menschen, von denen hier berichtet wird, gibt es wirklich und nichts, aber auch gar nichts gehört dem Reich der Fantasie oder den Träumereien des redlich sich bemühenden Chronisten an. Es war mein Anliegen, alles zusammenzutragen und wahrheitsgetreu - als Objekt des Studiums für seine Leser und spätere Generationen – niederzuschreiben. Willkommen, lieber Fremde, der Du dieses Land näher kennen lernen möchtest!

Leahim Relthaw

Historia eines mysteriösen Volkes von Wilden mitsamt eines unparteiischen Versuches seine Helden, Rüpel und Heiligen zu beschreiben

Wo das Land liegt und warum hier überhaupt Menschen wohnen.

Lieber Interessierte! All die Geschichten, von denen ich berichte, von den wunderlichen Anfängen bis in die heutigen Tage sind für jemanden, der sich nicht damit befasst erstaunlich und in vielerlei Hinsicht unwahrscheinlich. Gerade deshalb fand ich es wert, sie für unsere Bewohner niederzuschreiben, um sie in lebhaftes Staunen zu versetzen.

*

München ist eine Weltstadt, Salzburg hat die Musik, Augsburg strahlt vornehmes Flair aus. Verona ist die Stadt der Liebe, Venedig ist ehrwürdig, Mailand nobel. Hier gibt es Kultur und Kunst zum Frühstück, zum Mittagessen, die ganze Nacht hindurch. Leonardo da Vinci, Dürer, Michelangelo, Einstein und ein weiterer unendlicher Ochsenschwanz an den besten Geistern, welche diese Welt je hervorgebracht, wirkten hier, entdeckten und erfanden. Der Mutterleib der Genialität ließ eine solche Unzahl an überragenden Köpfen zur Welt kommen, wie kaum anderswo. In diesem Umfeld der Kreativität enteilte der Mensch mit Meilenstiefeln dem Tierischen.

Dazwischen liegt die Wildnis. Von welcher Richtung man auch schaut, von München, Salzburg, Verona, Venedig türmen sich im Dunstkreis des Auges wilde Berge als wie von Kanonen zerstörte Ruinen: Die Alpen. Der Name bedeutet nichts anderes als „Berg". Die ersten Bewohner der Ebenen fanden kein treffenderes Wort.

Das Land, von dem hier besonders die Rede ist, nannte man seit alters das „Land im Gebirge" und seine Bewohner die „Menschen im Gebirge". Es erstreckt sich einer uneinnehmbaren Festung gleich durch das Herz Europas über zweihundert Kilometer von Norden nach Süden und in gleicher Weite von Osten nach Westen. An diesen beiden Seiten gibt es noch gleiche Gestade in denen Menschen ähnlicher Gesinnung leben. Es ist eine traurige Unwiderlegbarkeit, dass die meisten Menschen diesem Land in grundlosem Unwissen gegenüberstehen.

*

Das Land im Gebirge ist in Wirklichkeit unbewohnbar. Die Gegenden sind so steil, dass sie auch unregierbar sind und sie sind durch und durch wertlos. Es gibt kein Meer, kein Gold, kein Öl, keine Schätze. Dass sich hier Menschen aufhalten ist für jeden Fremden eigentlich unvorstellbar. Gerade deswegen wurden sie bewohnt, weil jeder normal Vernünftige ausschließen musste, dass hier jemand überlebte.

Jeder aus den umliegenden Gebieten aus irgendwelchen Gründen Verjagte, jeder Halunke und Streitbold, Meuchelmörder und Revolutionär konnte davon ausgehen, dass man ihn einzig und allein hier, und sonst nirgendwo unbehelligt ließ. Die Anderen, in den weiten europäischen Ebenen Lebenden, konnten dagegen annehmen, dass diese Steinwüsten und Gletscherhöllen mit jedem innerhalb kürzester Zeit fertig werden würden. All diesen Irrtümern und Missverständnissen ist schlussendlich die Besiedelung dieses wilden Landes im Gebirge zu verdanken.

Es liegt im Wesen der Frau, selbst den Abschaum der Menschheit bemuttern zu wollen, um aus ihm etwas Besseres zu machen. Im Soge all dessen zog es auch Weiber in diese Berge. So fanden die größten Räuber doch irgendeine Windsbraut, meistens gar keine Schlechte, und sogar ihrer viele. In den Augen der Frauen wurden aus Banditen und Raufbolden schnell verwegene und ehrliche Abenteurer, aus Aufrührern und Querdenkern gerechte Helden. Aus solchen Genen stammen ihre Kinder. Besondere Neigungen für Kultur und Anstand waren weder erwünscht noch zu erwarten. Die Natur verlangte andere Fähigkeiten.

Die Angst der ältesten Chronisten vor einem Volk von Säufern

Treuer Interessierte! Da es mein Anliegen war, dem Land mit dem nötigen Respekt gegenüberzutreten, beschloss ich mich als zuerst in die ältesten Quellen ihrer Geschichte zu vertiefen. Denn was ich vorfand, brachte mich schnell ins Grübeln und in maßloses Erstaunen.

*

Schriftstellerische Ergüsse auswärtiger Autoren, welche sich mit der Geschichte dieses Bergvolkes aus irgendwelchen Gründen befassten, endeten trotz vieler guter Vorsätze zumeist nur in einer Aneinanderreihung kaum für möglich zu haltender Schlechtigkeiten.

Schon dem römischen Schreiber Marcus Porcius Cato Maior (234-149 v. Chr.) stach lange vor Christi Geburt ein sonderbares Bergvolk ins Auge. Mögen die spärlichen Beschreibungen, abgesehen von ihrem mutmaßlichen Alter, nicht von großer Bedeutung sein, so fördern sie trotzdem von Anfang an einen erstaunlichen Wesenszug zutage:

«Cato lobte in den Briefen, die er seinem Sohn schrieb, besonders den rätischen Wein.“ In die gleiche Kerbe schlug der noch berühmtere griechische Chronist Polybios von Megalopolis. Der Wein war diesen Wilden etwas vom Wichtigsten. Die Pflanzen hegen, pflegen und veredeln sie heute noch wie sie es kaum einmal mit ihren Frauen tun. Da die Nachfrage so groß ist, werden überall wo nur einigermaßen möglich Trauben angebaut. Diese werden in Fässer abgefüllt, gut verschlossen, dass sie von selbst zu gären beginnen und stark werden. Das daraus hervorgehende Getränk wird in weit entfernte Gebiete mit hohem Gewinn verkauft. Es gibt vielerlei Sorten von Wein, den sie nach den Gegenden, wo er vorkommt, benennen. Kalterer, Lagrein, Traminer gehören zu den Bekanntesten. Erstaunlichweise wird in diesem Land auch alles andere, was von Natur dazu leidlich

Schein trügt
Betrunkener
Tiroler
Problem
Rauferei
Wut
Dumme Fragen

geeignet ist, zu Alkohol vergoren. Dazu gehören Schnäpse, aus Äpfeln, Birnen, Aprikosen, und aus anderswo vollkommen unbekannte und staunenswerte Wurzeln und Beeren wie Wacholder, Meisterwurz und Enzian.

Einziger Sinn dieser betörenden Getränke ist zu berauschen, was diesen Wilden wichtig ist. Sie sagen, es sei die brauchbarste Möglichkeit, um ihren Geist und Verstand höheren Sphären zuzuführen. Obwohl es in anderen Ländern für denkende Menschen viel ungefährlichere Methoden gibt, wollen sie dem keinen Glauben schenken. Man gewinnt sogar den Eindruck, dass bei diesen Wilden die größten Trinker am meisten verehrt und geschätzt werden und den höchsten Rang einnehmen. In den dazu gehörenden Bräuchen haben sie es zu hoher Meisterschaft gebracht. Sehr oft kommt es zu größeren Raufereien, wobei Unschuldige durch die anschließenden wilden Rasereien zu Tode kommen. Doch gilt dies bei den Eingeborenen als Geringfügigkeit und wird geflissentlich als nicht allzu schlimm empfunden.

Jeder findet im Laufe seiner Reisen allerorts genügend Gelegenheit sich mit der Historia ihrer Trunksucht und ihrer Trinkgelage zu beschäftigen. Deshalb sei dem Fremden aufgetragen es zu halten wie beim Anblick eines Bären in der Wildnis. Je weniger man ihnen bei ihren Gelagen Beachtung schenkt und sich ruhig hält, desto höher ist die Aussicht, den Wilden zu entkommen. Je heftiger man sich wehrt, desto mehr erheitern sich für gewöhnlich die rohen Kumpanen.

Es scheint Sitte zu sein, beim Saufen sehr hilfsbereit und entgegenkommend zueinander zu sein. Wer mehr Geld hat, lädt freigebig die anderen mit ein. Solch ein Gelage kann eine ganze Nacht anhalten und noch länger, wobei sie hemmungslos tanzen und ein fürchterliches Geschrei machen. Es macht ihnen scheinbar wenig aus, wenn ihnen hernach speiübel ist und sie sich todelend fühlen.

Manchmal machen ihre Weiber freiwillig bei diesen Trinkgelagen mit, zumeist sind sie selbst Opfer und werden fürchterlich begrapscht und an ihren begehrlichen Stellen erregt. Es ist allgemeiner Brauch neugeborenen Kälbern ein Glas Schnaps einzuflössen, um sie für ihr weiteres Leben zu kräftigen. Gleiches machen sie mit ihren kranken Tieren. Zudem ist es Sitte die Weinreben zu besprechen, um damit Ungezieferbefall vorzubeugen.

Ein entsetzliches Volk von Raufbolden

Nichts als meine außergewöhnliche Wahrheitsliebe hat mich dazu bewegt, mich noch tiefer mit ihrer Geschichte zu befassen. Je mehr sich die alten Römer mit diesem Alpenvolk abgaben, desto Schrecken erregender, grauenhafter und fürchterlicher wurden ihre Beschreibungen.

*

Titus Livius, der Philosoph, stellte fest, dass es sich bei den Rätern um ein Volk handle, „das die Gegend selbst hat verwildern lassen, so dass es nichts vom Althergebrachten außer dem Klang ihrer Sprache, und auch den nicht unverfälscht, bewahrt hat."

Der berühmte Quintus Horatius Flaccus (65-8 v. Chr.) ängstigte in seinen Gedichten die Leser vor den «immanisque Raetos», den unmenschlichen Rätern, während der römische Senator Cassius Dio Cocceianus (155-235) voll Entsetzen davor warnte, dass dieses Bergvolk „alles männliche, was ihnen in die Hände fiel, sogar das Kind im Mutterleib, ausrottete".

Dergestalt trat dieses Volk, als römische Bergprovinz Raetia Prima, in die Weltgeschichte ein: Als saufende Rabauken, als wilde Flegel, als roher Rudel mit nicht zu zähmender Rauflust. Tatsächlich fanden sich aus nicht erforschbaren Gründen in diesen Alpen Sippen, Völker, Stämme zusammen, welche vor allem eines auszeichnete: Rohheit und Wildheit gingen vor Schöngeist, das Schreiben war ihnen ein Gräuel und jeder spielte für sich seinen eigenen Gebieter und Herrscher. War es für die alten Römer ein Leichtes Spanien, Kleinasien oder Ägypten unter ihre Kontrolle zu bringen, so bissen sie sich lange genug an einigen Dutzend unterschiedlicher Alpenvölker die Zähne aus. Wen wundert es, dass sie, als dies endlich gelungen war, ein kolossales, heute noch zu besichtigendes Denkmal in der Nähe von La Turbie in Monaco in die Landschaft türmten, wo sie nicht weniger als vierundvierzig Alpenvölker gesondert verewigten. Der stolze Sieger über die wilden Stämme, Feldherr Drusus, stürzte allerdings – kaum dass er endlich alle unterjocht hatte - entkräftet vom Pferde, brach sich den Oberschenkel und verstarb an Ort und Stelle. Dies hätte allen eine Lehre sein können.

*

Als ob das bisher Beschriebene noch ungenügend wäre, fand man im Jahr 1991 die ultimative Bestätigung, als am bedeutungsvollen 19. September gegen 13.30 Uhr ein ahnungsloses deutsche Ehepaar, Simon mit Namen, über eine verschrumpelte Leiche stolperte, mit scheinbar gequälten Gesichtszügen, dem eine eigentümliche Hasenscharte einen Hauch Schrecken erregenden Leidens verlieh.

Das Rätsel um diesen scheinbar schlafenden Wilden mit Haut und Haar, Gesicht und offen preisgegebener Keuschheit, diese Mumie, von verschiedenen Menschen alsbald „Ötzi", von anderen „Mann aus dem Eis" oder „Mann vom Hauslabjoch" genannt, während ihn die Amerikaner als „Frozen Fritz" bezeichneten, löste sich stufenweise. Vor mehr als 5.000 Jahren hauchte dieser Mann bei einer wilden Rauferei sein Leben aus, was in Anbetracht all der Beschreibungen der alten Autoren keine Überraschung darstellt.

Bemerkenswerter war wohl, dass unzählige der weltweit besten Wissenschaftler genau zehn Jahre brauchten, um herauszufinden, dass ein wilder Streithändel sein Leben beendete.

Stolz vermeldeten der durch diese Leiche berühmt gewordene Bozner Pathologe Eduard Egarter Vigl zusammen mit seinem Kollegen, dem Radiologen Paul Gostner, dass ein gelungener Blattschuss in die linke Schulter diesen in die Jahre gekommenen Haudegen ins Jenseits beförderte. Tief drinnen im Körper, knapp neben der Lunge, steckte noch immer die steinerne Pfeilspitze, während an der rechten Hand verschorfte Blutspuren zu erkennen waren.

Vorauszusehen wäre eigentlich gewesen, dass dieser arme Sünder, hoch oben auf 3.000 Meter am Similaun, schnell und rasch verweste. Und das schon vor mehr als fünf Jahrtausenden, oder dass ihm Raben Augen und Eingeweide herauspickten und Wind und Wetter ihn zu Humus zerfallen ließen. Doch wie bei all den Wilden dieser rohen Berge handelt es sich um unheimlich zähe Gestalten. Sein Aussehen erschreckte zwar die Menschen von außerhalb, weniger aber die Eingeborenen, weil sein Wetter gegerbtes Gesicht ihnen in frappanter Weise glich.

Vielleicht war es gerade dieser Eismensch, dieser wie von den Toten auferstandene Rüpel, welcher alle peinlich daran erinnerte, wie wenig sich ein Volk im Laufe der Jahrtausende zu ändern vermag. Denn mehr als andere versinnbildlichte diese Leiche ihr ureigenstes Wesen, angefangen von seiner ungebrochenen Rauflust, bis zu einem nicht enden wollenden Überlebenswillen.

Wunderliche Beschreibung wie die Toten dazu beitragen müssen, dass die Lebenden besser leben.

Lieber Neugierige, ich fand kein Land auf Erden, wo der Tod so in den Mittelpunkt des Denkens geraten ist und die Erzählungen über die heldenhaft Dahingeschiedenen so breiten Raum einnehmen. Schon deshalb zieht sich durch alle Bücher, welche ihre Geschichte beschreiben, notgedrungener Maßen eine Spur des Blutes und der Geruch des Todes.

*

Im Laufe der Zeit verfiel der Name „Rätien“ der Bedeutungslosigkeit. Angebrachter nannte man es hinfort „inter montanis“, das „Land im Gebirge“.

*

Dieses Land wurde durch seine Toten groß und darauf bauten die Wilden ihren ganzen Stolz. Allerdings starb hier kaum jemand eines natürlichen Todes. Allerorten sieht man mit wie viel Zeit und Mühe sie sich mit ihren Toten beschäftigen, und sie ihre in den Jahrtausenden irgendwie ums Leben gekommenen Toten heute noch huldigen und ehren.

Obwohl es ihrer so viele gibt - angefangen von den Kriegstoten, über die durch Naturkatastrophen Dahingeschiedenen, bis hin zum einfachen Mann, den einfach beim Holzziehen ein Stamm listig überrollte, oder die vielen, welche bei einer wilden Streithändeln ihr Leben verließen, verklären sie jeden einzelnen zu einem Opferhelden, der niemals und von Niemandem vergessen werden darf. Tatsächlich können sich viele der nachgeborenen Verwandten heute noch nicht erklären können, wie ihre Vorfahren zu all diesen Ehren kamen.

*

Dieses Land im Gebirge nennt gezwungenermaßen die höchste Kreuzdichte ihr Eigen. Tatsächlich stolpert der interessierte Wanderer bei jedem Schritt über irgendeinen Gekreuzigten, einem Mahnmahl für einen zu Tode gekommenen oder sieht auf einem unscheinbaren Berggipfel kunstvoll gefertigte Kreuze die man nur deswegen hinpflanzte, weil auf dem nächsten schon eines stand.

*

Alles was irgendwie nur nach Tod und Jenseits riecht, erlebt hier eine unheimliche Blüte. Wo aus den Gletschern oder sonst wo zwischen Fels und Stein irgendeine Leiche herausfällt, warten schon viele mit neugierigem Verlangen, - vom einfachsten Bauern bis zum ehrgeizigsten Wissenschaftler - um ihren überbordenden Fantasien freien Lauf zu lassen. Mag Ötzi ein Beispiel sein, aber beileibe nur eines unter vielen. Im August 2004 aperten im Ortler Cevedale-Massiv die mumifizierten Leichen dreier österreichischer Soldaten aus dem Ersten Weltkrieg aus dem Gletschereis heraus.

Kopfüber hingen sie über dem Abgrund, mit zerfledderten Körperteilen und den im Wind wehenden Überresten der Uniform. Sie hätten eigentlich schon längst zerfallen und zermatscht sein sollen, aber ein unerbittlich großzügiges Schicksal hatte sie zuerst wohl ausgedörrt und windgetrocknet, bevor sie die Ehre hatten vom Eis des Gletschers eingeschlossen zu werden. Da gab es überall im Lande ein Auflaufen und ein makabres Festen. Ihre kopfüber vom Jenseits zu den Menschen gaffenden leeren Gesichter machten sie zum idealen Konterfei für die Zeitungen, Plakate und Werbung.

Sie überboten sich geradezu im Zeigen der makaber in die Gegend schauenden schönen Leichen, sie suchten mit viel Säbelrasseln jeden noch fehlenden Kopf und am Ende stritten sie sich, welcher ihrer Gemeinden wohl das Glück beschieden wäre, zur Pilgerstätte des Todes und des Mammons erkürt zu werden.

Geld und Tod paarten sich hier immer schon in seltenster Eintracht. Nirgendwo sonst haben es Menschen geschafft in solch enger Art und Weise Geldgier und Sterben in liebevoller Partnerschaft zu vereinen wie in diesem Land. In einem unentwirrbaren Geflecht sonderbarer Leistungen gelang es ihnen in wundersamer Weise die Toten zur Quelle des Wohlstandes für die Lebenden zu machen und erstaunlicherweise viel gedankenloses Geld zu verdienen. Und davon leben heute Städte wie Bozen und Innsbruck, Täler wie das Passeiertal, das Schnalstal, das Ötztal außerordentlich gut und schwer.

Wie wichtig es in diesem Land ist Held zu sein.

Werter Leser! Es war nicht mein Anliegen in einem sehr zusammenhanglosen Bericht zu werten und zu deuten und so verzeihe mir jeder, wenn das eine oder andere Mal seelische Leidenschaften zum Ausbruch kommen.

*

Die Eingeborenen dieses Landes im Gebirge waren immer schon ein heldenhaftes Volk, wo das Heldsein als Beruf verstanden wird. Es gehört für jeden, der etwas auf sich hält dazu, unter Todesgefahr Abenteuer zu bestehen, oder wenigstens davon zu erzählen. Blickt man in die Bücher der Geschichte dieses Volkes so wird einem schnell bewusst, wie gering sie ihre Schriftsteller, Maler, Erfinder und Denker immer schätzten, und wie sie ihre Helden über alle Maßen verherrlichten.

Durchdachte Kriegskunst ist ihnen allerdings fremd. Jeder einzelne vertraut immer einzig und allein auf seine eigene Heldenkraft und Körperstärke. An Waffen sind sie nie verlegen und nehmen, was sich gerade anbietet: Gabeln und Sensen, Dreschflegel und Beile, bis hin zu Stöcken und Steinen. In den Augen der anderen galten diese Wilden als stolzes, listiges Volk, das stets bereit war, selbst unter Preisgabe des eigenen Lebens, jeden zu verfolgen und ihm den Schädel einzuschlagen.

Kann einmal einer dieser Menschen leidlich schreiben, so setzt er all diese Kenntnisse dafür ein um seine eigenen Heldentaten zu verherrlichen. Ist seine Geisteshöhe zu dem nicht fähig, ist es unbeschämender Brauch unter eigenen Namen jemanden Anderen dies tun zu lassen.

Seit je her laben sich diese Menschen am Traum großartiger Heldentaten und nähren sich im Glauben dass das Gute, das Böse besiegt, einem Märchen grenzenloser Liebe und ritterlichem Geist. Jeder in diesem Land fühlt sich als Held und sei es auch nur in seiner Gruppe oder gar nur für sich selbst.

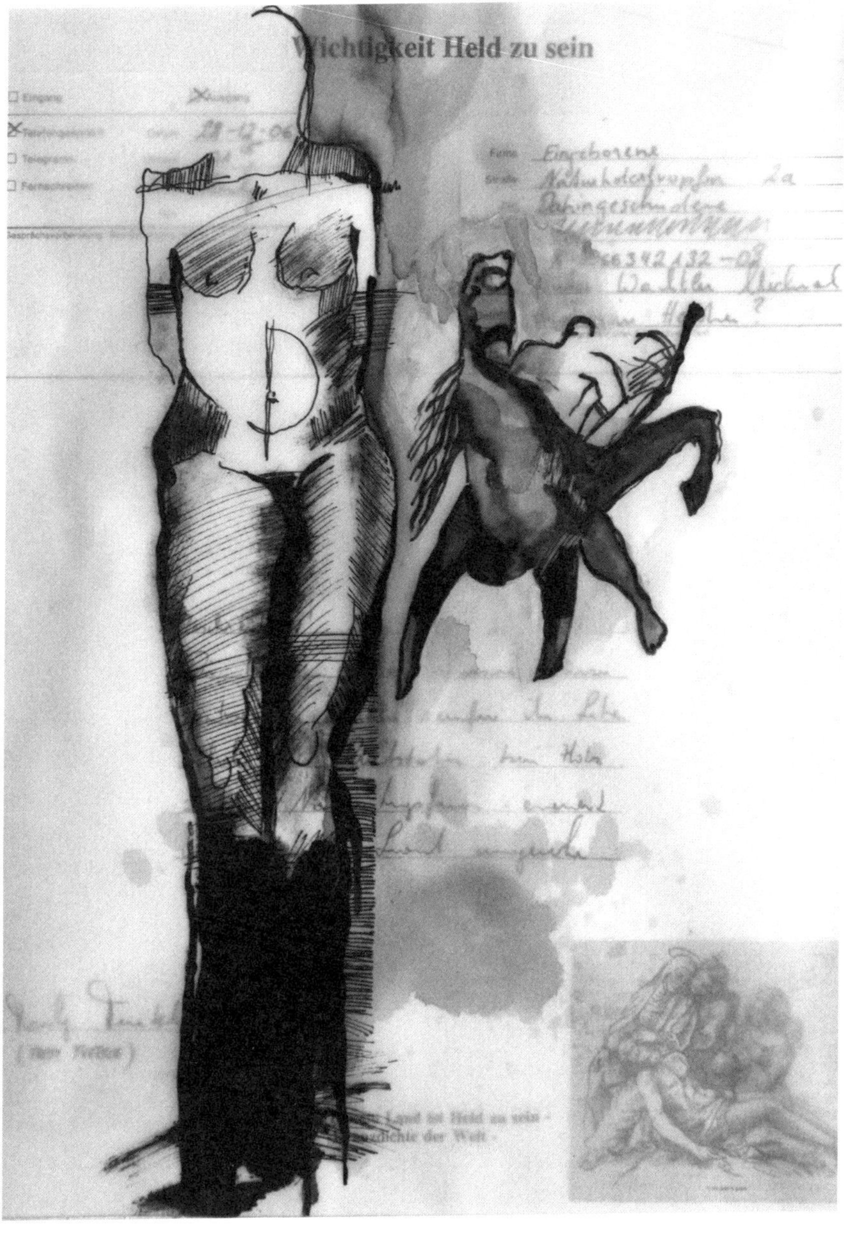
Wichtigkeit Held zu sein

Das Land in den Bergen hieß alsbald Tirol und wurde zu einem Reich der Sagen und Helden. Die Vorarlberger kämpften im Freiheitskampf 1809 tapfer und verbissen und verdroschen alles was nur Franzose oder Bayer hieß mit ihren Heugabeln, Sensen und Stöcken nach Strich und Faden. Es waren die Tiroler. Die Trentiner waren mit dabei, es waren trotz allem die Tiroler. Im Ersten Weltkrieg war es nicht anders. Vorarlberger, Ladiner, Trentiner und Kärntner verteidigten vom Knaben aufwärts bis zum Greis in einem wilden Sprachwirrwarr aus ladinisch, italienisch und deutsch ihr Land gegen Italien. Es waren immer noch die heldenhaften Tiroler.

Schlechtigkeiten und kein Ende in der Meinungen der Anderen.

Geschätzter Leser! Es ist mir ein Anliegen festzustellen, dass sich der schlechte Ruf dieses Landes im Gebirge weiter festsetzte wobei die Gebirgsmenschen sogar Ursache dafür fanden stolz darauf zu sein. Ihr zweifelhaftes Ansehen wurde für sie in vielerlei Hinsicht ein zu bewerbendes Markenzeichen, sodass niemand von ihnen einen besonderen Grund fand, dies zu ändern. Mögen nur noch einige mit präziser Feder ausgeführte Beschreibungen berühmter Schreiber eine Einschätzung dessen vermitteln.

*

So stachen dem hochkarätigen französischen Geographen Elisée Reclus auf seiner Reise durch die Alpen folgende Eigenschaften ins Auge: „In ihrer Kindheit erlangen sie die höchste geistige Entwicklung, deren sie fähig sind. Mit majestätischen Kröpfen versehen, die mit dem Alter länger und dicker werden, gleichen sie den Orang-Utans, die nach drei Jahren nichts mehr zu lernen haben. In dem Alter von fünf Jahren haben die kleinen Cretins bereits den reifen und ruhigen Charakter, den sie ihr Leben lang behalten."

Und um bei anderen literarischen Geistesgrößen zu bleiben, befasste sich gleichfalls der große deutsche Dichter Heinrich Heine im Jahr 1829 mit diesen Menschen: "Die Tiroler sind schön, heiter, ehrlich, brav und von unergründlicher Geistesbeschränktheit. Sie sind eine gesunde Menschenrasse, vielleicht weil sie zu dumm sind, um krank sein zu können."

Dieser große deutsche Dichter schimpfte zwar über alles und jeden, der ihm unterkam, angefangen von den Menschen seines Vaterlandes bis hin zu großen Nationen wie Italienern, Franzosen und Engländern, doch wiederholen gerade hier die Eingeborenen diesen einen Satz so oft und bei jeder Gelegenheit, als ob sie erstaunten, wie es jemandem gelang sie so treffend zu charakterisieren.

*

Trotzdem: Mögen sich die Bewohner dieser Täler und kargen Berghänge untereinander in Neid und Missgunst, Hass und kleinlichen Raufereien bekriegen, wenn es darum geht ihr Hab und Gut, ihre Felder, Äcker und Wälder, nach außen hin zu verteidigen, zeichnet sie aus, sich auf Biegen und Brechen, Gedeih und Verderb in sprichwörtlicher Halsstarrigkeit zusammenzuschweißen. Und sei es ihr Ruin oder die größte Dummheit. Aber nur solange, bis die Gefahr von außen gebannt ist und jeder wieder Zeit genug findet um sich gegenseitig mit gnadenlos entzückendem Einsatz zu bekämpfen und aufzureiben.

Versuch einer Beschreibung ihrer Rasse sowie ihrer Haflingerpferde

Lieber Wissensdurstige! Es sei mir nun erlaubt, näher auf ihren allgemeinen Charakter einzugehen, auf dass er zum Objekt der Forschung und des Studiums meiner loritanischen Freunde werden könne.

*

Den Eingeborenen dieser Gegenden sagt man nach, dass sie nicht viel auswandern. Sie finden diese finstre Welt, aufgebaut auf Gott, Helden, Wein und Streit angenehmer, als die finstre Welt auswärts. Dort werden sie sehr schnell von einer seltsamen, anderswo unbekannten Krankheit erfasst, welche man Heimweh nennt. Sie äußert sich durch ein schmerzhaftes, ausdauerndes Sehnen, das die Menschen hartnäckig verfolgt. Manchmal kann sie sogar tödlich sein. Niemand ist vor dem Heimweh gefeit. Es trifft Schöpferische gleich wie Geistesarme, Anständige gleich wie Engstirnige.

Es ist nicht feststellbar, ob die Rauheit der Natur auf diese Bergmenschen, oder die Natur selbst von ihrer Wildheit vieles aufnahm. Im Laufe der Zeit führte das jedenfalls dazu, dass weder diese Gebirgswilden noch die Natur bereit waren sich gegenseitig etwas zu schenken, und sich geradezu ein gegenseitiges Gefühl des Kampfes aufbaute. Vielleicht hat gerade ihre Einstellung, weder den eigenen Artgenossen noch der Natur vertrauen zu können, dazu geführt, dass sich im Erbgut dieser Menschen ein unausrottbares Misstrauen gegen alles und jeden festsetzte.

*

Die Abkunft dieses Volkes ist sehr umstritten und bildet heute noch Ursache für mannigfaltige Auseinandersetzungen zwischen den Gelehrten. Männer wie Frauen haben gewöhnlich muskulöse kräftige Beine, wie ihre typischen Haflingerpferde. Von diesen weiß man neuerdings, dass sie von Kreuzungen zwischen einheimischen Pferden und edlen Araberpferden abstammen. Sehr früh im Mittelalter wurden dabei von den Regierenden Richtlinien für die Aufzucht dieser Rasse herausgegeben. Ähnliches dürfte bei den Menschen passiert sein, da sich Menschen wie Rösser in vielerlei Hinsicht ähneln.

Beide befähigen ihre kurzen, stämmigen Beine und die damit verbundene hohe Trittsicherheit gepaart mit einem kräftigen Körper zum Einsatz als Tragtiere. Bei der Steilheit der Felder hat sich diese Konstitution am Geeignetesten erwiesen. Trotz ihrer

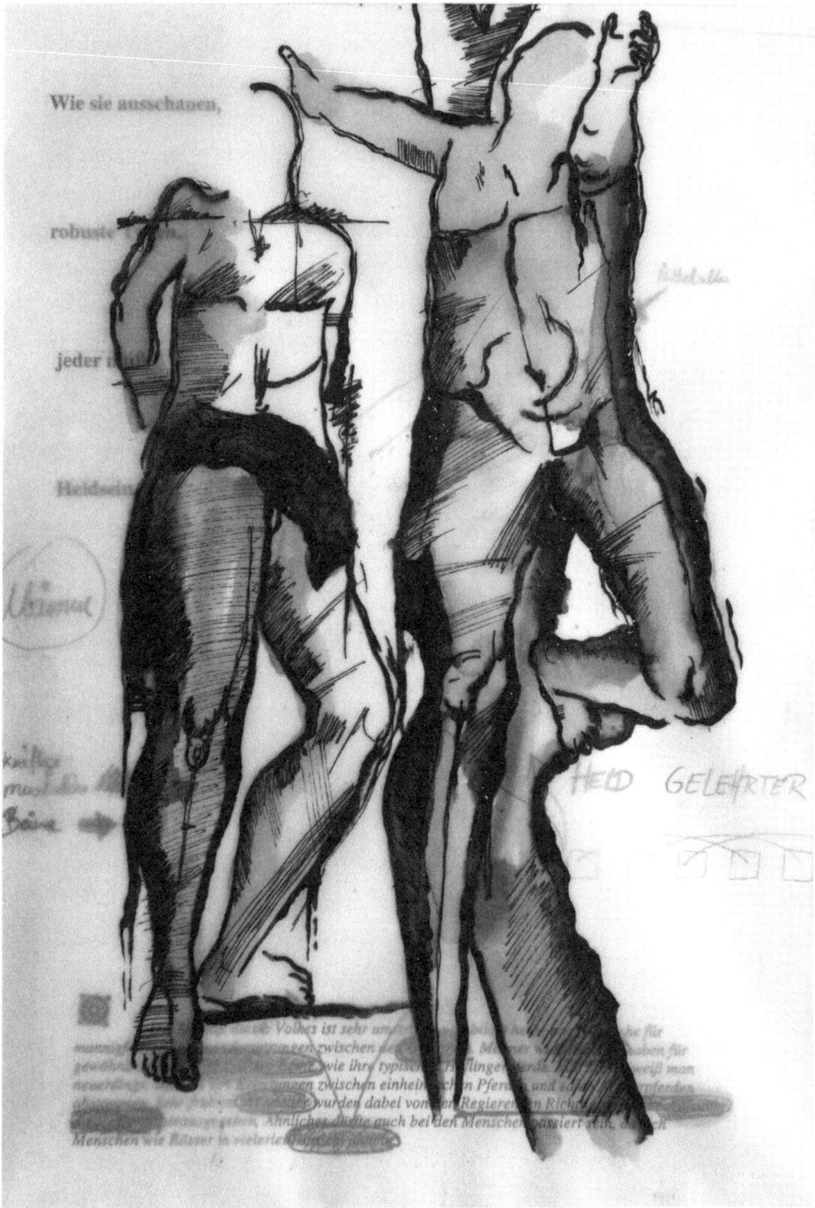

ungestümen Wildheit und ihrer auffallenden Lebhaftigkeit haben beide ihren Herren gegenüber einen ungemein sanftmütigen Charakter. Unbekannten gegenüber sind sie dagegen schwer zu zügeln. Der gut bemuskelte, aber etwas zu tief angesetzte Hals und der breite Rumpf eignet sie besonders für schwere Arbeitsdienste. Dazu kommt noch eine sprichwörtliche Genügsamkeit und extrem gute Nahrungsverwertung hinzu.

Treue und duckendes Entgegenkommen stellen zwei weitere Haupttugenden dar. Insgesamt kann von einem charaktervollen Herz ausgegangen werden, das bereit ist, sich den fürchterlichsten Kasteiungen zu unterziehen um den Herren treu und ergeben zu dienen, ohne auch nur einmal aufzuschreien. Von nicht näher mit den Gewohnheiten dieses Landes Vertrauten wird dies sehr oft mit Unverständnis und Kopfschütteln aufgenommen. Große Augen, weite Nasenlöcher und kleine aufmerksame Ohren gehören zu ihren weiteren Eigenarten. Dies in Jugendjahren. Im Alter, wenn lastende Sorgen sich in die Wangen graben, und die Stirne ein einziges Runzelmeer wird, werden die Augen hohl und die Mundwinkel fallend.

Der Sporn glühender Liebesleidenschaften ist ihnen fremd. Von keinem der hemmenden Krankheiten, wie Kurzsichtigkeit, faulendem Gebiss, Altersstarrheit und anderen, welche es auf der Erde gibt, sind sie frei.

Ihr Denkkreis wird vom Horizont abgeschlossen der sich über ihr eigenes Tal spannt. Geistige Werte und Anregungen hierfür werden unter ihresgleichen geboren und haben nicht das bewusste Ansinnen darüber hinaus zu wirken. Zumeist ist ihnen ein schwerfälliges und ungeübtes Denken eigen, welches sich für den Gang der Weltdinge kaum interessiert und bösen politischen Ränkespielen hilflos ausgeliefert ist. Haben sie sich einmal mit einem Herrscher angefreundet, gehören sie zu den treuesten Untertanen der Welt. Trug dieser einen Bart, trugen ihn die Untertanen gleichfalls, hatte dieser nur einen Schnurrbart, dann wollten die Tiroler einen gleichen. Nur ihre sprichwörtliche Halsstarrigkeit und ihr plumper Argwohn haben sie zumeist vor Schlimmeren bewahrt.

Bemerkenswerter Weise hat sich in den vergangenen Jahrzehnten die Geisteshöhe der Herrschenden wie der Untergebenen immer weiter angepasst, sogar ausgeglichen, dass davon ausgegangen werden kann, dass alle in einem Zusammenspiel gleichförmiger Eintracht zusammenleben. Diese gleiche Höhe aller hat dazu geführt, dass Aufruhr und Umbruchsgeist schon seit langem von keinem gewünscht noch geplant sind. Da eine besondere Entwicklung von Geistigkeit und Bildung nicht beabsichtigt sind, ist es sogar annehmbar in dieser Hinsicht von einem „goldenen Zeitalter" zu sprechen.

Von ihren Essgewohnheiten

Werter Interessierte! Die Menschen wollen betrogen werden, um den Schein glanzvoller leuchten zu lassen als die Ehrlichkeit.

*

Dies Land ist berühmt wegen seines Speckes, liest man in jedem normalen Reiseführer. So erwartet sich der Fremde voll Freude überall auf den Gassen und Wege Schweine herumtollen zu sehen, welche glücklich im Straßendreck zwischen den Menschen herumsuhlen, faulende Äpfel und verdorbene Kartoffeln hinunterschlucken, jeden Abfall und jeden Schmutz durchsuchen und mit ihrem Grunzen alle anderen Geräusche übertönen. Betrug über Betrug ist dies alles. Schweine gibt es hier fast keine mehr, dafür aber Speck in Hülle und Fülle, sogar zum Schweine-Füttern. Des Rätsels Lösung ist schnell erklärt. Die Schweine wachsen nun woanders, in weit entfernten Ländern, ebenso die Gewürze, das einzige was lokal erzeugt wird, ist die Räucherluft und die Aufschrift: „Echter Tiroler Speck". Ob dieser Speck dem Land mehr schadet oder nützt, darüber streiten sich die Experten, ob er gesund ist oder nicht noch mehr. Einig sind sie sich auf jeden Fall, dass Speck eine ruhmreiche Erfindung war und dem Lande neben bescheidenem Ansehen auch anständigen Wohlstand bringt.

*

Knödel gibt es hier in unendlich vielen Variationen. Wählen kann der Fremde zwischen Speck- und Käse-, Roter Bete- und Karotte-, Topfen und Zwetschgen-, Spinat- und Leberknödel und noch vielen anderen Sorten. Entscheiden muss er sich allerdings noch ob er die Knödel zu „Wasser", in der Suppe, oder zu „Lande", mit irgendeiner Sauce will.

*

In diesem Lande aß man früher alles, Hauptsache es war schwer und füllte den Magen. Heute gibt es überall den gleichen Eintopf. Knödel mit Spaghetti und mit Ananas dekoriert. Dazu Krapfen mit Tiramisù. Manchmal auch Schlutzkrapfen mit Pizza. Weltumspannend soll alles werden und davon schwärmen viele. Gleicher Geist, gleiches Essen, gleiche Angepasstheit. Wasser verwandelt sich bei Kälte, Erz bei Hitze, Gerätschaften werden unter Druck gepresst. Genauso verändert sich der Mensch unter Druck zur Unkenntlichkeit. Der hochstehendste Mensch wird ohne Gewissensbisse zum Mitläufer, wenn es die Masse will. Das Gewissen war immer drehbar. Wer will schon einer Minderheit angehören?

Über ihre Liebesgewohnheiten und Triebe

Treuer Fremde! Mich interessierte natürlich genauso, ob dieses Volk von unseren abweichende Liebesgewohnheiten habe. Völlig nüchtern wollte ich mich mit ihren Trieben und ihrer Wollust befassen und beschreibe nun meinen Freunden diese mit Akribie anhand einiger Beispiele.

*

Das alles überragende Schloss Bruck bei Lienz zeigt wie ein Spiegelbild die Seele dieses Landes. Dort hängen wie ein unauslöschliches Gewissen die Bilder des großen Albin Egger-Lienz. Es sind Malereien voller Aussagekraft, welche in unnachahmlicher Weise zeigen wie die unansehnlichen Berge lückenlos in die Menschen übergehen.

In diesen lassen sich beeindruckend die Wesenszüge dieser Menschen studieren. Die steifen Backenknochen der abgebildeten Männer stechen wie Pflüge aus den Wangen, über denen sich nur eine hauchdünne gegerbte Haut gelegt hat bis hin zu den Ohren, - welche wahrscheinlich dadurch, dass das Behorchen und Beneiden der anderen eine der ernstlichsten Beschäftigungen ist - überproportional abstehen. Das Maul dagegen ist verkümmert, weil es zum Reden wenig gebraucht wird. Der vornüber gebeugte Gang ist typisch für Menschen, von denen man ein Leben lang erwartet hat, dass sie Lasten tragen und weniger, dass sie denken.

Was die Frauen betrifft handelt es sich um hohle abgerackerte Gestalten mit frostigen Augen, eingefallenen Wangen, einem schrumpeligen Apfel gleich und sprödem Mund, dass es ein Wunder ist, dass jemals Männer sich erregten, Gefallen an diesem Werk der Natur zu finden und auch noch zu küssen. Dazu tragen die Frauen große Brüste, wie die Milchkühe. Dass Ergüsse schwärmerischer Liebe, wie Romeo und Julia oder Tristan und Isolde, weder hier niedergeschrieben werden konnten, noch vorfielen, mag niemanden Erstaunen. Die Leidenschaften der Liebe galten hier niemals besonders viel und wurden meist wohl nur der Notwendigkeit willen geboren.

Die Darstellung von Schamlosigkeiten in diesem Land ist nicht gestattet. Für gewöhnlich wurden die Werke solcher Künstler schnell entsorgt. In manchen Kirchen finden sich heute noch die nicht sichtbaren Werke früherer Künstler. Sie genügten nicht dem angepassten Zeitgeist und wurden übertüncht. So bilden sie die Quelle der Arbeit zukünftiger Archäologen.

*

Die Frauen werden für gewöhnlich mehr geholt als umworben. Sie haben es gerne wenn man sie als „Unschuld vom Lande" umschmeichelt, erscheinen sie noch so abgebrüht. Großartig finden sie es, wenn um sie ein Kampf entbrennt. Die männliche Balz ist mit vielerlei Gefahren verbunden. So beim Brauch des „Fensterlen", wo der Liebhaber die Außenmauern ihrer Wohnstätte aus Liebe erklimmt. Abstürze oder die Böswilligkeit der anderen führten oft schon zu Verletzungen. Kämpferisch geht es bei ihren wilden und lauten Werbetänzen, wie dem Schuhplatteln zu, doch scheinen diese mehr gespielt als gefährlich zu sein, wie sehr oft im Tierreich. Nicht einschüchtern lassen sollte man sich vom Imponiergehabe manch einheimischer Skilehrer oder Bergführer. Ihr Stier- und Bockgehabe ist an Worten größer als an Taten.

*

Für gewöhnlich leben die Eingeborenen in Einehe. Früher war die Hochzeit der schönste Tag im Leben, heute bringt es manch Totenmahl auf mehr Stimmung. Werden sie des anderen Partners überdrüssig, dann verjagen oder überlassen sie ihn leicht und locker anderen. Die Frauen wollen sich nicht mehr so oft schwängern lassen wie früher. Im Allgemeinen finden sie Kinder als große Belastung und sind sehr unglücklich, wenn eines geboren wird. Jedes Kind würde ihrer vermeintlichen Schönheit abträglich sein. Wahrscheinlich starben schon die früheren Beherrscher dieser Landschaften, die Dinosaurier aus, weil sie keine Liebe mehr machen wollten. Das gilt bei den in ihren Augen höher stehenden Weibern. Sie finden auch, dass Kinder sehr teuer seien. Frauenzimmer niederer Volksschichten haben mehr Kinder. Ihr Verstand reicht wahrscheinlich nicht dazu, um nachzudenken ob Kinder teuer oder billig seien.

Ihre Balztänze und Jodelgruppen

Lieber Interessierte! Nachdem ich einige Zeit mit den Studien ihrer Geschichte und den politischen Verhältnissen zugebracht hatte, nahm ich mir vor mich näher in ihre Tänze zu vertiefen. Ich tat es mit völlig nüchterner Offenheit und versuchte dabei das Warum verschiedener eigenartiger Vergnügungen aufzuzeigen.

*

Alle Völker dieser Erde können für sich in Anspruch nehmen, mit ihrer Landschaft zusammenhängende Eigenheiten entwickelt zu haben. Es sei deshalb erlaubt, dem Interessierten der Landeskunde die Welt des Schuhplattelns - ihre sonderbar-wunderlichen Tänze, wo die Burschen, wie vom Teufel gekitzelt, gegenseitig hitzig auf ihre Schenkel, Brust und Schuhe drauflos schlagen – näher zu bringen. Wild gewordene Auerhähne in ihrem Liebesspiel mögen als Vergleich dienen. Das Grundelement des Schuhplattelns ist fessellos und ungezügelt, dann und wann stoßen die Burschen einen gellenden Schrei aus, um sich wieder zum Tanze zu paaren. Diese Tänze verlangen Muskelkraft und Beständigkeit, mehr als bei einer Holzhackerei. Harmonie und Gleichmaß sind unerwünscht und den Eigenheiten dieses Volkes nicht passend. Dann und wann entreißt sich ein Wilder seinem Weibe und schlägt wie ein Fallender zwischen Felshängen rücksichtslos herum. Die Tänzerin zieht indessen, sich alleine überlassen und verängstigt ihre einsamen Runden, bis er sich wieder von seinen Tollheiten und wilden Selbstverprügeleien erholt, Halt an ihren Brüsten findet. Alles erinnert an hemmungslose Sinnenlust. Ihre Weiber zeigen durch ihr Stöhnen und Wollustgekreische wie die Tiere, wie sehr sie mögen, dass sich ihretwillen ein Gefecht entfacht. Hervorschwappende Busen machen diesen Tanz einigermaßen gefährlich, sodass es in der Vergangenheit immer wieder zu Aufständen kam.

*

Dazu gibt es bei ihnen noch wie Salz im Meer drollige Jodeltruppen, welche sich überhaupt erfindungsreiche Namen wie „Schürzenjäger", „Bergvagabunden", „fidele Lausbuben" oder manchmal bescheiden verkleinernd „Spatzen" geben. Auf Bällen und Festen jodeln und platteln sie herum und sind stolz auf ihre speckverschmierten Lederhosen und putzig gestickten Edelweißjoppen. Dazu schmettern sie allesamt höchst inhaltslose Lieder, welche gerade deswegen Erfolg haben und den Geschmack des Publikums treffen. Zumeist ist keinem sonderlich danach zumute, dem eigenen Geist Schweres aufzubürden. Angenehm und gewollt bei solchen Anlässen ist, dass entweder lüsterne Touristinnen über ihre unschuldigen Jünglinge herfallen und abschleppen oder auch umgekehrt. Deswegen sind solche Anlässe sehr beliebt.

Es sei gestattet dem neugierigen Leser kleine Kostproben ihrer Gesänge anzubieten:

„Oans Zwoa Drei....

He he oh, he he oh, weit und breit Fröhlichkeit, Schürzenjägerzeit homma heut'. Heute Nacht, Heute Nacht, mein lieber Schatz, war' ich gern bei dir.

Hast du heute für mich Platz, bitte sag es mir.

Heute Nacht, mein lieber Schatz, weckt dich Jodeln auf.

Bei am Jodler geht von selber schon dei' Fensterl auf, bei am Jodler geht von selber schon dei' Fensterl auf.

Gucku Jodler.... Heute Nacht, mein lieber Schatz ....."

Diese Gebiete rühmen sich der weltweit höchsten Dichte an Jodelgruppen, Chören, Sängervereinigungen, Blasmusikkapellen und derweil mehr. Das hat dazu geführt, dass in anderen Ländern sich rasch die Meinung durchsetzte, dass es neben den Kannibalen Neuguineas, den südafrikanischen Zwergmenschen, den Rohfleisch essenden Eskimos noch ein Volk gäbe, das ausschließlich jodelnd, tanzend und musizierend durchs Leben ginge. Sie rennen wie im Zoo als jodelnde Geschöpfe herum,

will eigentlich keine erhabene und schwierige Musik
Jodelgruppen

klatschen sich auf die fettigen Lederhosen und spielen mit der Ziehorgel oder der Teufelsgeige, wenn sie nicht gerade wie wild herumbumsen.

Das Spiel mit dem Klavier ist ihnen unangenehm, genauso wenig Geige und Violine. Dies Volk will eigentlich keine erhabene und schwierige Musik. Es will vor allem eine die Lärm macht. Die edle Musik anderer Länder gilt hier als unedel, während dafür die andere als wertvoll geschätzt wird.

Ein gekreuzigter, gerupfter Adler als Wappentier und eine Landeshymne mit Erschossenen

Werter Fremder! Da ich annehme, dass bei einigen Bürgern Loritaniens damit ein besonderes Interesse an diesem eigenartigen Land erweckt wurde, sei mir gestattet mich gleichfalls näher mit dem Umgang dieser Menschen anderen Nationen gegenüber abzugeben.

*

Ihre Landeshymne gehört, so glauben sie, zu den schönsten und lieblichsten auf dieser Welt, auch wenn es darin um nichts anderes als ums Erschießen von Menschen geht. Sie beinhaltet alles, was man an diesem Volke rühmt. Der Dank an Gott, der Dank an die weltlichen Vorgesetzten, der Dank an sich selbst, sich als Held geopfert zu haben. Dass gerade Julius Mosen, ein deutscher Jude, die Hymne um ihren größten Halbgott Andreas Hofer schrieb, verwundert insofern nicht, als Schreiber in diesem Land immer schon Mangelware waren.

*

Ihr stolzes Wappentier ist ein gekreuzigter, gerupfter Adler. Dazu trägt er noch eine fürchterlich herausgestreckte Zunge, wahrscheinlich, um ihre Feinde zu ängstigen. Sie begründen dies, dass er in dieser Darstellung ihrem Geist am besten entspreche. Er findet sich im Wappen, auf Fahnen und selbst auf ihren höchsten Auszeichnungen und Orden. Für besondere Dienste um das Vaterland wird der „Große Tiroler Adler-Orden" in Gold oder Silber verliehen. Dazu gibt es noch den Ring des Landes, das Verdienstkreuz und die Verdienstmedaille, allesamt mit Adler. Ausgezeichnet werden die Eingeborenen von den Führern des Landes für eine vorbildliche, lebenslange Angepasstheit.

*

Dies Land Tirol schaffte es nie Staat zu werden. Viele europäische Nationen, von den Bayern über die Franzosen bis zu den Italienern stahlen und boten es wieder an. Im Blickwinkel der Eingeborenen setzte sich allerdings die Meinung durch, dass selbst ein gestohlenes Land das Recht habe Nation genannt zu werden.

Diskussionen über das Für und Wieder solcher Nie-Fertiggestohlenen Länder füllen heute noch die Gazetten und sind Ursache für viele geharnischte Streitereien. Deswegen kamen die in diesem gebirgigen Land wohnenden Menschen sehr früh die Erkenntnis, dass das Wort Staat trotzdem etwas vom überflüssigsten sei, was sich der menschliche Geist jemals erdacht hatte. Jede Stadt, jeder Flecken, jeder Weiler hier war sich immer selbst Hauptstadt und Staat zugleich.

*

Das führte dazu, dass die Sprachen mit der sich die vielen Sippen und Stämme eigentlich untereinander verständigen sollten, sehr schnell für die eigenen Leute und noch mehr für die Auswärtigen vollkommen unverständlich wurden. Deshalb bildete sich in jedem Tal eine eigene unverwechselbare Sprache heraus, auf die man von Generation zu Generation immer stolzer wurde, bis allein schon die Verteidigung der sprachlichen Gewohnheiten vor den Nachbarn Grund vieler wilder Kämpfe wurde.

Exkurs über ihre Bildung und ihre Abneigung gegen die Kunst.

Treuer Leser! Diese Eingeborenen fesseln Niemanden durch ihren tiefen Geist, ihre kühnen Schlüsse oder ihre nachahmenswerte Bildung, wohl aber handelt es sich um eine mit verschwenderischen Körperkräften ausgestattete Rasse. Untersuchungen haben erwiesen, dass der allgemeine Bildungsstand der Eingeborenen selbst gegenüber den benachbarten Gebieten abfällt. Das berührt sie insofern wenig, da sie solchen Quellen niemals Glauben schenken und davon ausgehen, dass ihre Art des Lebens die einzig gute sei. Bis in die Jetztzeit konnte der größte Teil des gemeinen Volkes weder schreiben noch lesen und wünschte dies auch nicht zu Erlernen, da sie es für unnützes und schädliches Teufelswerk hielten.

*

Wenn sie sich treffen, reden sie gerne über alles was sie bewegt, besonders aber vom Geschäfte machen, und wagen sich ohne Rücksicht auf ihren Geist auch auf anspruchsvolle Dinge. Dabei scheuen sie sich nicht, sich wie ein Chamäleon zu wandeln und von Minute zu Minute ihre Meinung zu ändern. Unterschiedliche Auffassungen werden nicht durch die Wirksamkeit der Beweisgründe sondern durch die Kraft der Stimme entschieden. Ausgelassene Heiterkeit und harmlose Scherze sind ihnen allerdings lieber und bilden den Hauptteil der Unterhaltung.

Die Tiroler kann man als gutes Volk bezeichnen, das sich jeglicher Kunst, besonders einer anspruchsvollen, vorerst immer verweigert. Sie ziehen es vor zu Saufen, Fressen, Gröhlen, Jodeln, Weibern und sich über vielerlei Furze mit ernster Miene zu unterhalten. Krieg führen und gegen die Kunst kämpfen verband die Menschen immer zu glückseliger Eintracht.

Ebenso sollte sich niemand besondere Versprechungen von der wissenschaftlichen oder literarischen Kultur dieses Landes machen. Bei einem Volk, wo Glaube und Aberglaube so einen breiten Raum einnehmen, konnten alle anderen geistigen Werte sich nur in einfachster Art und Weise entwickeln. Bei dem kann einzig und allein noch das Kartenspiel erwähnt werden, wo sie es zu großer Meisterschaft bringen und das sie als besonders den Verstand schulende Beschäftigung erachten.

Ihre Hausbibliothek ist klein. Das dickste Buch ist zumeist die Bibel. Einige Märchenbücher, dazu noch gebundene Bände der "Stadt Gottes" und manchmal einige wenige andere Heiligenbücher gehören gleichfalls dazu. Mit dem Lesen anderer Bücher glauben sie, liefe man Gefahr sündige Gedanken zu erfahren. Diese seien nie mehr aus dem Gedächtnis zu tilgen. Ein schlechtes Fischgericht könnte man ausspucken, einen schlechten Schnaps auskotzen, schlechte Gedanken seien niemals umkehrbar.

*

Für gewöhnlich ist es Brauch die wenigen Charakterköpfe oder Menschen von Geist während ihres Daseins in jeder Hinsicht zu verunglimpflichen und zu erniedrigen und erst nach dem Tod zu würdigen. Dies alles wird damit begründet, dass es die Leute so mögen und jene kurze Zeit der Ungerechtigkeit eine wohl leicht aushaltbare und zumutbare Anmaßung in Hinsicht auf ewigen Ruhm nach dem Tode und freudvolle Aufnahme bei Gott sei.

Über gute und schlechte Herrscher sowie einen Exkurs über die Wichtigkeit des Kartenspiels

Werter Interessierte! Im Allgemeinen handelt es sich bei den Eingeborenen um ein treues, ihrer Partei und den Herrschern fast hörig ergebenes Volk, dessen Wildheit sich nur in den unbedachtesten Fällen gegen sie richtete. Da man im Laufe der Zeit gelernt hatte, dass alle Regenten und Politiker schlecht sind und nur die Besten der Schlechten leidlich gut, um eine gewisse Beliebtheit

POLITIK
demuT
Tiroler J
Ja-Sagen per Knopfdruck:

beim Volke zu erzielen, soll beschrieben werden, was diese auszeichnet.

*

Je mehr die Vögte, Herzöge, Kaiser, Landeshauptleute mit ihren Untertanen mitsoffen und feierten, desto mehr achtete sie das Volk. Politische Entscheidungen jeder Tragweite trifft man bedächtig, indem man die Weinflaschen auf den Tisch stellt, und sich langsam so voll laufen lässt, bis die Entscheidungen von alleine fallen. Deshalb ist es ihnen als Edelsinn anzurechnen, dass sie bei wichtigen Entscheidungen niemals viel reden oder leichtfertig schwatzen.

Die am meisten geachteten Politiker waren immer schon diejenigen, welche am wenigsten mit dem Kopf und am meisten mit dem Bauch dachten. Aus diesem Grunde wurde bei den Politikern ein Kartenspiel besonders beliebt, das dem einfachen Volke vorgaukelte, sie stünden auf gleicher Augenhöhe mit ihren Regenten. „Watten" nennt sich das in diesen Gegenden weit verbreitete Spiel. Es verschafft gute körperliche Kondition, verzehrendes Herzklopfen und gewaltige Schweißausbrüche. Nichts begeisterte die Tiroler mehr, als sie eines Tages in der Gegend von Landeck hinter der Vertäfelung einer Bauernstube siebenhundert Jahre alte Spielkarten, die ältesten Europas, entdeckten. Sie waren der letzte Beweis, dass sich über Jahrhunderte nichts geändert hat.

Die Regeln bei diesem Kartenspiel sind sehr einfach und dem Wissensstand des einfältigsten und einfachsten Bauern angepasst, da hier weder Geist noch Verstand notwendig sind. Jeder bekommt eine handvoll Karten. Wer am meisten betrügt und täuscht gewinnt am Ende, doch können leichte Abweichungen von diesen Regeln von Dorf zu Dorf stattfinden. Die Spielkarten selbst stellen ein Spiegelbild des Landes dar. Unter, Ober, König, As, alles ist hierarchisch aufgebaut. König sticht den Unter, der Bauer hat, wie im richtigen Leben, wenig zu melden.

Geredet werden kann während des Spieles über alles, aber nie die Wahrheit. Da aber diese Tugend weder von ihren Politikern noch vom Volk besonders hochgeschätzt werden, macht die Fähigkeit den anderen zu betrügen einen Teil des Erfolgs dieses Spieles aus.

In dem ähnelt das Kartenspiel sehr der allgemeinen Auffassung dieses Volkes vom Sinn des Lebens. Im Laufe der Zeit hat die Zahl der Berufsgruppen und jener Menschen, welche ihr Dasein aufbauen, nur noch ganz selten oder nie die Wahrheit zu sagen sehr zugenommen. Neben den Politikern, denen der Hang zur Lüge und Täuschung wohl verziehen werden kann, gehören die meisten Rechtsanwälte, Diebe, Beamten, Medienmenschen und Geschäftsleute dazu. Weder die Wahrheitsliebe noch die Vernunft haben letzthin große Erfolge vorzuweisen.

Wer gegen ihren Landeshauptmann gewinnt, trägt das Triumphgefühl dieses Sieges ein Leben lang im Herzen. Schon das Wissen des einfachen Mannes, dass er für Minuten mit gleicher Spielleidenschaft und ebenbürtig einem hohen Manne gegenübersitzt, der sonst nur die Lippen zu öffnen brauchte, um die Steuergelder tausender von Menschen von einer Seite auf die andere zu schieben, dessen Unterschrift ihn ins Gefängnis bringen oder ihn zu einem hohen Versorgungsposten verhelfen könnte, lähmt die meisten Mitspielenden. Deshalb ziehen es fast alle Untertanen vor, den Landeshauptmann bei diesem Spiel gewinnen zu lassen um sich damit unterwürfige Gunst und mögliches Wohlwollen zu erhaschen.

*

Sehr früh werden die Eingeborenen im Umgang mit ihren Politikern zu besonderen Verhaltensweisen erzogen. Väter, Freunde und Bekannte bläuen ihnen schon in der Jugendzeit ein, was die Landesväter und andere Politiker mögen. So soll das einfache Volk bei den vielen Einweihungsfeiern, wenn die Regenten die Reihen der derben Leute abschreiten, durch allgemeines heiteres, begeistertes Lächeln, sowie durch demutsvolle und dankbare Haltung zum Verstehen geben, dass sie nur einfache Geschöpfe sind, denen die Fähigkeit zu Höherem fehlt. All dies sollte nicht unterwürfig oder womöglich geheuchelt geschehen, sondern mit Würde. Auch sollten sie alles mit einer derartig possierlichen Herzlichkeit vortragen, dass an ihrer Aufrichtigkeit bei Niemandem kein Zweifel aufkommt. Beanstandungen hierzu von Seiten der Herrschenden hat es eigentlich selten gegeben.

Nach den ermüdenden Ansprachen der Politiker und dem Banddurchschneiden ist das Volk sehr schnell wieder von seiner Pflicht entlassen und kann entweder nach Hause laufen, oder an einem allgemeinen Verkosten aufgetischter Speisen teilhaben, welche von den Politikern zur Befriedung des Volkes gerne von den Steuergeldern dargebracht werden.

Da es sich bei all diesen Amtshandlungen um dem Volk zumutbare und leicht zu erlernende Tätigkeiten handelt, wird allgemein in allen Dörfern angenommen, dass ein wenig Übung den einfachsten Menschen dazu bringt all dies zu beherrschen. Auf der anderen Seite ertragen die Politiker solche Anlässe belastender Langeweile mit standhafter Seelenstärke ohne ihre innere Gedankenwelt nach außen dringen zu lassen. Selbst bei der Verlegung von Hundehütten wie der Eröffnung neuer Klosetts ziemt sich die Anwesenheit eines Politikers.

Belanglose, vom einfachen Mann ausgehende Wortwechsel oder Bittstellungen sind bei solchen Gelegenheiten genehmigt, da nicht immer den Politikern zuzumuten ist, von sich aus originelle Gedanken der Unterredung zu finden. Damit wird sogar der Eindruck eines Hauches ungekünstelter Demokratie erweckt. Allerdings wird gewünscht, dass sich solche zwischen Politikern und Untertanen stattfindende, selten hochgeistige Gespräche, durch Bündigkeit und Trefflichkeit der einfachen Menschen auszeichnen und niemals fordernd seien. Sollten Frauen von Politikern anwesend sein, so geziemt es sich mit diesen einige geistlose

Phrasen zu wechseln, wobei auf deren Wesen geläufige Themen einzugehen ist. Ungerechtfertigte Bürden, welche den einzelnen Bürger und noch mehr den Landeshauptmann belasten könnten, sind allerdings schriftlich zu überreichen, um es von seinen Vertretern jederzeit für immer den Archiven zuordnen zu können.

*

Um mit einem letzten Beispiel die Weisheit ihrer Politiker vor Augen zu führen sei erwähnt, dass man in letzter Zeit überging, für das allgemeine Volk eine Unzahl von sinnreichen Beschäftigungen einzuführen, um damit ihre Zeit auszufüllen und sie davon abzuhalten mit geistigen Tätigkeiten Unheil anzurichten. So wird das Volk angehalten, vielerlei Schriftstücke, Dokumente und Urkunden genauestens auszufüllen. Diese Ordnung sei für ihr Wohlergehen von größter Bedeutung und sehr wichtig, erklären sie mit staatstragender Miene. Sind einmal alle bürokratischen Belange erfüllt, landen diese, wie vom Gesetz vorgesehen, auf dem Müll. Für gewöhnlich lieben die Eingeborenen außerordentlich aus dem Munde der Politiker zu vernehmen, dass es ihnen noch nie so gut gegangen sei als heute. Gleichfalls lullt es sie ein, von ihren Regenten als treuestes Volk auf Erden angesprochen zu werden.

*

In den meisten Fällen trauen sie ihrem „Landesvater" zu, die besten Begründungen vorzulegen, wieso es sich ziemt, ihren zufällig zu Wohlstand gekommenen einfachen Untertanen ihren Reichtum wieder abzunehmen. Zwar wagen es die wenigsten klugen Menschen hier, ihren Geldüberfluss zur Schau zu stellen. Doch leider verleitet sehr viele ihre dumme Eitelkeit, mehr zu scheinen als zu sein. Besonders wenn sich zur Betörung ihre Frauen einmischen.

*

Letzthin hat sich bei diesen Menschen die Meinung durchgesetzt, dass die Politiker für ihr Denken zuständig seien. Die

Gehirne vertrockneten, die Gedanken versandeten, man hasste sich nicht mehr, liebte sich nicht und man begeisterte sich für nichts. Kein Stolz, kein Schmerz. Keine Tat und keine Freude. Nur untertänige Demut und Kopfnicken. Eine seltsame Mattigkeit hat sich über alles gelegt. Sie leben dahin, wie Menschen, welche es einfach nicht schaffen, schnell zu sterben. Wobei zu sagen ist, dass Hinscheiden kein großes Kümmernis zu sein scheint, wohl aber jahrelanges Leiden.

Die Partei ist zufrieden mit ihren Bürgern und die Landsleute mit ihrer Partei. Schon deswegen empfindet niemand die Notwendigkeit etwas zu ändern, könnte dies doch bewirken, dass Festgefügtes beim Umgestalten zusammenbricht. Ihre Politiker behandeln sie sanftmütig und liebevoll. Sie huldigen ihnen devot so weit es nur geht. Die schwerste Last ihrer Staatslenker besteht darin, dass das Volk eigentlich nichts anderes verlangt, als gedankenlos geführt zu werden. Trotzdem können sie mittlerweile zufrieden sein, wurde doch Politiker sein zu einem Beruf wie Kindergärtnerin oder Straßenfeger, wobei die einen wie die anderen sehnsuchtsvoll kaum die Altersrente erwarten.

*

Als Jesus noch im fernen Israel seine Wunder wirkte, verlangten die Regierenden ein Zehntel des Besitzes der anderen, um ihren Ruhm der Nachwelt zu erhalten. Die Untertanen murrten, ließen sich aber durch die Wahl, die Wohnlichkeit ihrer Hütten durch jene der Gefängnisse, oder die Einöden der Ehe mit jenen von Prügeln und Foltern zu tauschen, dazu verleiten freiwillig zu zahlen. Im Mittelalter war es schon wesentlich mehr, mussten doch die Regierenden mehr Protzbauten, Denkmäler und Paläste bauen, um ihre Namen zu verewigen. Die Untertanen murrten immer noch, zahlten aber doch und kuschten wie es kein Schaf oder keine Ziege jemals täte. Nun hat sich bei den Herrschenden die allgemeine Sitte eingebürgert mehr als die Hälfte von allem zu fordern. Die Untertanen murren zwar eigenartigerweise immer noch, manch einer flucht sogar. Treu ergeben sind sie weiterhin untertänig duldsam in Anbetracht der sich allgemein durchgesetzten eigenartigen Meinung, dass es die Menschen um einiges weiter gebracht hätten als ihre Ziegen, Schafe und Kühe.

Die Eingeborenen führen an, dass es bis jetzt weder ein Hirsch, noch ein Adler namentlich dazu gebracht hätte in die Geschichte einzugehen, weil er etwas Besonderes vollbrachte. Derweil freuen sie sich, dass heute noch Erzherzog Ferdinand II. in aller Munde ist, der Schloss Ambras erbaute. Oder Graf Meinhard der Stift Stams schuf, Sigmund der Münzreiche sein Schloss Sigmundskron, Kaiser Ferdinand I., die Franzensfeste.

Annähernd gleich mit der Macht der Führenden wuchs in ihrem Sog das Heer der Beamten. Sie sonnen sich im Schatten der Regierenden und laben sich an ihrem Kuchen. Und schaffen es einmal die gewählten Politiker nicht diesen zu essen, dann fallen die Beamten mit umso größerer Gier darüber und schlagen sich ihre Bäuche voll.

Die Ungefährlichkeit ihrer Armee, der Schützen, mitsamt ihrem berühmten „letzten Aufgebot“

Geliebter Fremder! Die Eingeborenen sind sehr stolz auf ihre eigenen Truppen, einer Reihe von Gotteskriegern welche „Schützen“ genannt werden. Ihre Gefährlichkeit liegt darin, dass sie so ungefährlich scheinen. In dem ähneln sie am meisten den Pfauen. Mit ihren farbig-bunten Trachten, eine Unzahl von verrostenden Orden angeheftet, und den riesigen Hüten plustern sie sich auf und marschieren heute wie damals durch die Straßen der Orte als wollten sie ankündigen:

„Wenn wir wollten, könnten wir alle Politiker verjagen, aber wir wollen es nicht, zumindest nicht heute.“

Dann stellen sie sich auf dem Dorfplatz in Reih´ und Glied auf, der neunzigjährige Wankelgreis, gleich wie der vollbauchige

Suff, der Riesenbärtige und der Schwindsüchtige, halten ihre uralten Gewehre mit den Platzpatronen in die Luft und schießen mit solchem Höllenlärm, als wollten sie jedem Anwesenden klar machen:

„Wenn wir wollten, könnten wir euch alle vernichten, aber wir wollen es nicht, zumindest nicht heute.“

Und wenn dann erschreckter Applaus erklingt schreit wie gewöhnlich ein Schützenhauptmann noch etwas Unverständliches in die Runde als wollte er jedem mitteilen:

„Passt alle auf, Gott höchstpersönlich hat uns geschickt.“

*

In Zeichen höchster Not und Drangsal tragen diese Schützen ein 650 kg schweres gusseisernes Ungetüm, die Dornenkrone, herum. Diese soll den höchsten Schmerz und die nicht mehr steigerbaren Leiden, welche man einem Land auf Erden nur antun kann, versinnbildlichen. Darauf zeigen sich die Tiroler mächtig stolz.

*

Eine militärische Ausbildung in ihrem Heer ist nicht vonnöten, auch keine anderswo bekannte Heereskarriere. Überhaupt ist die Auswahl ihrer Kommandanten und Befehlshaber so einzigartig, dass sie einer Beschreibung wert ist. Mut und gesunder Hausverstand sind zwar erwünscht, mehr jedoch Trinkfestigkeit und geselliges Wirtshausgelage. Zumeist genügt einzig und allein das Vertrauen der Saufkollegen, um jemanden zum Heerführer zu wählen. Ihre militärischen Ränge wie Leutnant, Hauptmann und Major werden ihnen infolge ihrer Tugenden, die Gedanken des allgemeinen Volkes zu vertreten, zugeordnet. Strenges Exerzieren ist diesem Heer ein Gräuel, da jeder einzelne einzig seinem Stursinn sich verpflichtet fühlt.

*

Im Jahr 1511 rangen sie Kaiser Maximilian I. in einem sehr weisen Vertrag, dem „Landlibell“, ab, dass ihre Natur und Geist sie einzig und allein befähigte ihr eigenes Land im Gebirge zu verteidigen. Krieg und Streit im Rest der Welt sollten sie nicht berühren. Andere Nationen weigerten sich dieser sehr weisen Idee zu folgen, weil man diesen Wilden nicht zutraute, dass vernünftige Gedanken einmal von ihrer Seite kämen.

Es war ein sehr vernünftiges Abkommen und über viele Jahrhunderte beanstandete es niemand. Wie überall werden hier zuerst alle tauglichen, männlichen Untertanen des Landes aufgefordert ihr Land zu verteidigen. Dieses erste Aufgebot wurde am Anfang einberufen. So ging es weiter bis zum fünften oder „letzten Aufgebot". Zumeist bestand es nur mehr aus Greisen, Idioten, Gaunern, Kindern, Weibern und Untauglichen. Es galt aber als das berühmteste und wildeste, und ging bei vielen Kämpfen wegen seiner Tapferkeit in die Geschichte ein. Es wurde mit Sturmgeläute ihrer Kirchenglocken aufgerufen, wobei die Verteidiger des „letzten Aufgebotes" davon ausgingen, im Auftrag Gottes zu handeln. An Waffen nahmen sie alles, was sich gerade anbot, wobei in der Vergangenheit sich Dreschflegel, Mistgabeln, Steine und Sensen am wirkungsvollsten erwiesen haben.

Im Laufe der Zeit wurden jedoch, die Sitten der Eingeborenen immer verderblicher, ein geistloser Sinneswandel riss ein, bis sie sich eines Tages blenden ließen und das „Landlibell" verschenkten. In neuerer Zeit lassen sich diese Gebirgsmenschen, geködert von anderen Herren, in allen Teilen der Welt, von Russland bis Afrika ihre Schädel einschlagen. Aber zumindest handelte es sich dabei nie um das letzte und stolzeste Aufgebot.

Über die verschiedenen Besonderheiten der Presse und Gott als Zeitungsherausgeber

Lieber Leser! Die Bewohner dieses Landes bedurften lange keiner Presse, weil ein Volk, das seit jeher so vom Rest der Welt abgeschieden war, die wenigen anfallenden Dinge leicht im

Gedächtnis bewahren konnte. Erst spät und wohl auch nur deswegen, weil die Geistlichkeit feststellte, dass Gott eine Plattform zur Verbreitung seiner Gedanken und Botschaften gegeben werden musste, besann man sich auf die Herausgabe von Zeitungen.

*

Jedes Kind und jeder Greis in diesem Lande kennt Pfarrer Reimmichl (sein richtiger Name Sebastian Rieger ist mehr oder weniger vergessen). In zwanzig Jahren rund um 1900 schaffte er es, neben der Herausgabe einer Unzahl von Büchern, seine von ihm gegründete Zeitung das „Bötl" zur größten und meistgelesenen des ganzen riesigen österreichisch-ungarischen Reiches werden zu lassen. Oder Kanonikus Michael Gamper besser bekannt als „Faßl". Zwar verjagten Hitlers Schergen während des Zweiten Weltkrieges ihn als Volksfeind, sodass er sein bekanntes weißes Haar unter einer Motorrad-Lederhaube verbergend, sich wacker bis nach Florenz durchschlagen musste, doch kaum waren die Nazis verjagt, war die Kirche und der wackere Kanonikus schnell von Neuem zur Stelle, um die allheilige Botschaft mittels Zeitung seinen Schäfchen kundzutun.

*

Fragt man die Menschen nach der besten Zeitung im Land so herrscht die Meinung vor, es gäbe keine Gute aber auch keine Schlechte. Keine richte größeres Unheil an, wie auch keine, größeren Nutzen bringe. Es sei wie mit dem Glauben und der Kirche. Noch nie habe das Herunterleiern der Predigten, das monotone Herablesen des Evangeliums, der Lesung und der Gesänge Jemanden sonderlich etwas eingetragen, wie auch niemand ohne all dem zu Schaden gekommen wäre.

Ihre neuesten Nachrichten sind, wie das Evangelium bei der Heiligen Messe am Sonntag, allesamt sehr vorhersehbar und das Lesen eine ermüdende Angelegenheit. Nach der ersten Hälfte beim Lesen der Zeitung wie bei der Teilnahme am Gottesdienst täuschen die Menschen noch rege Aufmerksamkeit vor, weil sie

INRI
HEILIGES
LAND
te D

glauben, die Augen der anderen seien auf sie gerichtet und es sei nicht schicklich durch ein Verlassen der Messfeier oder ein Weglegen der Zeitung aufzufallen. Das froheste Erlebnis ist jener Augenblick in dem der Priester mit göttlichen Segen die Menschen verabschiedet oder wenn der Leser am Ende beim Betrachten der Todesanzeigen feststellt, dass er nicht dabei ist.

*

Vom Weltgeschehen passiert gewöhnlich das, worüber von anderen Zeitungen überall auf der Welt berichtet wird, dann folgt ein vorhersehbarer Lokalteil mit „Landeshauptmann eröffnet Schule", oder auch Feuerwehrhalle, Kulturhaus, Altersheim in beliebiger Mutation, dazu noch „Landtag wird morgen zusammentreten", oder heute, oder um zehn Uhr. Neue Gesetze wurden beschlossen, zumeist, um den Bürger etwas aus der Tasche zu ziehen, oder Verbote mitzuteilen. Dann gibt es Hinweise auf irgendein Volkstheater, Lustspiel, Konzert. Die Speisekarte ist beliebig austauschbar. Der Sport berichtet von Lokalgrößen und vielerlei Hoffnungen. Die Leser freut es, wenn endlich wieder einmal ein richtiger Mord, ein Verbrechen oder ein größerer Unfall stattfindet. Das wird besonders gerne gelesen. Todesanzeigen folgen am Ende je nach Sterbemenge und tragen zum größten Teil zur Abdeckung der Erhaltungskosten einer Zeitung bei. Es gilt in diesem Land, dass man erst richtig gestorben ist, wenn seine Todesanzeige in der Zeitung abgebildet ist.

*

Der Tiroler will keine gute Zeitung, besonders keine welche kritisiert. Wohl aber will er sich stundenlang ereifern, dass er keine gute hat. Versucht wirklich ein neu gegründetes Journal auf der Suche nach neuen Kunden bissig zu sein, dann verkünden ihre Politiker einmütig, dass sie mit diesem Revolverblatt nicht mehr sprechen würden. Unabhängig davon erklären die lokalen Parteigrößen, dass sie mit dieser Mistgazette nicht mehr sprechen und selbstverständlich auch nicht kaufen werden, und selbst die

Bauern, die Wirtschaftstreibenden und die Arbeiter kommen unabhängig zur Ansicht, dass sie solch ein verlogenes Geschreibsel weder kaufen, noch lesen und selbstverständlich streng kontrollieren würden, wer es kaufe. Richtigerweise sind allzu kritische Redakteure bei einem so einigen Volk, das von Natur aus Tugend und Treue zugeneigt ist, nicht erwünscht und werden rechtzeitig entfernt.

Eine Menge großer und kleiner Christusse sowie einer Menge eingeweckter Heiliger

Werter Leser! Im Laufe der Zeit brachte jede feindliche Horde, die irgendwann in dieses gebirgige Land kam, eine Menge Heilslehren und eine Unzahl verschiedener Göttern mit. Die Kelten genauso wie die Römer und als irgendwann die frohe Botschaft eines Gottes aus dem fernen Israel von den ersten Eiferern in dieses Land getragen wurde, musste genauso Platz für diese Lehre, wie für alle vorangegangenen sein. Warum sollte diese Bergwelt neben einer Unzahl von verschollenen Berggeistern und Dämonen, nicht noch jeden neuen Gott mit aufnehmen können, solange er nichts Anderes im Sinn hatte, als den Leuten das Leben zu erleichtern. Ein Gott war so gut oder schlecht wie jeder andere und die frohen Botschaften wurden in ihrem Sinne so ausgelegt, wie es ihrem Denkvermögen entsprach. Dazu war es auf den wenigen markanten Hügeln und Felskuppen dieser Täler Brauch, dass der vorher in Mode stehende Gott für den später folgenden Platz machen musste. Oder was meist vorkam, dass das in den Augen des Volkes Gute des einen Gottes mit dem Guten des anderen untrennbar vermischt wurde, sodass als Endergebnis ein noch besserer Gott geboren werden sollte.

*

„Das ist das wirkliche, einzige und echte Heilige Land" bist du Fremder geneigt auszurufen, wenn du im Land herumreist. Und sei es auch nur scheinheilig oder steinheilig. Im Laufe der Zeit entstand ein derart merkwürdiger Glaube - dessen Eigenarten in vielen Dingen wundersam und unerklärlich sind - dass es den Außenstehenden auszurufen überkommt: Wie kleinlich und zänkisch kann doch ein Gott nur sein.

*

Preist England Dichtergrößen wie Shakespeare oder Naturwissenschaftler wie Darwin, Amerika Erfinder wie Edison oder Geistesgrößen wie Einstein, Deutschland Dichterfürsten wie Goethe oder Talente wie Gutenberg, den Erfinder des Buchdrucks, das alte Griechenland die Philosophen Platon, Aristoteles und Sokrates, Spanien seinen großen Schriftsteller Miguel de Cervantes, Österreich die Musikgenies Beethoven und Mozart, so trifft bei diesem Volk nichts davon zu.

Weitaus an unschlagbarer erster Stelle kommt in diesem Land Tirol eine seltsame und schwierig zu beschreibende Dreifaltigkeit in einer Person und zwar Gott „Vater", Gott „Sohn" (Jesus Christus) und Gott „heiliger Geist". Das Wesen dieser Dreifaltigkeit vermag dir niemand genau erklären. Manch einem gelingt es umschreibend durch Beispiele: Es sei gleich wie bei den Knödeln. Ob es sich um Speck- Käse oder Leberknödel handelte, der Gehalt bliebe immer gleich, nur die äußerliche Erscheinung ändere sich.

Jede einzelne dieser dreieinigen Personen übertrumpft in Wichtigkeit der Darstellung die nächstfolgenden um Längen. Und selbst die meisten Einzelgeschehnisse ihres Lebens würden, nach Häufigkeit ihrer Verehrung und Abbildung nochmals allen anderen bei weitem überlegen sein: Ob Jesu Christus, gekreuzigt, blutüberströmt, gefoltert und gepeinigt oder Jesus Christus als Kindlein in der Wiege käme bei weitem kein anderer Heiliger noch ein normal sterbliches Geschöpf je heran.

Für gewöhnlich sind die Christusse am Kreuz unten im Tal blutüberströmt, zerfoltert, gebrochen, dass man es keinem

Menschen jemals so wünschen könnte. Je höher man in die Berge kommt desto kleiner und einfacher werden die Kreuze. Auf den Gipfeln bleibt zumeist überhaupt nur mehr das Kreuz übrig und es bleibt dem Betrachter überlassen, welch blutigen Jesus er sich in solch erhabener Landschaft ausdenken will.

An nächster Stelle, in der Häufigkeit des Zugegenseins, aber weit abgeschlagen, folgt wiederum ein Mitglied aus dieser berühmten Familie und zwar Muttergottes Maria, in verschiedener Ausführung, von ihrer Himmelfahrt, bis zur Offenlegung ihrer Jungfräulichkeit. Brosamen teilen sich die Apostel und anderen Heiligen. Weit abgeschlagen folgt als erster unheiliger ein fast geheiligter Mann: Andreas Hofer.

*

Nach all den Erzählungen mag manchen Uneingeweihten überkommen, dass es sich hier um ein sehr sündiges und schuldiges Volk handelte. Mit intelligenter Fügsamkeit anerkannten die Tiroler das Recht der Priester sie nach ihrer drückenden Arbeit auf den kargen Feldern schwere Steine zum Kirchenbau schleppen zu lassen. Oder sie befolgten treu die Aufforderung, das wenige, das der einfache Mann zum Leben hatte, der Geistlichkeit zu vermachen, damit sich diese protzige Klöster bauten, während die einfachen Leute Hunger litten. Oder sie vermachten voll Ergebenheit ihr eigenes Leben den Bischöfen, damit sie es nach ihren Gutdünken verwendeten. Wie viele Schulen hätte man um all dies Geld bauen können, und wo stünde dieses Volk wenn sie es getan hätten!

*

Die Eingeborenen ergötzen sich über alle Maßen an blutrünstigen Spielen vom Leiden und Sterben des Erlösers, dass einem angst und bange wird. Orte wie Oberammergau und Erl, sollen nur deshalb bekannt geworden sein. Es ist ein quälendes Spektakel und Gepauke. Viele Stunden sieht man nichts Anderes als unmenschliche und rücksichtslose Leidenszeit. Blut fließt in

Strömen, es wird an Bestialitäten herumgeferkelt was man einem Menschen nur antun kann. Letzthin wurde vieles getan, um die Dramatik dieser Komödien weiter zu steigern, damit bei keinem Besucher Langeweile aufkomme. Selbst die notwendige Begleitmusik verkommt zu einem wüsten Heulen, das jedem durch Mark und Bein fährt. Die Eingeborenen scheinen sich an solchen Quälereien richtig zu ergötzen als wünschten sie sich, dass dies kein Schauspiel wäre, sondern sich wirklich so zutrage.

Warum Gott mit ihnen in den Krieg ziehen muss

Über die meisten Jahrhunderte beschäftigten sich Herrscher, Bauern, Bischöfe und Priester mit der Frage, ob Gott oder Kaiser an höchster Stelle stünde. In diesem Ringen bekriegte man sich mit allen Mitteln und scheute vor Mord und Totschlag nicht zurück. Schnell erkannten jedoch die einfachen Horden, dass es sich mit den Göttern leichter leben ließ, als mit all den unberechenbaren gierigen und ausbeuterischen weltlichen Herrschern. Die Götter konnte man anflehen und hoffen, dass es regnete, wenn Trockenheit herrschte oder der Himmel seine Schleusen schloss, bevor sich die wilden Sturzbäche über die Täler gossen, wenn Krankheiten hereinbrachen oder die Natur aus irgendwelchen Gründen verrückt spielte. Vor allen Dingen hatten die Götter auf Seite der Bergler gegen all jene in den Krieg zu ziehen, gegen die ein heiliger Fluch benötigt wurde.

*

Im Laufe der Jahrhunderte bildete sich ein eigenartiges Naheverhältnis zwischen Gott, seinen Vertretern und den Berglern heraus. Es gibt wohl kein Land auf dieser Welt, wo Priester sein so wenig im Verbreiten von Gottes Wort besteht, jedoch aber im Held sein. Die Zahl jener Priester und Pfarrer welche eifriger als andere in den Kriegen an vorderster Front kämpften ist Legion. Als die Franzosen und Bayern im Jahr 1809 über

Tirol hereinfielen, war es ein rotbärtiger Pater namens Joachim Haspinger, der mit Kreuz und Gewehr den Eindringlingen das Fürchten lehrte. Andreas Hofer wollte Frieden, der fromme Pater im Auftrag Gottes Krieg. Und er ließ es sich sogar im Jahr 1848 als 72jähriger nicht nehmen, als Kaiser Napoleons Weltreich schon längst vermodert war, gegen die aufmüpfigen Italiener zu Felde zu ziehen.

Als dann während des Ersten Weltkrieges die Italiener über diese Berge hereinfielen, war es wieder die Geistlichkeit, welche mit Feuer und Flamme, mit Bibel und mit Schwert loszog, um in Gottes Namen die verdammten Feinde zurückzuwerfen. Feldkurat Josef Hosp schoss auf jeden Italiener, was sein Schießprügel nur hergab, Bruder Willram dichtete dazu: „Gerungen wie die Helden, verblutet Mann für Mann! Nur Lieder werden melden, was Großes sie getan."

Im Krieg finden alle, dass es sich um einen fast heilig zu sprechenden Geistlichen handelt, nachher sehen sie es nüchterner.

Wie Sie mit Andersdenkenden umgehen

Zahllose Menschen wurden von diesem Volk einzig und allein mit dem Ziel abgestellt in altehrwürdigen Überlieferungen und Legenden nach Beweisen zu suchen, worin der einzig wahre und richtige Glaube liege. Im Laufe der Zeit setzte sich bei ihnen die Meinung durch, dass Gott allein zu schwach sei, um sich selbst Gerechtigkeit zu verschaffen, und dazu von ihnen berufene Gottesvertreter unabdingbar seien. In seiner Unvollkommenheit ließ Gott es zu, dass die Menschen nackt zur Welt kamen. Die Geistlichen behoben den Fehler und machten manch unschuldiger Maid durch die Beschreibung der Schönheit dunkler frostiger Zellen klar, wie tief sie ihren Busen verstecken musste, damit es Gott wohl recht gefiele. Gottes Unvollkommenheit führte dazu, dass Männchen und Weibchen sich paarten wie jedes Tier.

Die Gottesvertreter erkannten das Missgeschick und führten den Ausdruck der Sünde ein, deren Nichtachtung in bestimmten Fällen zum Tode führen konnte.

In ihren Burgen und Schlössern zeigen die Fremdenführer Folterkammern mit solcher Ernsthaftigkeit und erklären die Marterinstrumente bis ins kleinste Detail, dass du Fremder das Gefühl erhältst, als wärest du der nächste an der Reihe. Sie bedeuten dir mit ernster Miene, dass es anderswo Kannibalen gab, die grundlos leibhafte Menschen fraßen, während bei ihnen dies alles zu Ehren ihres göttlichen Wesens geschah. Es sei guter Brauch gewesen, besonders schwer Erziehbare oder denen es Schwierigkeiten bereite ihren Glauben zu erlernen, dermaßen den rechten Weg zu zeigen. Im Auftrag Jesu Christi und seiner unermesslichen Güte war es immer schon besonderer Brauch, manche Zweifelnde und Unbelehrbare, Gottes Wärme fühlen zu lassen, in dem sie diese am Feuer so weit erhitzten, dass Geist und Glaube Gottes ohne Weiteres sich ihrer bemächtigten.

*

Die Religionsausübung in diesem heiligen Land im Gebirge ist frei, soweit es sich um jene ihres Heilands handelt. Anderer Glaube wird nicht geduldet und zumeist verfolgt. Juden mögen diese Gebirgsmenschen überhaupt nicht. Sie verübeln ihnen noch immer den Tod Christi. Noch mehr aber machen sie dies Volk verantwortlich, dass die Tiroler im Laufe der Jahrhunderte darben mussten, so oft von Feinden überfallen wurden, so arm an Wohlstand, nicht gebildeter sind und nicht besser. Kurz: Die Juden sind an allem schuld. Niemand weiß, wieso es die wenigen in diesem Lande lebenden Juden eigentlich noch gibt. Gleich wie Ungeziefer trotz festen Bemühens nie endgültig ausgerottet werden kann, glauben sie, dass dies hier gleichfalls zutrifft. Sie heiligen viele kleine Märtyrer, welche sich im Kampf gegen die Juden opferten. Die Märchen von den bösen Juden und dem kleinen heilige Simon von Trient wie auch dem kleinen heiligen

Anderl von Rinn sind ihnen am liebsten und sie erzählen sie heute noch ihren Kindern, gleich häufig wie sie von den bösen Hexen und herzlosen Zauberern berichten.

Verantwortungsgefühl zur rechten Zeit zeichnete dies Volk immer besonders aus. Sie folgten Hitlers Aufruf in der Reichskristallnacht im Jahr 1938 und beförderten in Innsbruck so viele Juden ins Jenseits wie es keiner anderen deutschen Stadt gelang. Nach dem Krieg staunten sie,wie das Land sich gesäubert hatte und reihten die Totschläger in die lange List ihrer Helden.

Wie sie ihre Landschaften verändern, um sie in ihren Augen besser zu machen

Werter Neugierige! Die Gegenden in diesem Land sind für gewöhnlich so kärglich und armselig, dass keine Wüste oder Polarregion, weniger unzulänglich und erbärmlicher sein könnte. Fast immer handelt es sich um nackte Berge, welche manchmal mit einem Mantel aus dürftigen Gras oder verlotterten Bäumen umhüllt sind. Deshalb gehören diese Landschaften zu den zartesten, empfindlichsten und gebrechlichsten, welche am schlechtesten Veränderungen, Eigenmächtigen und Eingriffe vertragen. Es handelt sich allesamt um unverdorbene und unschuldige Orte, welche sie eigentlich befähigten in nie endender Freundschaft mit den darin lebenden „Menschen im Gebirge“, gesittet zusammenzuleben, wobei es von keinerlei Seite irgendwelche Hindernisse geben dürfte.

Über diese himmlischen Landschaften fielen die Eingeborenen wie ungeheuer blutgierige und darbende Tiere her und taten nichts anderes, als sie zu beschädigen, zu peinigen, zu vernichten und zu verderben. Dies mit immer neuen Arten von Grausamkeiten, welche sich von Jahr zu Jahr steigerten. Im Laufe der Zeit geschah dies in einem solchen Ausmaß, dass von vielen

Kilometern unberührter Fläche heute nur mehr unbeträchtliche übrig geblieben sind, und mit jedem Tag werden es weniger.

Viele Personen wurden durch Begehrlichkeit und Lieblosigkeit um ihr gutes Menschentum gebracht, wobei sie sich damit noch nicht zufrieden gaben, sondern entschieden, man möge ihnen die Erlaubnis für noch unüberlegtere Taten geben. Hierzu gehört, dass sie beschlossen, der Natur überhaupt keinen Platz mehr zu lassen und Ausbeutung und Selbstsucht vor die Kraft der Bildung und des Geistes setzten. Sie rauben die Landschaft nicht, weil sie hungers sind oder sonst irgendwie leiden. Sie tun es aus Feindschaft und grenzenloser Gier.

*

Aber die Eingeborenen haben kein schlechtes Gewissen, behaupten sie doch mit Fug und Recht, dass der Fremdenverkehr seinen Anfang bei Gott oder beziehungsweise in der Kuraten Bett und Zimmer nahm. Im Widum der Priester fanden die ersten Fremden, welche sich aus irgendwelchen unerfindlichen Gründen für diese Berglandschaften begeisterten, die erste Bleibe. Die Orte des Glaubens waren immer schon fröhliche Treffpunkte der Menschen aller Herren Länder, wobei der Unterschied zwischen Gasthaus, Kirche und Widum nie ein großer war.

*

Aus unbegreiflichen Gründen setzten sich die Menschen alsbald in den Kopf keinen unerschlossenen Dreitausender mehr zu lassen und nicht einen Gletscher zu verschonen. Es gab Zeiten, da wurden alle paar Meter von hübschen Marketenderinnen Bänder gehalten, weil irgendetwas eingeweiht wurde und es gehörte zu den Lieblingsbeschäftigungen der Politiker, diese durchzuschneiden. Es war ihnen alles sehr wichtig! Neue Straßen, neue Autobahnen, neue Skianlagen, neue Behausungen wurden landauf landab gebaut. Es dauerte gar nicht lange, da verloren für sie richtigerweise alle Berge, Wasserfälle, Wälder und Wiesen ihren Sinn. Es gab nur mehr Hotels, Erlebnistempel und

Vergnügungsstätten. Sie reichten von einem Dorf zum nächsten und von dort wieder weiter. Die Gefahr durch die vielen Amüsements zu Tode zu kommen war ungleich größer als durch die wenigen Stätten der Geistigkeit gebildet zu werden.

Nirgendwo sonst traf charakterloser Geschmack auf soviel Geld wie hier. Von Bescheidenheit hielt keiner besonders viel und kleiner wollte es auch keiner haben. Ein nie enden wollendes Feuerwerk aus teuerstem Edelkitsch spie bald schon jedem Eintretenden mit voller Gewalt ins Gesicht.

Es ging vor allem um eins. Um mehr Betten. Wer am meisten hatte, war der Dorfkaiser und konnte mitleidvoll den anderen den Weg weisen. Wer mehr haben wollte, musste vor den augenblicklich Mächtigsten niederknien, welche sich die Gesetze nach ihrem Gutdünken zurechtfeilten. Wie allerdings die Gesetze aussahen und nach welchen Kriterien sie gemacht und überwacht wurden, das allerdings wusste niemand.

Ihr Wesen als leidliche Unterhalter anderer Völker

Lieber Wissbegierige! Was diese Gebirgsmenschen angeht, glauben sie weder Belehrungen noch Geisteszuwendung notwendig zu haben. Sie haben sich letzthin zu leidlichen Unterhaltern anderer Völker herangebildet, und zur Zerstreuung anderer Menschen – das erkannten schon die ersten römischen Kaiser – bedurfte es nicht der Philosophen oder Gelehrten, sondern der Narren und Fabulierer. Und an dem mangelt es, so eigenartig es klingen mag, in diesen wilden Berggegenden überhaupt nicht.

Für die Eingeborenen stellt es stets eine große Freude dar, wenn sie bei ihren eigens pompös aufgemachten Almabtrieben, Prozessionen, Erntedankfesten und Faschingsumzügen und vielen anderen Feierlichkeiten von einer Unzahl von Fremden beklatscht werden. Da kehren sie ihr ganzes Herz von innen nach außen kehren, weil sie annehmen, man bejuble sie wegen ihres Könnens. Ihnen ist nicht bewusst, dass die anderen sich eigentlich wegen ihrer Narreteien vergnügen, und nicht wegen ihrer außerordentlichen Geistesfähigkeiten.

Die Eingeborenen finden wenig dabei, wenn sie, um die Fremden zu erheitern und zu vergnügen, ihre Kultur, ihre Sitten, und ihre Landschaft preisgeben. Sie merken es eigentlich in den seltensten Fällen und hier nur wenige Personen.

*

Die anderen Nationen legten immer schon wert darauf sich neben anderen Haustieren richtige Käfig-Tiroler zu halten. Je nach Verstand und Können ließen sie diese vorsingen wie die Kanarienvögel, Possen reißen wie die Affen, rackern wie die Ackergäule oder unterwürfig wie Wachhunde die großen Herren schützen. Manch einfältiges Tiroler Mägdelein glaubte dagegen, es genüge einzig und allein durch ihre augenfälligen Reize vielen Herren zu gefallen, um als Mädchen von Welt gehalten zu werden.

*

Für die Bauern, besonders die verrunzelten Alten, ist es eine Lieblingsbeschäftigung von der „guten alten Zeit" zu erzählen. Als es noch keine Autos gab, kein Ölheizung, keine Orangen und Ananas, oder Bananen, nicht einmal Weizen oder Kartoffeln. Als es keine Baumwolle gab, um die Gewänder zu fertigen, keine Glühbirnen, kein Radio. Als es noch überhaupt nichts gab. Das war die „gute, alte Zeit".

*

Im Laufe der Zeit führte all dies dazu, dass gesittet sich bezeichnende Menschen verschiedener Länder alles daran setzten aus diesen Eingeborenen rechtschaffene und ordentliche Menschen zu machen. Was sich aufgrund dessen erstaunlicherweise ereignete, ist eine Geschichte welche den Interessierten in Erstaunen versetzen wird. Je brutaler und unartiger die Manieren dieser Menschen wurden, je unbesonnener ihre Verhaltensweisen, je zerstörerischer ihre Kräfte, desto mehr kamen die anderen zur Erkenntnis, dass gerade hier wahrlich der liebe Gott Paradies und Schlaraffenland in einem gemacht hatte. Alsbald setzte sich eine durch nichts zu dokumentierende Überzeugung durch, dass das Paradies dort sei, wo das Böse herrschte und das Teuflische im Menschen eigentlich gar nichts Schlechtes war.

*

Ihre Frauen sind heute stärker als ihre Männer und herrschen über ihre Hotels, als handelte es sich um riesengroße Haushalte mit einer Unzahl an ungezogenen, quengeligen und unzufriedenen Kindern. Für ihre fünfzig und mehr Gäste kochen, dekorieren, betten, schrubben, waschen sie ununterbrochen und schleppen hunderte Kilo dreckiger Wäsche, so an die zwanzig Stunden am Tag. Glücklicherweise handelt es sich insgesamt um keine allzu schwer zu erlernende Arbeiten. Sind sie einmal davon müde, dann ruhen sie sich bei ihren Kindern aus, und helfen ihnen bei ihren Hausaufgaben und räumen ihre Unordnung auf. Je älter sie werden, desto lieber tun sie dies alles. Sie sind eine starke Rasse, und in dem ähneln sie ihren Arbeitsrössern auf den Feldern, welche jetzt leider zum größten Teil verschwunden sind.

Die Männer dagegen überlassen den Frauen liebend gerne das Arbeiten und plustern sich wie die Auerhähne auf, als genüge dies, um darauf aufmerksam zu machen, wer der wahre Herr der Welt sei. Wie Zentauren aus der griechischen Mythenwelt, unten Bauer und Bergführer, oben Kaschemmenwirt und Geldberserker, mit reichlich degenerierten Muskeln und Schmerbauch, können sie dir, Fremder, mit ernster und wichtiger Miene stundenlang von dem reden, was sie augenscheinlich am besten können: Dem Wetter:

„Der heutige Tag bringt unsichere Witterung. Der Sommer ist nicht so wie der vergangene. Das sei in den letzten Jahrzehnten anders gewesen. Heute könnte es trotzdem regnen und blitzen. Aber das ist nicht ganz sicher, weil dies schon in dieser Woche der Fall war, aber in den nächsten Tagen soll es dann wieder ganz anders werden."

Sie können den zum Zuhören Verdammten stundenlang langweilen, doch setzen sie bei ihrem großartigen Gefasel eine solch ernste Miene auf, damit man ja keinen Augenblick in Zweifel gerät, dass man es hier mit bemerkenswerten Pionieren zu tun hat, welche es durch harte Arbeit zu etwas gebracht haben. Als Dekor-Tiroler lebt ein Großteil des Landes und fühlt sich sehr wohl dabei.

*

Bei allen anderen Berufen benötigt man eine jahrelange Ausbildung, ein langes Studium, viele schwere Prüfungen. Langsam und mühsam klettert man die Leiter des Erfolges höher. Wer hier Hotelier und Wirt werden will, benötigt dies alles nicht. Dazu wird man einzig und allein geboren.

Wenn die letzten Gäste im Frühjahr und Herbst abziehen und bis sie wieder hereinbrechen, beginnt in diesem Land die „tote Saison". Dann löschen sie alle Lichter und verriegeln sie ihre Herbergen und Geschäfte. Sie schalten alles aus, viele sogar ihren Geist. Das ist die von allen verkannte „tote Saison".

*

Die Eingeborenen zeichnen sich heute allesamt durch ihre freudvollen Verbeugungen vor ihnen scheinbar übergestellten Personen oder zumindest vor jenen, von dem sie sich Geld erwarten aus. Sie verbeugen sich vor den Fremden, wenn er zum ersten Mal in das Hotel eintritt, sie verbeugen sich, wenn er sich niedersetzt, wenn er aufsteht, wenn er bei ihnen vorbeigeht und wenn er abfährt. Sie tun es mit derart frommen und gläubigen Gesicht, als spaziere jedes Mal Gott höchstpersönlich vorbei. Und fühlt ein Fremder sich verpflichtet die Verbeugung zu erwidern, dann verbeugen sie sich nochmals und nochmals. Es ist unnütz, dass man ihnen erklärt, nichts Besseres zu sein als sie. Es geschehe aus innerer Überzeugung und man fühle sich wohl dabei, geben sie zu verstehen.

Formen der körperlichen Ertüchtigung

Die bevorzugte Körperertüchtigung ist die Jagd, welche sie durch die Wälder und Berge treibt und manchmal tödlich endet. Diese über alle Maßen sie beschäftigende Tätigkeit ist ihnen mehr als wichtig. Fast jedes Dorf nennt zudem einen Schießstand und eine Schützenkompanie ihr Eigen. Andere Sportarten sind das Fingerhakeln, das Steinheben und das Ranggeln, ein an strenge Regeln gebundenes Raufen und Ringen. All diese Körperertüchtigungen sind anderswo unbekannt und haben sie niemals sehr viel weiter verbreitet. Und auf das sind sie stolz.

*

Es gibt keine heldenhafteren Personen als die Bergführer dieser Gegenden. Schon von weitem erkennst du sie an ihren wettergegerbten Gesichtern, ihren von Fieberblasen bedeckten Lippen, den muskulösen Armen und Beinen und ihrem Oberkörper, um den sie wie eine hochmoderne Rüstung ihr Seil herumgehängt haben. Betrachtest du sie näher, wird dir sofort bewusst, dass die Härte ihrer dauernden Kasteiung dazu geführt hat, die geistigen Fähigkeiten verkümmern zu lassen, um dafür die körperlichen zu stählen. Sie sind sich ihrer Wichtigkeit wohl bewusst, wenn sie sich mächtigen Schrittes durch die Menge bahnen und verängstigte Fremden hinter sich herschleppen. Man spürt voll Hochachtung wie sie ihre Macht Jedermann spüren lassen. Diese Meister gestählter Muskeln geben dir zu verstehen, dass sie deinen zitternden, angsterfüllten Leib jederzeit loslassen könnten, hast du doch dein Leben und dein Schicksal unvorsichtig in ihre Hände gelegt. Aber sie haben Mitleid mit dir Fremder, solange du sie mit Respekt behandelst. Es wäre hier vollkommen fehl am Platz sie mit geistigen Dingen zu quälen, sie erzählen zu lassen warum diese Berge so hoch und so steil sind, und welchen Könner es als erstem einfiel sie zu besteigen. Womöglich zu fragen wie diese Blume am Wegesrand heißt und warum das Edelweiß so mystisch verklärt wird, obwohl es sich um eine graue unansehnliche Blume handelt. Sie können höchstens wie ein Papagei immer die gleichen Sätze herunterplappern, welche sie schon dem letzten Gast leierten und dem vorletzten. Und da ist es angebracht sie nie zu unterbrechen, sonst vergessen sie auch noch diese.

*

Im Winter verändern sich diese Täler. Treibt man im Sommer die Kühe, Schafe und Ziegen auf die Almen, so sind es im Winter die Skisportler. All das Vieh kommt zahlenmäßig bei Weitem nicht mehr an das Treiben im Winter heran. Man drängt sie zuerst in viel zu enge Pferche, und zieht sie anschließend in Gondelbahnen in die Höhe. Warum sie so genannt werden erkennst Du Fremder, wenn Du einsteigst und sie mit Höllentempo plötzlich losstarten. Da sind die venezianischen Gondeln die reinsten Kuschelwiegen dagegen. Besonders bei Wind schwanken sie hin und her, dass du glaubst deines Lebens nicht mehr sicher zu sein.

Oben geben sie den Skifahrern auf den Almpisten den nötigen Freilauf. Wie das Vieh einst können sie nach Belieben herumtollen, bis sie wieder freiwillig in die Pferche trotten, wo sie zusammengedrängt, ihrer weiteren Bestimmung harren. Auf den Almhütten findest du noch die alten, runzeligen Hirten, welche beim Zusammentreiben helfen und die Sessel selbst dem Ungeschicktesten unter den Hintern klemmen, um sie wieder auf die Weideflächen zu bringen.

Nur die mürrischen Skilehrer scheinen mehr als ihnen zusteht die Position der Macht auszunützen. Wie aufgeplusterte Schneemänner mit braunen Karottennasen bäumen sie sich vor dir auf, als wollten sie dir sofort zu erkennen geben, wie weit du Fremder noch davon entfernt bist, ein leidlicher Pistenrutscher zu sein. Nur beim schwachen Geschlecht werden sie gleichsam schwach und süsseln und wackeln mit ihrem Hintern, und bumsen mit ihren Skiern in unanständiger Weise herum. Sie fühlen sich dabei als zu Mensch gewordene Dorfbullen und bespringen alles, was sich ihnen nur irgendwie andeutet.

Reisen durch das Heilige Land im Gebirge Tirol

Der Verfasser berichtet von der ruhmreichen Stadt Innsbruck. Ein leeres Grab und viele schwarze Männer. Die Kunst des Betrügens. Kupfer für das Goldene Dachl. Sehenswertes Tödlein und die einzig wahre Meerjungfrau. Jesus Christus ein Tiroler.

Innsbruck ist groß und eine sehenswerte Stadt, besonders weil sonst die Natur in diesem Land im Gebirge selten so viel Ebene geschaffen hat. Sie ist die „Stadt im Gebirge". Viele Tage im Jahr weht ein die Einwohner verblödender warmer Wind, der Staub und Blätter und den ganzen Unrat aller durch die Luft wirbelt. Die Eingeborenen machen diesen Föhn für ihre schlimme Laune, ihren fehlenden Arbeitseifer, jeden Verkehrsunfall, jede verpfuschte Prüfung und sonst noch alles verantwortlich. Deshalb erwarten sich von jedem Fremden Verständnis für ihre Verfassung.

Im Sommer ist Innsbruck so heiß wie Ischia und auch so voll von Italienern. Die Sonne strahlt dann gefährlich von den Bergen in die sündige Stadt, als wollte sie wie bei Pompeji ein Zeichen setzen. In der starren Winterkälte dagegen drehen nur wenige Menschen einige Runden draußen, hetzen dann aber schnell - wie auf der Flucht - in die überfüllten Geschäfte oder noch überfüllteren Cafès.

Die Geschäfte und Boutiquen sind überladen und überfüllt und preisen vielerlei erfindungsreich hergestellte wunderliche Andenken aus der Habsburgerzeit, dazu unpassend geschönte Edelweiß und niedliche Figuren jedwelcher Art aus Kitsch an. Der Gott des Protzes ist hier zu Hause, nur fehlen ihm oft genug die Opfer.

Lieber Fremde, suchst du wirklich etwas Fremdartiges, hier wirst du es finden! Fremdartig ist alles, angefangen von den irischen Bierkneipen, deutschen Weißwurstangeboten, amerikanischen Hamburgerrestaurants, italienischen Espressoküchen, unbehaglich riechenden Brathendlgrills und Kebabbuden. Auf

Bildern schaut alles anders aus, aber da riecht man nichts, während die Fotografen sich jederzeit unheimlich viel Mühe geben, alles anders darzustellen, als es in Wirklichkeit ist. Man sieht hier so vieles und verliert noch mehr. An Baukunst hat die Stadt schon seit langem keine bedeutenden Leistungen mehr hervorgebracht, bedeutend aber ist die Anzahl der Beamten, welche sich wie die Mäuse zu vermehren scheinen.

Schwärme von Menschen jedwelcher Rasse, von kaffeeschwarzen bis mokkabraunen, schlitzäugigen Gelben, unbekannten Meuchelmördern und Dieben, bis wenigen richtigen Weißen umdrängen den Fremden auf Schritt und Tritt. Dies alles gehört zum Flair der Innsbrucker Innenstadt.

Jeder will dir in dieser Stadt irgendwo mithelfen, dein Geld loszuwerden. Die Größe der meisten Spelunken und Läden übertrifft dabei selten das Ausmaß manch eines Hühnerstalls in einem Hungerland. Die Leute müssen sehr weise sein, weil sie mit so wenigen Buchläden auskommen und sich sehr nackt fühlen, weil sie so viele Fetzengeschäfte benötigen. Das war immer schon so.

Die erste Buchdruckerei entstand in Innsbruck erst hundert Jahre nach deren Erfindung. Das erste gedruckte Buch, der „Landreim“ fand eine Begründung dafür: „Innsbruck gleichwohl eine kleine Stadt, aber einen großen Namen hat. Darinnen ist reiche Wirtschaft, mehr als in anderen Städten verhaftet.“ Ihre Universität war oft genug nahe daran geschlossen zu werden und hat in den Augen der anderen nie Männer von Geist, sondern höchstens Männer von Tirol herausgebracht. Die Hotels spiegeln den Geist ihrer Bewohner wieder, viel Andreas Hofer, viel Heldentum, viele Kreuze, Bilder von den Bergen, dazu schwere Küche.

*

Kaiser und Könige bauten auf dem geschundenen Rücken ihrer Bürger goldene Dächer, monströse Kathedralen und verspielte

Denkmäler. Mangels Ideenreichtum der Jetzigen bilden diese heute die Sehenswürdigkeiten. Zumindest liegen die Altvorderen schon alle im Grab und höchstens die Geister halten noch die Stellung. Wenn sie geahnt hätten, welch einen Beschauungsreigen all die Prachtbauten einmal nehmen würden!

Trotzdem steht man beim Betreten manch eines alten ehrwürdigen Palastes unvermittelt in einer Welt aus den Märchen der Gebrüder Grimm. Riesige Kaufhallen öffnen sich plötzlich dem unerwartenden Auge mit dutzenden Klamottengeschäften, Parfümläden und Buden voll von elektronischen Geräten. Alles ähnelt sich in einer Art und Weise als gehörte es zur gleichen Familie.

Gäbe es nicht die außerordentlich hohe Ausbeute an Herren mit vielen klingenden Titeln wie Hofrat, Kommerzialrat, Ehrenkreuzträger, Professor allerlei Art, welche sich alles stolz an die Brust heften was ihnen jemals im Leben an Ehren verliehen wurde, einem könnte direkt langweilig werden. Besonders wenn man dazu noch ihre Gattinnen näher betrachtet, wie sie entweder lebenden Fossilien oder bandagierten Mumien gleich mit ihren herzinnigsten Gatten durch die Straßen promenieren.

Ist im Alpenzoo gerade die „heiße Zeit" der Steinböcke, so findet man am Innsbrucker Bahnhof jene der Menschen. Echte Jungfrauen warten dort wie zufällig und das jeden Tag. Sie verschenken soviel Liebe, dass manchem Männerherzen zuviel davon wird. Oben an der Hungerburg im Alpenzoo harren die Adler, Gämsen, Rehe, Hirsche um von den Fotoapparaten abgeschossen zu werden. Die engen Käfige haben ihnen längst jegliche Hoffnung vertrieben, wieder in ihre ursprüngliche Umgebung zurückkehren zu können. Unten in der Stadt gibt es die gleichen Tiere in Kunststoff und dazu noch echte Tiroler Kräuterschnäpse mit viel Farbe und künstlichen Zutaten dazu.

Im Alpenvereinsmuseum hängen die Bilder berühmter Berge und Besteigungen, in den Vitrinen und Kästen findet man die

Reliquien jener Narren, welche dabei umkamen. Ihrer Verehrung nach soll es sich genauso um Heilige handeln.

*

„Tirol ist ein grober Bauernkittel, aber er wärmet gut". So äußerte sich Kaiser Maximilian I. über sein toll gewordenes Liebkind Tirol. Seine eigenen Landsleute verehrten ihn derart, dass sie ihn bei seinem letzten Besuch in Innsbruck bei bitterer Kälte im Freien schliefen ließen, hatte er doch den Wirten die letzten Zechen nicht gezahlt. Verbittert entfloh er der undankbaren Stadt, um aus Ärger auf dem Weg nach Wien zu sterben. Nachvollziehbar ist , dass er nicht in Tirol begraben werden wollte, lieblich sogar der letzte Wunsch, ihm sein Herz herauszureißen und es neben seiner ersten Frau und großen Liebe, Maria von Burgund in Brügge zu begraben. Was ihn aber dazu bewog man möge ihm nach seinem Tode alle Zähne herausschlagen, die Haare abschneiden, seinen Körper geißeln und mit Kalk bestreichen wird wohl niemals erforscht werden können.

Jeder Reisende muss in die Innsbrucker Hofkirche, zu den schwarzen Männern, obwohl auch genügend Frauen darunter wären. Ehrfürchtig bewachen achtundzwanzig zu groß geratene Gestalten wie kranke Schaufensterpuppen den leeren Sarg. Richtig begraben werden wollte dieser große Mann lieber weit entfernt in der Wiener Neustädter Burg. Eine bunte Mischung aus Blutsverwandten, europäischer Adelselite und höheren göttlichen Wesen zugewandten Königen sollte Gewähr dafür sein, Kaiser Maximilian I. auf immer und ewig zu beschützen. Die Männer tun es unermüdlich bis auf den heutigen Tag.

Aus Angst vor seinen Rächern und Feinden ließ er diese, so genannten „schwarzen Mander", gießen, um nach dem Tod sicher vor möglichen Mördern zu sein. Er war ein großer und weiser Kaiser, wenn nicht sogar einer der größten, welche die Welt jemals hervorgebracht hat. Er fühlte sich gleichzeitig als letzter Ritter und als erster richtiger Herrscher der Neuzeit, der sich halb Europa erheiratete. Als er 1519 starb, hinterließ er ein Weltreich, keinen lebenden Sohn und viele Schulden. Zeit seines Lebens werkelte er daran in der Innsbrucker Hofkirche einen Aufenthaltsort für sein ewiges Leben zu errichten.

Die besten Künstler seiner Zeit folgten seinem Auftrag und fertigten eine Unzahl putziger römischer Kaiserzwerge, etwas größer wüchsige Familienheilige und als letztes die riesengroßen und voll Macht strotzenden Vorfahren seiner Sippe. Staub und Dreck haben sich über alle gelegt, aber ihre altertümlichen Rüstungen wirken heute noch erhaben possierlich. Es sollte für jedermann ein unvergessliches Erlebnis darstellen, einmal auf du und du solch großen Gestalten der Geschichte gegenüberzustehen, ihnen sozusagen wie alten Kumpeln die Hand zum Gruß auszustrecken.

Wieviel Blut klebt wohl an jedem einzelnen dieser erzenen Halunken, wie viele Unglückliche richteten sie zu Tode, um so groß zu werden? Vielleicht kann der eine oder andere Rabatte geben!

"Bei mir waren es nur 1230, du hast 1350 geköpft und wie schaut es mit dir aus? Ich gar keinen, ich habe immer in Gottes Namen und für eine gerechte Sache gekämpft. Der Rest waren Kollateralschäden." Solches vermeint man aus ihnen dauernd zu hören.

Deswegen starren dich jene, sich wie zu einer wichtigen Versammlung vereinten schwarzen Figuren mit ihren kalten toten Augen unentwegt an, als wollten sie dich, nicht geladener Gast, auffordern, sofort diesen Raum zu verlassen.

Fürwahr Kaiser Maximilian traf keine schlechte Auslese bei der Wahl seiner möglichen Bewacher. Johanna die Wahnsinnige ist gleich darunter, wie Herzogin Cimburgis von Masowien mit der berühmten Habsburgerlippe, ein Markenzeichen dieser Dynastie. Es war sicher nicht nur die schnabelartig hervorste-

Innsbruck
und die
Schwarzmanderkirche
Kaiser
Maximilian I.
1519
Ein leeres Grab
letzter Ritter
Jeder Reisende muss in die Innsbrucker Hofkirche zu den schwarzen Männern, obwohl auch genügend Frauen darunter wären. Ehrfürchtig bewachen achtundzwanzig zu groß geratene Gestalten einen leeren Sarg!

chende Lippe, die diese Frau befähigte über dieses Grab zu wachen. Sie war zu ihrer Zeit gefürchtet wegen ihrer außerordentlichen Körperkraft. So zog sie mit bloßer Hand schwere Eisennägel aus der Wand und stemmte sogar Heufuder in die Höhe, dass sich die Männer wie Weichlinge vorkommen mussten. Auf Männerseite steht wie ein wilder Recke der legendäre König Artus. Zwar weiß niemand ob er jemals lebte, aber immerhin war das Zeugnis genug, ihn zum Wächter zu ernennen. Nicht fehlen durften Karl der Kühne von Burgund, Erzherzog Sigmund der Münzreiche zusammen mit Herzog Friedrich, genannt mit der leeren Tasche. Von blaublütig-göttlicher Seite wurden der tapfere Kreuzfahrer Gottfried von Bouillon und König Chlodwig, der nur deswegen Christ wurde, weil deren Gott als einziger ihn in scheinbar aussichtloser Lage zu einem unerwarteten Sieg über die Alemannen verhalf.

*

Innsbruck nimmt in der Zahl jener Städte der Welt, wo Schein und Lüge jedermann verfolgen, keinen unbedeutenden Platz ein. Hierin hat es die verschiedensten lobenswerten Sehenswürdigkeiten vorzuweisen: In der Altstadt findet man das strahlende „Goldene Dachl", mit 2.657 hauchdünn feuervergoldeten Schindeln aus reinstem Kupfer. Ganz nebenbei wurde dies Werk des Lug und Truges selbstverständlich von Kaiser Maximilian I. erbaut. Der Kaiser bewies allerdings Fantasie und ließ sich mit einem Hofnarren abbilden.

Der Riese Haymon erbaute das Stift Wilten und liegt dort wahrhaftig begraben. Eine ehrende Figur von ihm steht in der Eingangsnische der Kirche links, eine weitere in der Vorhalle der Kirche und nochmals über dem Klostereingang befindet sich eine Bronzegruppe, die Haymon mit dem besiegten Drachen, und sogar noch dessen Zunge an seinem Schwert zeigt. Wissenschaftler haben herausgefunden, dass es sich bei der Zunge um ein Schwertfischhorn handelt, doch nimmt ihnen dies niemand ab.

Ambras bei Innsbruck ist bekannt wegen seiner Wunderkammern. Dort findet der staunende Besucher das „Tödlein", ein Kunstwerk das den totesten aller Toten zeigt, dazu noch die Federkrone des Montezuma, den wahrhaften Zahn eines Einhorns, das bekannte Porträt des blutsaugenden Dracula, gleichfalls das Abbild eines Haarmenschen, nochmals das Bild eines von einer Lanze am Kopf durchlöcherten, wobei dieser - so wird berichtet - noch viele Jahre weiterlebte. Dazu noch eine echte Meerjungfrau und viele andere aufrichtige Kuriositäten. So viele ehrliche Sehenswürdigkeiten sieht man kaum irgendwo in der Welt.

In Innsbruck findet sich im Burgriesenhaus noch die Abbildung des Hofzwerges Tomele. Er hatte ein ganz schweres Schicksal zu tragen, musste er doch die noble Gesellschaften durch Tänze, Grimassen, Scherze und Späße unterhalten. Gelang es ihm nicht die Leute zum Lachen zu bringen, gab es für ihn richtigerweise Fußtritte und Ohrfeigen. So etwas nannte man Salontiroler. Viele taten es ihm nach, und alsbald hielt sich jeder Regent Europas, der etwas auf sich hielt solch einen Narren. In dem hat sich bis heute nicht viel geändert. Auch heute noch wollen die Gäste unterhalten werden und das nicht zu wenig. Und die Zahl der Hotel-Tiroler ist so groß wie noch nie.

*

An Bildervorführungen göttlicher Offenbarung kann sich der Interessierte in Innsbruck an Folgendem ergötzen: In der Hofkirche die Kreuzigung und die Himmelfahrt von Maria, in der Basilika von Wilten der Dank verschiedener Frauen an Maria, überhaupt Jesus auf die Welt zu bringen, weiters der Dank römischer Soldaten an Maria, noch einmal Maria als Fürbitterin an die Heilige Dreifaltigkeit. Die Johanneskirche zieren Engel welche dem Heiligen Geist entgegenschweben sowie die Darstellung von Gottes Gerechtigkeit, dazu noch der Tod des heiligen Nepomuk. Die Dompfarrkirche zeigt den Heiligen Jakob, eine

Bildgeschichte von Gott Vater, dem Heiligen Geist in Form einer Taube, das Kreuz Christi in Form eines Lamms. In der Jesuitenkirche hängt ein Porträtbild Jesu Christi, mit modischem blauem Kleid und rotem Umhang, dazu ein lächelnder Christus.

*

Um die traurigen Auswirkungen einer beschränkten Hochachtung von Bildung zu zeigen, sei gestattet ausführlicher von einigen Begebenheit zu berichten, welche sich hier zutrugen.

Waren es nach dem Ersten Weltkrieg die Fresken von Albin Egger-Lienz, so fanden sie nach dem Zweiten Weltkrieg in Max Weiler ein erstes dankbares Opfer. Gedankenlos hatte der Stiftsprior von Stift Wilten in Innsbruck, Dominikus Dietrich, im Jahr 1945 den jungen Künstler Max Weiler beauftragt das unbedeutende Theresien-Kirchlein auf der Innsbrucker Hungerburg mit unbeschwerten Malereien auszustatten. Da hundertfünfzig Jahre zuvor der Stamser Abt Sebastian Stöckl vor Napoleons Einmarsch in Tirol höchstpersönlich einen Pakt mit dem Herzen Jesu geschlossen hatte, wenn Tirol von drohender Feindesgefahr befreit würde, fand man es sinnreich, Max Weiler darüber seine Gedanken austoben zu lassen. Er tat es, wie er es der Wahrheit am Nächsten fand und versetzte Christi Leiden nach Tirol, wie viele andere Krippenschnitzer auch. Dergestalt malte er die Schützen und Bauern – wen anderen hätte er auch dazu hernehmen sollen - wie sie genüsslich Jesu Christi kreuzigten und mit ihren Lanzen durchstachen. Einige Standesvertreter oder Politiker malte der Maler wie sie derweil wie unbeteiligt unter dem Kreuz quasselten, weil er sich vorstellen konnte, dass dies ihnen zuzutrauen wäre. Dergestalt weihte man am 7. Juli 1946 die Fresken ein. Der Prior fand an dem nichts daran, viele andere Künstler genauso, und selbst der Direktor des Tiroler Bauernbundes und Chefredakteur der „Tiroler Bauernzeitung" Doktor Anton Brugger lobte die Darstellung des Lanzenstiches und fand dass in diesem Land die Rolle der Christusmörder mit einer Kälte und Selbstverständlichkeit gespielt wird, dass kaum jemanden dies gewahr wird.

Da hatten alle die Rechnung ohne die Tiroler Bauern gemacht. Der querköpfige Künstler hatte zwar keine Unwahrheiten abgebildet, aber gerade deshalb die Ehre des Tiroler Bauernstandes in abgrundtiefen Dreck gezogen. Es gab Aufstand, Krieg und Skandal. Die Bauern riefen den Papst als letzten Vertreter Christi auf Erden, und um den Vatikan nicht um einen kaum zu erwartenden Schiedsspruch zu bemüßigen, befahl man die Werke vorsichtigerweise mit züchtigen Tüchern zu verhüllen. Mit dem Verhüllen von Nicht-Gewolltem taten sie sich immer schon leicht.

Kufstein und die größte Heldenorgel der Welt. Der Mörder ein Frauenschwarm, der Erfinder ein Idiot. Haarwaschmittel aus Exkrementen am Achensee. Das Skelett der Heiligen und der Patron gegen das Ungeziefer. 250 Jahre und kein Ruhetag. Keine Sehenswürdigkeiten in Wörgl, dafür ein Geldwunder.

Nürnberg und Augsburg sind flach, München liegt in der Ebene, auch noch leidlich Rosenheim und Kempten. Dann türmen sich die Berge, das Kaisergebirge. Zuerst erscheinen sie noch wie zur Warnung als niedliche Hügel mit lieblichen Bergkiefern, von den Eingeborenen „Zahmer Kaiser“ genannt, während jene aus blanken Felsen bestehenden Höhen „Wilder Kaiser“ benannt wurden.

Hier liegt Kufstein und seine imposante Festung auf einem lang gestreckten Dolomitfelsen. Es ist das mächtigste Bollwerk Tirols. Kufstein ist eine Festung, das Land im Gebirge Tirol ist eine Festung, soweit das Auge reicht sieht der Fremde nur Festung. Schon von Anfang an soll jedermann klar gemacht werden, dass hier die „andere Welt“ beginnt. Und das bei Tag wie auch in der Finsternis. Schon allein die Beleuchtung bei Nacht soll den Ahnungslosen Reisenden, besonders jenen, der hier zum ersten

Mal Einsicht in das Wesen dieses Volkes erhofft, Ehrfurcht gebieten. Seit Urzeiten haben die Menschen dieser Gegenden eine besondere Begabung, aus ihren Bergen auch Burgen zu machen.

Sieben Meter dick sollen die Mauern der Festung Kufstein sein. Weitum vernehmbar weist die so genannte „Heldenorgel“, - welch anderer Name wäre sinnvoller gewesen - jeden Eintretenden darauf hin, dass die Grenze zum anderen Reich überschritten wird, und man zwar geduldet, aber Misstrauen erweckend ist. Mächtige 4.307 Pfeifer und 46 Register - die größte Freiorgel der Welt – mahnen jeden Eindringling zur Besinnung und Mäßigung. In diese Festung, Zelle Nummer 13, verbannte man 1859 den ungarischen Räuberhauptmann Rozsa Sandor, den „Schrecken der Puszta“. 85 Menschen sollte er vom Leben zum Tode befördert haben. All diese Missetaten machten ihn – wie hätte es in diesem Land anderes sein können - zum Schwarm und Liebling der hiesigen Damenwelt.

Dagegen verschmähten die Frauen und Männer Kufsteins ihren kreativsten Sohn Josef Madersberger, den Erfinder der Nähmaschine ganz und gar. Verbittert starb er im Armenhaus. Sein Schutzrecht war ihm drei Jahrzehnte zuvor wegen Nichtbezahlung der fälligen Steuern entzogen worden. Gegen Leute mit Bildung kann man hier sehr unerbittlich sein.

*

Tegernsee ist noch See und hat schon Berg, wenn auch nur den 1.448 hohen Baumgartenschneid. Aber es hat die Sicht auf die noch höheren, wilden Berge. Im Jahr 1554 schrieb der große Geschichtsschreiber Aventinus über dieses Volk, dass es „sehr trinkt, viele Kinder macht; ist etwas unfreundlicher und eigensinniger, wie es bei Leuten geht, die nicht viel hinauskommen, gern daheim alt werden, wenig Handel treiben und fremde Länder und Gegenden heimsuchen.“ Der Charakter der Leute ist der gleiche geblieben, ihr Wesen hat sich in der vorgegebenen Richtung weiterentwickelt.

Niemand soll verwundern, dass in diesem Land das Ritter- und Heldenbuch erfunden wurde. Um 1030 schrieb hier ein unbekannter Benediktinermönch den ersten Abenteuerroman der Weltliteratur. „Ruodlieb" nannte er seinen Helden. Die Geschichte ist kurz erzählt, weil nur ein bruckstückhafter Teil erhalten geblieben ist: Der ehrbare Held Ruodlieb wird als Ritter von seinem Herrn schlecht behandelt und verlässt die Heimat um sein Glück zu suchen. Erst in der Ferne gelangt er zu hohem Ansehen. Die Mutter bittet ihn nach Hause zu kommen. Der dortige König lässt ihm zum Dank zwischen Goldschätzen und zwölf goldenen Ratschlägen wählen. Als ehrbarer Held entscheidet er sich für die Belehrungen, welche unter anderem lauten:

„Du sollst in keinem Haus zu übernachten wo ein alter Gastgeber eine junge Frau hält. Du sollst nicht die eigene Magd heiraten. Du sollst keine Saatfelder zu betreten."

Bemerkenswert ist dieser Roman weil er den ersten Hinweis auf einen bei den Eingeborenen über alle Maßen beliebten und eigenartigen Balztanz gibt, der sich bis in das Jetzt erhalten hat: Das Schuhplatteln.

„Der junge Mann springt auf und gegen ihn das Mädchen. Dem Falken gleicht er und sie gleitet wie die Schwalbe. Kaum sind sie nahe, sind sie schon vorbeigeschossen. Er greift sie werbend an, doch sie sieht man entflattern."

Dieser wild erotische Tanz hat sich in diesen Gegenden bis heute erhalten und steht besonders bei Jungfrauen in hohem Ansehen.

*

Der Achensee ist ein eiskalter See mit vielen in der gleich sterilen frostigen Luft unsicher darauf schwimmenden Booten. Scharfe, steile Berge umdrängen den See, dazwischen zwängen sich enge Schluchten. Aus der Ferne vermag der Fremde niemals zu beurteilen, ob es sich hoch oben um Burgen, riesige Grabsteine, Dörfer mit kolossalen Mauern oder doch um unberührte Natur handelt. Eingemauert, aber äußerlich sauber und schmutzfrei scheint alles zu sein; auch seine Bewohner.

Pertisau ist dafür bekannt, dass die Eingeborenen aus Exkrementen und Kadavern von vor 200 Millionen Jahre verstorbenen Tieren ein ekeliges Steinöl gewinnen. Die Leute sind überzeugt, dass es wahre Wunder wirken soll. Sie schmieren es ein, waschen sich die Haare, streichen es auf nicht heilende Wunden oder baden darin. Es sei jeden zu empfehlen und man sollte es oft genug und immer wieder zu sich nehmen, so jedenfalls verbreiten es jene, welche die braune Brühe vermarkten.

In Eben am Achensee wirkte Notburga von Rattenberg, eine ihrer größten bodenständigen Heiligen. In jungen Jahren soll sie gutes Brot in wertlose Hobelspäne verwandelt haben, später sogar eine Sichel so weit in den Himmel geworfen haben, dass sie sich an einem Sonnenstrahl verhedderte und nicht mehr zurückfiel. Sie starb zwar schon 1313, trotzdem vergingen vierhundert Jahre bis man nach ihren heiligen Knochen suchte. Man fand sie unter einigen Steinplatten oder glaubte dass sie es wären und setzte sie sorgsam zusammen. Dann kleidete man das Skelett ideenreich in buntem Kleide, wie es die Tiroler Bauernmädchen tragen, und stellte es hinter einem Glasschrein zur Schau. Weitere überflüssige Reliquien und Körperteile verscherbelte man weiter, so an das nahe gelegene Weißling, oder nach Hall und andere Orte. Sie schaut nun so aus, als wollte sie jederzeit ihre wahre Geschichte erzählen, aber sie bringt leider kein Wort mehr über die Knochen. Jedermann der ihr in die hohlen Augen schaut, kommt ins Grübeln, was dieses heilige Mädchen für Macht ausüben könnte, wenn sie nur wollte. Sie könnte vom Himmel her, all dieses Tun verdammen, aber augenblicklich will sie es noch nicht. Sie ist die Patronin der Sonntagsruhe, nicht weit von ihr entfernt ruht der heilige Magnus von Füssen. Er ist der Schutzherr gegen das

Ungeziefer. Jedem Heiligen hat man eine Arbeit zugewiesen, auf dass er das Los der Eingeborenen noch vom Jenseits her erleichtere.

*

In Achenkirch wurde am 6. Februar 1948 Felix Mitterer, einer der verleumdetesten Literaten dieses Landes geboren und gleich zur Adoption freigegeben. Er schrieb eine Menge Bücher und Theaterstücke, wie „Kein Platz für Idioten", „Kein schöner Land", „Verkaufte Heimat" oder die „Die Piefke-Saga", was ihm seine Landsleute nie verziehen. Vielleicht weil sie sich darin so glasklar wie die Spiegelung ihrer Prachtbaue im Wasser wieder erkannten und sich wunderten, wie es einer der ihren schaffte ihre Wesensart derart zu treffen, ohne dass sie es verhindern konnten.

*

Gleich ausschauende Orte, gibt es hier wie Steine am Berg. In Going erwartet jeden ein wahrhaftes Wunder. Hier liegt die Absteige zum „Stanglwirt". Vor 250 Jahren hatte dieser Elende seinen letzten Ruhetag. In der eigenen Chronik berichtet er wie er Ruhe sucht und niemals fand. Er soll dazu verdammt sein, auf immer und ewig seinen Gästen zu dienen. Es heißt in grauen Erinnerungen, dass er zur Strafe all das Geld wieder ausgeben müsse, was ihm die Leute zustecken. Was teuer aufgebaut wurde, muss er im nächsten Augenblick wieder niederreißen und vom Neuen wieder teurer und anders machen. Er fände erst wieder Ruhe, wenn niemand mehr zu ihm käme. Aber da der Stanglwirt zu einer lokalen Berühmtheit wurde, pilgern so viele Leute in dieses schattige Kaff am Wilden Kaiser, einzig und allein um ihn zu sehen, und sich von ihm bedienen zu lassen. Er sieht immer gleich aus, mit hohlem Rücken, gebückt vom vielen Dienen und übernächtig vom endlosen Arbeiten.

*

Kitzbühel hat viele große Söhne hervorgebracht, allerdings keine geistigen Größen, sondern nur große Sportler. Bei allem wo es darum ging, in möglichst unsinnigen Verrenkungen Aufsehen zu erringen, oder im Winter so schnell wie möglich von einem Ort zum anderen zu brausen stellten sie eine Unzahl großer Meister. Deshalb versuchen sie verzweifelt den anderen Nationen die erhabene Wichtigkeit solch großer Meister für den Gang der Weltgeschichte weiszumachen. Ihre Maler und Künstler verniedlichen sie dagegen gerne oder taten alles, um sie niemals große Meister werden zu lassen.

Im Sommer überschwemmen tausende von Touristen diese Stadt. Dazu regnet es noch sehr viel. Im Winter passiert das gleiche, obendrein schneit es. Die einheimischen Mädchen sind sehr eigenartig. Sie betrachten neugierig die Kleidung, welche die Fremden tragen. Dann wünschen auch sie die gleichen Klamotten, was sie manchmal völlig ruiniert. Dass die Fetzen völlig außer Mode sind, bis sie sie tragen, ärgert sie zwar, aber sie vergessen es schnell, weil das gleiche Spiel schon von neuem beginnt. Die Touristen sind nicht besser. Sie kaufen unüberlegt in den Geschäften die typischen Tirolerhüte, Dirndl, Lodenmäntel, die edelweißbestickten Blusen und eine Unzahl sonderbarer Kapotten mit Rehknöpfen. Das mag zwar in die Gegend passen, doch wirken sie - wieder daheim – wie Faschingsprinzen im Sommer.

*

In Wörgl gibt es keine Sehenswürdigkeiten und man ist sogar froh darüber. Endlich eine Stadt die nichts hat, die so oft und so gründlich zerstört wurde, um nichts zu haben. Keine alten Kirchen, keine alten Meister, kein nichts. Berühmt wurde die Stadt wegen eines einzigen Experiments. Als im Jahr 1932 die Weltwirtschaft zusammenbrach, und es nur mehr Arbeitslose gab, alle Kassen leer waren, Wörgl bankrott, führten die einfältigen Bürger unter ihrem Bürgermeister Michael Unterguggenberger ein verrücktes Geld ein, das „Freigeld“. Erfunden wurde es vom komischen Kauz Silvio Gesell, der weder Tiere noch Fleisch aß, wirklich glaubte, dass die Erde allen Menschen gleich gehörte, niemand besser, höher oder niedriger sei als der andere und Landesgrenzen für überflüssig erachtete.

Die Währung war ein eigenartiges Schwundgeld, das Monat für Monat einen Prozent an Wert verlor. Unter diesen Umständen begannen die Bürger das Geld zu verachten, sie wollten es nicht mehr, dafür aber Brot, Butter, Käse. Die Gemeinde hasste dies Geld genauso und wollte dafür lieber neue Straßen oder Wasserleitungen haben. Geschwind wanderte das Geld von Hand zu Hand, und keiner wollte es lange behalten. Obwohl niemand es wahrhaben wollte, kam es so zum „Geldwunder von Wörgl". Die Arbeitslosen gingen zurück, die Leute hatten zu essen, die Stadt wurde besser. Die Bewohner waren glücklich.

„Die Bewohner haben mir erklärt, dass sie solches Geld, das sie leben lässt, dem Goldwahn und anderen veralteten Ideen vorziehen," erklärten sie einem hochrangigen Geldforscher aus dem Ausland.

Das Schwundwunder wurde nach dreizehn Monaten von der großen Politik verboten. Seitdem verschwindet das Geld wieder von ganz allein und die Wörgler brauchen sich nicht glücklicher zu fühlen als die anderen.

*

Städte hier gibt es zuhauf und seien es auch nur Städtchen, dass sich bei vielen die Leute denken: „So beschränkt und doch schon Stadt." Rattenberg bei Kufstein zählt nur einige wenige hundert Seelen und Vils auf der anderen Seite konkurriert mit dem gleichen: Wer ist kleiner? Zum Glück gibt es da noch Großstädtchen wie Innsbruck oder Bozen.

*

Im Karwendel lässt es sich gut wandern. Vieles steht unter Naturschutz. Man findet dort die üblichen Gämsen, Rehe, Hirsche und Adler. Zudem gibt es noch große Schwärme von

Seilbahngondeln und Sesselliften. Einige sind rot oder blau, viele buntfarben. Manchmal stürzt sich ein Fallschirmspringer zu Tode. Die Heißluftballonfahrer dagegen benötigen eine gute Thermik.

Es gibt wunderbare Ahornböden, herrliche Orchideenhaine und enzianreiche Wiesen. Dazu noch wetterfeste Zirben, erhabene Wasserfälle und natürlich in der Nähe von Zirl die noch berühmtere Martinswand. Von weitem betrachtet scheint sie aus grauem Schmutz zu bestehen, überhaupt bei Nebel. Wohl nirgends im Land fällt eine Felswand so jäh und steil zu so wichtigen Verkehrsverbindungen ab. Autobahn, normale Straße, Eisenbahn liegen unten, der Innsbrucker Flughafen ist nicht weit entfernt, durch die Wand selbst sticht die Karwendelbahn, die Zugverbindung zwischen Mittenwald und Innsbruck. Neben der Wand liegt ein großer Steinbruch, der bei falsch angesetzten Sprengungen schon mal zu Bergstürzen führt. Sogar die Burg Martinsberg besticht unten mit ihren grauen gewaltigen Steinmauern. Das uralte mausgraue Martinskirchlein lädt dort die Frommen ein. Im 6. Jahrhundert soll der rätische Bischof Martinus auf der Flucht vor den hereinbrechenden Horden der Völkerwanderungszüge dort verweilt haben. Die fünfhundert Meter hohe steile und glatte Wand gab es damals schon, den Rest nicht.

Im Karwendel selbst gibt es viele löbliche Berghütten, wo man vorzüglich speisen kann. Was gibt es Schöneres, als in unverfälschter Bergwelt bodenständige Speckknödel zu verkosten. Wogende Exotinnen stellen sie dir stumm wie ein Stockfisch - weil der Sprache nicht mächtig - auf den Tisch. Es sind Knödel mit einer aufgesetzten Kiwifrucht, kullernder Kandiskirsche und mit einem Sahnehäubchen garniert. Dazu verwöhnen sie dich noch mit in exotischen Saucen schwimmenden Salaten mit aufgepfropften Ananasscheiben.

Der Verfasser beschreibt, wie die Brenner-Autobahn ein Land gleich zerteilt wie ein Metzger seine Schweine. 9.000 Urlaubskilometer für jedes Joghurt. Niederträchtige Bauten um berühmt zu werden. Von Schürzenjägern, Spatzen und anderen Jodelgruppen. Eine Ansammlung von Beleidigungen in der Kristallwelt - Die großen Stubaier Vervielfältigungskünstler.

Bei Brixlegg zweigt das Alpbachtal ab. Laut eigenen Hochglanzprospekten gilt Alpbach als das schönste Blumendorf Europas. Es soll dort dreimal soviel Blumentröge wie Einwohner geben, was durchaus eindrucksvoll ist. Die Eingeborenen haben sich kasteit und leben heute noch in alten Bauernhäusern mit schweren Holzbalken, und seien sie auch neu gebaut und auf alt gemacht. Darin pferchten sie die üblichen Hotels und Geschäfte. Den Fremden gefällt dieser Betrug, den Einheimischen noch mehr, verdienen sie doch daran auf ehrliche Art recht gut.

Junge, sehr hübsche Mädchen im Dirndl, man weiß nie ob es sich um wirkliche Talschönheiten - so viele dürften gar nicht mehr gezeugt werden -, oder nur um Importware handelt, bieten dem Fremden jede Verführung an. Mit freundlichem Lächeln betonen sie, wie gut dir diese oder jene Hose stünde, und wie stark du dir darin vorkämest. Zwar scheint dir, als sei alles zumindest eine, wenn nicht zwei Nummern zu klein, aber sie machen dir dermaßen viele und schöne Komplimente, lullen dich ein, bezirzen dich mit ihren kullernden Blicken bis du schlussendlich den Fetzen teuer kaufst. Dann wenden sie sich dem nächsten Kunden zu und würdigen dich keines Blickes mehr. So verlässt du ein wenig erhitzt die niedere Tür und hast noch Glück deinen betörten Kopf nicht an einem schweren Holzbalken zu zerschlagen. Aber es geht nichts über einen tadellosen Ruf.

*

Das Zillertal mit seinem verlockend breiten Eingang ist ein herrliches Tal mit einer Unzahl von lieblichen Dörfern. Idyllische Postkartenmotive finden sich dort zuhauf. Dem idealen Zusammenwirken von Schnee und Berge, Diesel und Benzin verdankt dieses Tal seinen Ruhm. Wer Geistes genug ist um ein Auto zu lenken, erreicht diese Gegenden auf bequemste Art. So kamen die einst so verfluchten Landschaften zu Glanz und Geld wie die Jungfrau zum Kinde. Man brauchte keine Schätze oder Erze mehr den Felsen zu entreißen, es genügte schon, dass man die Berge formte, um sommers wie winters mittels ausgeklügelter Gerätschaften hinunterfahren zu können. Die heutigen Menschen können es den mindestens zwanzig Generationen vorher danken, dass sie es immer hungernd in diesen Täler aushielten, damit endlich die letzte Generation daran Profit ziehen konnte.

So wankt manche Wandergruppe wie seekrank auf einen der vielen ausgesetzten Gipfel einzig und allein getrieben vom letzten Willen, daheim bei Freunden von den Abenteuern berichten zu können. Wie freut sich mancher Bergtourist leidlich weniger höhenkrank oder schwindelfrei gewesen zu sein als sein sich übergebender Freund.

Sport fördere die Gesundheit reden von den Ärzten bis zu den Fachleuten alle diesen normal Verderblichen ein. Davon lebt eine Hundertschar ihrer Ärzte nicht schlecht. Einige tausend Krüppel und Tote kehren jedes Jahr nach Hause zurück, nachdem sie ihrem lahmen Körper zuviel zugemutet hatten. Sie fallen im Sommer von den Bergen, oder schlagen sich im Winter unvorsichtigerweise gegenseitig beim Skifahren die Schädel ein.

*

Die Stadt Schwaz ist „aller Bergwerke Mutter“, doch niemand wagt zu nennen, welcher habgierige Ausbeuter aller Gewerken Vater war. Die Fugger wurden auf dem geschundenen Rücken der Arbeiter so unermesslich reich, dass sie Kaisern und Königen den Weg weisen konnten. Der verschlafene Ort wurde zur größten Bergwerksmetropole der Welt, an Einwohnern zur zweitgrößten Mitteleuropas. Zu verdanken hatten sie dies alles einer einfältigen Magd, Gertraud Kandlerin mit Namen, welche beim Ackern einen Silberklotz herauspflügte. So begann der Fluch. Die Pfarrkirche zur „Unseren Lieben Frau“ deckte man dagegen billigerweise mit 15.000 Kupferplatten. Rühmen kann sich dieses Stadt nur mehr wegen ihrer Vergangenheit, die Gegenwart beschert nur Moder und Verfall.

*

Übertroffen werden allerdings all diese Einzigartigkeiten von einer Glanz- und Glitterpartie der unermesslich reichen Glasfabrikaten Swarovski im Tiroler Wattens. In seinen Kristallwelten blüht der Kitsch. Hier hatten sich die Planer einer nutzlosen Architektur austoben können. Man tritt frohen Mutes hinein und sieht eine Beleidigung, man geht durch den ersten Gang und bekommt noch eine Beleidigung, dreht sich um die Ecke, wieder eine Beleidigung, steigt eine Stiege hinunter und nichts ändert sich. Am Ende wird man wie von einem unentrinnbaren Strudel in den riesigen Verkaufsbazar gespült. Dort gibt es so vielen verlockenden Tand, während man von ausgesucht verlockenden Mädchen so drangsaliert wird, dass man alle Mühe hat, diesem Inferno zu entkommen. Hier hat sich alles vereint, Sinnlosem Sinn zu geben, ganz nach dem Motto: Respekt ist nichts, Geld alles. Wo die anderen noch in Träumen schwelgen hat Swarovski alles schon umgesetzt.

*

Die Stadt Hall wurde durch das Salz groß. Deswegen verfügt sie über eine überdimensionierte Altstadt. Ist Münchens Spezialität die Weißwurst, Wiens die Sachertorte, so sind die Kirchen, Klöster und Kapellen die Spezialität von Hall. Man stolpert alle zweihundert Meter über eine, und wenn man sie manchmal nicht sieht, machen sie mit ihrem ohrenbetäubenden Geläute auf sich aufmerksam. An Gasthäusern hat Hall wenige zu bieten.

Einen Besuch wert sind die Nikolauspfarrkirche, die älteste der Stadt, die Spitalskirche, die zweitälteste, die Salvatorkirche, die drittälteste, die Heiligkreuzkirche, die Damenstiftskirche, die ehemalige Jesuitenkirche, die Franziskanerkirche, das Josefskirchlein, die Salesianerinnenkirche, die neue Franziskuskirche. Keinen Bedarf fand man mehr für die Veitskirche, weiters die Leonhardskirche, das von Bomben zerstörte Scheidensteinkirchlein, dazu gibt es noch sechs Klöster, zumeist als Aufenthaltsort für jungfräuliche Nonnen, nur eines für Männer. Was in früheren Zeiten erwirtschaftet wurde, steckten sie in die kirchliche Kunst und ließen ihre Bürger verhungern, gleich religiös wie sie es heute in die Technik stecken.

Einen längeren Besuch wert ist die Pfarrkirche zum heiligen Nikolaus. Überwältigt kannst Du Fremder, all das betrachten, was die Menschen in vielen Jahrhunderten an Eigentümlichkeiten zusammentrugen. Ritter Florian Waldauf zeichnete sich besonders aus. Sein ganzes Leben sammelte er die Reliquien der größten Heiligen. Ehrfurchtsvoll steht man vor dem kümmerlichen Rest einer einst weltbekannten Sammlung: Totenschädel an Totenschädel starren dich an. Es gibt genügend Schädel vieler drittklassiger Heiliger, davon überzeugen der heilige Agapitus und der heilige Constantinus am meisten. Erstklassige Heilige, gar Apostel oder Evangelisten vermisst man hier schmerzlich. Die muss man an anderen Orten suchen. Wahrscheinlich war die Finanzkraft des Ritters nicht ausreichend. Ein kleiner Kopf, eines der unschuldig getöteten Kinder zu Herodes Zeiten, ist darunter. Es scheint, als wären sie am leichtesten zu beschaffen gewesen. An anderen Orten liegen noch viele andere, als hätte sich daraus zu jener Zeit eine gut gehende Schädelindustrie entwickelt. Alles ist gut beschriftet, nur ergrauten und verstaubten die Skelette im Laufe der Zeit.

Dafür überrascht den Besucher ein Esel reitender Jesus, dessen raffinierter Mechanismus ein Ausspucken heiliger Brote ermöglicht. Eine fünfzehn Kilo schwere Monstranz lässt erschaudern. Ein einziger Pfarrer schaffte im Jahre 1717 sie während der Prozession erhobenen Armes zu tragen. Die nächsten wollten es immer nachtun, aber sie erschlafften. Auf einer Steintreppe findet sich der leibhaftige Fußabdruck des Teufels den dieser hinterließ, als er einen in der Kirche kartenspielenden Kirchenbesucher zu sich holte. Die Eckdaten scheinen zu stimmen, aber es lohnt sich sie mit anderen Teufelstritten zu vergleichen. Die Fresken zeigen eine Menge Enthauptungen, einige sterbende Schiffbrüchige, zudem noch die normalen Kreuzigungen, Maria Verkündigungen und Jüngsten Gerichte.

Zum Gleichgewicht des Schreckens war Hall in der Vergangenheit genauso für seine vielen unanständigen Frauenhäuser und Badeanstalten bekannt. Man rühmte sie wegen ihrer hemmungslosen Liederlichkeit. Solch ungezügelte Ausschweifungen finden sich heute keine mehr, wie sich die glanzvolle Zeit der Kirchen und Klöster genauso ihrem Ende zuneigt.

*

Wo überall der Fremde sich befindet wiederholen sich die Heiligen Gräber Christi, dass ein Uneingeweihter ob solcher Wunder ins Staunen und Zweifeln gerät. Der Interessierte kann sich in Nassereith, Wattens, Innichen, Sterzing, Hall, Schlanders, Neustift bei Brixen, Anras, Schluderns, Nauders und unzähligen anderen Orten daran ergötzen und den Besten küren. Teilweise überzeugen sie mit höchsten technischem Können. Ein geschickt eingebautes Getriebe, lässt den Heiland wieder und immer wieder auferstehen und sich vor den rührend betenden Eingeborenen zu Boden neigen. An echten Kalvarienbergen mangelt es genauso wenig. Zwischen Zirl, Achenkirch, Arzl, Säben, Toblach, Innichen, Kastelruth oder in Bozen gibt es sie in vielfältiger Ausfertigung und großartiger Heiligkeit.

Sollte Jesus Christus je wieder auf die Erde kommen, dann könnte er nicht anders als hierher zu kommen. So hoffen es wenigstens die Eingeborenen. Er bräuchte hier kein Wasser in Wein verwandeln, da es ohnehin zuviel davon gibt, er bräuchte keine 5.000 zu speisen, weil es den meisten Leuten ohnehin gut tun würde, ihr Fett herunterzufasten. Allerdings müsste er von Neuen mit der Peitsche die Geldgier vertreiben und die Menschen von ihren inneren Dämonen heilen.

So weit das Auge reicht verfolgen jeden ihre Kirchen und Kapellen. Es sind von rechts nach links, von unten nach oben hunderte und aberhunderte. Auf wie viele Menschen kommt hier eine Kirche, mag der Unbeteiligte sich oft genug fragen. Um welches Geschlecht muss es sich denn hier handeln, wenn sie außer ihren Kirchgängen noch imstande waren, etwas anderes zu tun, als zu beten!

*

In fast jedem ihrer Häuser ergötzen sich die Eingeborenen an höchst einfühlsam geschnitzten Figurenkabinetten und biblischen Bildgeschichten. Es ist allgemeine Sitte ein fröstelndes, spärlich bekleidetes Christuskind in dürftige Holzbehältnisse, „Krippe" genannt, zwischen seinen Eltern Maria und Josef zu legen. Dazu gesellen sich eine wechselnde Anzahl unterschiedlicher Heiliger, viele zwielichtige Typen, zumeist einheimische Bauern in kuriosen Lodenjacken, Frauen in Leinenröcken, einige sogar in Sonntagstracht. Für gewöhnlich pfercht man ihre Heilige Familie in einen dreckigen Kuhstall, die anderen Häuser gleichen dagegen wie ein Spiegelbild ihren Bauernhöfen.

Der Flecken Thaur wird Krippendorf genannt, weil dort so viele Krippen herumstehen. Man brennt dort einen eigenen Krippenschnaps, nur sagt man dort nicht „Prosit" oder „Wohl bekomm´s" sondern ehrfürchtig „Gloria", bevor man den heiligen Fusel in einem Zug hinunterleert.

*

Diese Gegenden gehörten eigentlich zu den angenehmsten Landschaften der Welt. Das Inntal ist sehr schön und geräumig wie sonst kaum diese Gegend. Die vielen Straßen hier – glauben die Eingeborenen - seien notwendig und es bräuchte sie so verschwenderisch groß, die Plätze bemerkenswert riesig, wie auch die unzähligen Erschließungen und Bauten. Ihre Häuser haben sie zu gleichartigen Blöcken zusammengefasst wobei ihrer zur Genüge herumstehen. Einstöckige Kaufhäuser bilden unendlich lange Reihen, welche das Auge ermüden, bevor es an ein Ende kommt. Die Berge hier sind allerdings in vielen Fällen unbegreiflich und unnötig. Die meisten Leute leben in der Meinung, dass es das Land umsonst gibt und sogar nachwächst. Das hat sie bis in die fernste Zukunft verwegen in ihren Planungen gemacht.

*

Für die einen wie ein Weltwunder, für die anderen wie ein zu tief gesetzter Schnitt eines Metzgers mit seinem Schlachtmesser teilt eine ordentlich gehaltene Autobahn dieses Land in zwei gleiche Hälften. Vom Inntal über den Brenner und das Eisack- und Etschtal rollt über ihre von engen Bergen begrenzten Täler ein unbegrenzter Verkehr. Darauf werden jährlich 1.800 Tonnen bester holländischer Tomaten nach Italien, und im Gegenzug 12.500 Tonnen gleich guter italienischer Tomaten nach Norden verfrachtet. Beste norddeutsche Kartoffeln liefern sie wiederum nach Italien zum Waschen und Schälen, sie beladen von neuem die Lastwagen und schicken sie zum Teilen nach Holland und zum noch späteren Verzehr nach Deutschland. Ihren leckeren Nordsee-Krabben ist ein besseres Schicksal beschieden. Sie versendet man zum Schälen in Marokkos Wüste und wieder zurück in teutonische Kochtöpfe. So manches hundsnormale Fruchtjoghurt darf so im besten Fall, noch an die 9.000 Urlaubskilometer oder mehr zurücklegen, bis es endlich im Scheißtopf eines Europäers seine letzte Ruhestätte findet.

„Es wird immer Menschen geben, denen die Profitgier wichtig ist, denen der Aktienkurs wichtiger als der eigene Herzschlag ist. Erst dann, wenn sie auf dem Totenbett liegen und merken, dass sie nichts mitnehmen können, weil auch ihr letztes Hemd keine Taschen hat, kommt die Reue," befand Fritz Gurgiser, der edelste Kämpfer gegen diesen Verkehr. Und er redete seinen Leuten wie ein nicht gehörter Mahner in den Eiswüsten ins Gewissen.

Die Eingeborenen versuchten diesen quertreibenden Fritz Gurgiser zu verstehen und taten in der Folge wie jene Löwen, welche der Gazelle ihre Vorderbeine wegfraßen, um ihr anschließend mitleidvoll verstehen zu geben, dass man sie nun großzügigerweise laufen lasse und darüber hinaus sogar noch ihren ganzen Körper verschone. So zeigten sie sich mit der Zerstörung der Natur zufrieden, weil sie einzig und allein einen geringen Teil kaputt machten und nicht die ganze Landschaft.

*

Alle schwärmen heute noch vom Dom zu Florenz mitsamt seiner grandiosen Kuppel des genialen Baumeisters Filippo Brunelleschi, den strengen Formen und gleichmäßigen Proportionen des dortigen Palazzo Strozzi und vieler anderer Bauwerke dort. Alles wurde im 15. Jahrhundert in einer kümmerlich 50.000 Einwohner zählenden Stadt Florenz geschaffen. Wie wir heute die kleine Toskana der Renaissance, werden in ferner Zukunft die Nachgeborenen der Gebirgsbewohner auf die überwältigenden Bauten und Werke der Vergangenheit blicken und kundtun: „Sie bauten die „Europabrücke", den scheußlichsten Übergang zwischen zwei Tälern. Sie bauten grandiose Kraftwerke und verschandelten derart schrecklich das Tal, dass weder die Menschen die Berge zu Gesicht bekamen noch die Berge die Menschen. Aber manchmal ist schlechte Werbung dauerhafter als gute.

Selbst ihren Planern war die Europabrücke zu unsinnig. Sie dachten nicht im Entferntesten daran sie zu errichten. Da traten

Die Berge hier allerdings sind in vielen Fällen unbegreiflich und anmütig. Die meisten Leute leben in der Meinung, dass es das Land umsonst gibt und sogar nachwächst.

die Schönberger und Stubaier auf den Plan und verlangten eine richtige Sehenswürdigkeit, um den Fremdenverkehr anzukurbeln. Es durfte kein Tunnel sein, die Autofahrer sollten das schöne Bergpanorama genießen können. Deshalb wurde diese beleidigende Zierde notwendig. Acht Arbeiter sollen beim Aufziehen der Pfeiler in die morastige Betonsuppe hineingefallen sein. Eine Kosten-Nutzenrechnung ergab, sie gleich hineinzubetonieren. Bei so vielen zu verehrenden Skeletten kam es auf das eine mehr oder weniger nicht mehr darauf an. Dergestalt kamen die Eingeborenen zu ihrem Weltwunder und halten dies immer noch sehr in Ordnung. Die Autobahn ist immer frisch Instandgehalten, der weiße Zwischenstrich sauber gemalt, und das Gras durch ausgefeilteste Chemie kurz gehalten. Im Winter versprühen fleißige Arbeiter Tonnen von Salz, um den Schnee rasch zum Schmelzen zu bringen. Tausende Untertanen werden so sinnvoll beschäftigt, ohne ein Leben lang auf krumme Gedanken zu kommen.

*

Das Stubaital gehörte lange Zeit zu den vergessenen Tälern, was ihm weiter nicht schlecht bekommen wäre. Das Handwerk hat hier goldenen Boden und die Kunstschmiede waren weitum berühmt. Wo das Handwerk blüht, ist die Kunst nicht weit entfernt. Nur haben Kunsthandwerk und Kunstgewerbe bloß dem Namen nach mit Kunst zu tun. Und während früher wahre Künstler sich oft genug als „Anonyme Meister“ bekannten, da sie im Angesichte Gottes wegen ihrer Fehlbarkeit und Unvollendetheit sich scheuten, ihren richtigen Namen zu verlautbaren, posaunt heute der kleinste Kitschkünstler seinen Namen und seine Werke mittels ausgeklügelter Werbung in alle Welt. Wenn sie von allen Dingen nur ein Einzelstück herstellten, wäre der Schaden nicht allzu groß, doch überschwemmen die meisten mit tausenden von Vervielfältigungen die Andenkenläden und glauben allen Ernstes, es handle sich um Kunst, während sie große Künstler seien.

Der Verfasser erzählt, wie die Bewohner ihr Land dem Herzen Jesu schenkten. Gottes Stärken und Schwächen. Tausend heilige Maria Hilf. Ein Arsenal von Heiligen in Stams. Das sündigste und schuldigste Volk auf Erden. Gottes Unvermögen und der Gottesvertreter Vollkommenheit. Eine Ersatz-Sonne aus Pappe. Trotz aller Bemühungen: Erst 1 % für den Menschen, 99 % für die Natur. Von Gernegroß-Tirolern, Hungertirolern und Salontirolern.

Der Einfallsreichtum und Geist dieser Menschen ist recht mangelhaft ausgebildet. Über lange Zeit bestand er aus sehr wenigem sogar. Den Bau von Schulen hat man nie für besonders wichtig erachtet, die Errichtung von Kirchen, Kapellen und Tempeln an jedem unmöglichen Ort umso mehr. Dafür zeichnet er sich durch eine derart widerstandslose Gläubigkeit aus, dass man meinen möchte, es gehöre hier zur höchsten Wissenschaft.

Allein rund um die heilige Jungfrau Maria haben sich so viele außergewöhnliche Bräuche entwickelt und wurden so viele Tempel der Verehrung errichtet, welche sich durch die kluge Fügsamkeit des Volkes immer noch erhalten haben, dass man meinen möchte, es handelte sich um die größte Frau von Geist und Genie, welche je geboren wurde.

Dem Interessierten sei wärmstens empfohlen nur wenige Kilometer von Innsbruck Richtung Westen zu wandern um die Marienwallfahrtstätte Schloss Mentelberg mit der Schmerzhaften Mutter Maria zu besuchen, weiter zu pilgern nach Zirl zur Kirche Maria Heimsuchung, von dort nach Kematen zu gehen um in der Kapelle Maria Schnee zum Gnadenbild Maria Hilf zu beten. In Pfaffenhofen gibt es die liebliche Pfarrkirche Maria Himmelfahrt, in der Nähe von Telfs die Wallfahrtskirche Maria Hilf, in Moritzen eine ähnliche Pilgerstätte zur schmerzhaften Muttergottes, nicht weit davon Maria Locherboden entstanden dadurch, dass 1871 die todkranke Maria Kalb vor einem Maria-Hilf-Bild auf wundersame

Weise geheilt wurde. Nach Stams wallfahrt man zum Bild „Maria vom Guten Rat". In Imst lohnt die Pfarrkirche Maria Himmelfahrt einen Besuch, nicht weit davon in Gunglgrün steht die Wallfahrtskirche Maria Schnee. Auf der Kronburg bei Schönwies liegt malerisch die nächste Wallfahrtskirche Maria Hilf, in Perjen die Pfarrkirche Unsere Liebe Frau von der immerwährenden Hilfe, in Landeck nochmals eine Pfarrkirche Maria Himmelfahrt, ebenso gleiches in Prutz. In Serfaus sollte man nicht den Besuch der Wallfahrtskirche Unsere Liebe Frau im Walde mit dem ältesten Gnadenbild Tirols versäumen und in Tschuppach auf jeden Fall in der Maria-Hilf-Kapelle einkehren.

Oh Maria hilf, Maria hilf, Maria hilf, all den Sündern, welche sich hier umtrieben, und solcher Hilfe dringend benötigten! So viele heilige Jungfrauen Maria auf so einem beschränkten Gebiet überkommt es den Interessierten voll Freude festzustellen. Aber er bräuchte nur in ein anderes Tal zu reisen und könnte mit dem gleichen wieder von neuem beginnen.

*

Wie wohl tat es diesem Volk immer, von der einzigartigen Mutter Gottes gestillt und geliebt zu werden, und sie als Fürsprecherin für jede ihrer Tollheiten bei ihrem Sohn Jesus Christus stets beanspruchen zu können. Trotzdem erkannte man, dass Letzterer ganz andere Befähigungen und einflussreiche Macht besaß. So war es nahe liegend in den dringendsten Fällen nicht den Umweg über seine Mutter zu suchen, sondern sich direkt an ihn zu wenden. Spontan kam Pfarrer Paufler von Wildermieming zur Erkenntnis, dass in Augenblicken hoher Gefahr oder unzureichender Verteidigungsmöglichkeiten Jesus Christus höchstpersönlich eingebunden werden sollte. Diese Erkenntnis überzeugte den Abt des Klosters Stams Sebastian Stöckl und so stellte er am 1. Juni 1796 bei einer mit verschiedenen Tagesordnungspunkten gefüllten Landesversammlung den

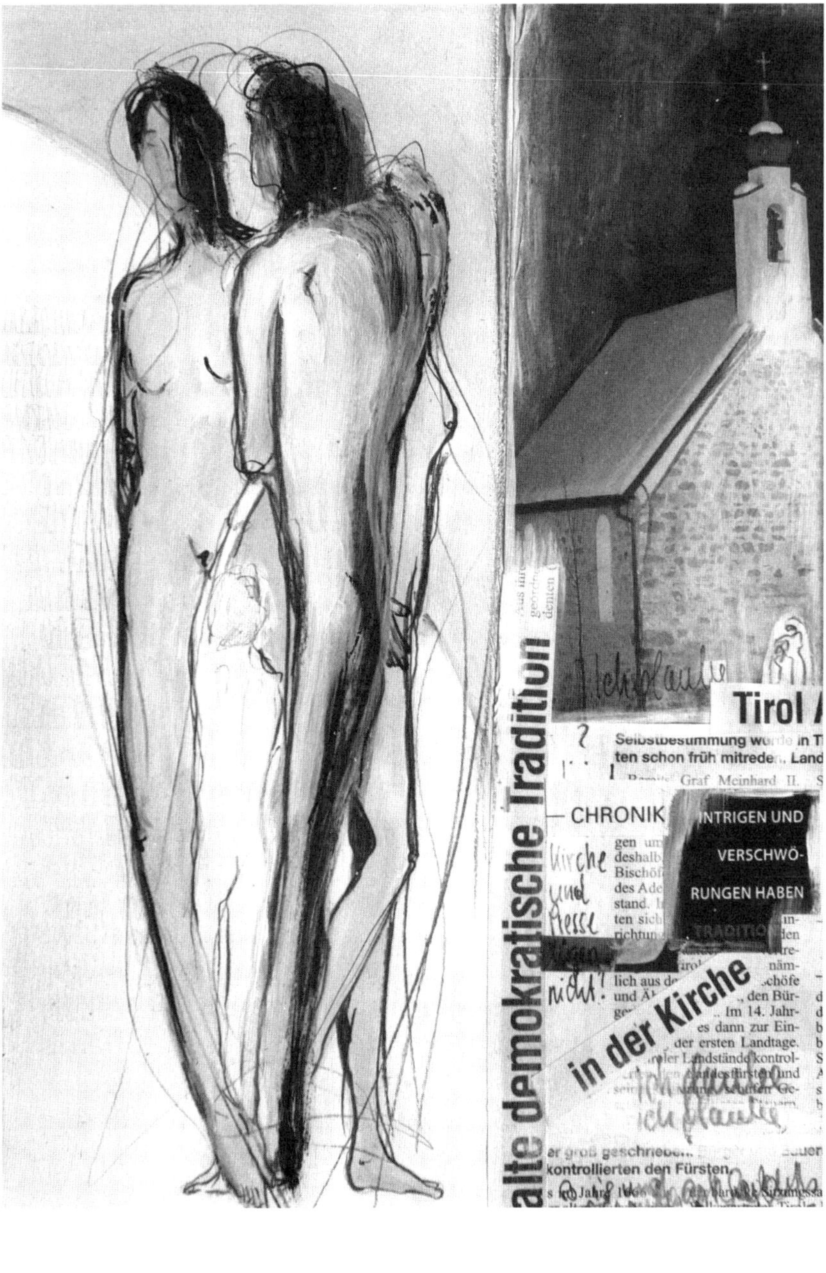
alte demokratische Tradition
Tirol
CHRONIK
INTRIGEN UND
VERSCHWÖ-
RUNGEN HABEN
in der Kirche
Im 14. Jahr-
es dann zur Ein-
der ersten Landtage.
kontrollierten den Fürsten
Kirche
und
Messe
nicht?

Antrag einen Bund mit dem Herzen Jesu zu schließen. Die Bewerbung wurde einstimmig angenommen. Seitdem soll Tirol als einziges Land der Welt zur direkten Kontaktaufnahme mit den Göttern befähigt sein und dort auch seine ständige diplomatische Vertretung unterhalten. So berichten wenigstens glaubhafte Quellen. Dies ist umso bemerkenswerter, als nach dem Niedergang der griechischen und römischen Reiche die direkte erbauliche Zusammenarbeit zwischen Göttern und Menschen einen vollkommenen Niedergang erfahren hat.

Dieser exklusive Bund zwischen Tirol und dem Herzen Jesu wurde immer wieder erneuert und zwar anlässlich der heiligen Kriege in den Jahren 1809, 1848, 1866 und 1915. Nur einmal wurde der Vertrag mit dem Bundesführer Jesus Christus irrtümlich aufgekündigt und die Treue gebrochen. Ein anderer Führer, Adolf Hitler mit Namen, hatte sich unter Vortäuschung besserer Bedingungen angeboten. Da es Wesen dieses Volkes ist, mittels an Lemminge erinnernden Zusammenhalts vorzugehen, folgten sie in einem solch hohen Prozentsatz den neuen Heilslehren, wie es die Bevölkerung keines anderen deutschen Landstriches schaffte. Nach dem Ende eines unheilvollen Zweiten Weltkrieges kehrten allerdings die Menschen wieder reumütig zum früheren Meister zurück. Die Bauern redeten sich heraus, dass ihr Gruß „Heil Hitler“ missverstanden worden wäre und eigentlich „Ein Liter“ bedeutete, in Wein natürlich, was diesem Volk genauso zuzutrauen gewesen wäre. Der Vertragsbruch mit Jesus Christus wurde am 30. Juni 1946 von beiden Seiten saniert und die alte bewährte Hymne von neuem ins Programm aufgenommen: „Drum geloben wir aufs neue, Jesu Herz, Dir ew´ge Treue.“ So soll der Vertrag wieder zur exklusiven Führung des Titels „Heiliges Land Tirol“ berechtigen. Der Festtag wird jedes Jahr im Juni in würdigen Rahmen mittels Teilnahme beider Parteien gebührlich gefeiert.

*

Andere Völker glaubten öfters, diese höchst brauchbare Gedankenwelt der Gebirgsmenschen auf die Probe zu stellen. Im Jahr 1808 versuchten die Bayern ein einziges Bataillon Tiroler Jäger, lächerliche 888 auszuheben. Während des Marsches liefen ihnen dann schon dreihundert dieses desertionslustigen Volkes von alleine weg. Stockstreiche halfen nichts, eine Auswahl durch Würfeln noch weniger, schon bei der Ankunft der sie Aushebenden erfasste sie solch ein Schrecken, dass sie sogar noch im Winter in die Berge flohen. So blieb dem hohen Beamten nichts übrig als dem bayrischen König zu berichten:

„Der Abscheu vor dem Militär ist beim Volk zu groß und allgemein. Wenn bloß Gerichtsdiener die jungen Leute begleiten müssten, so ist das so viel, als wenn einer oder zwei 14 bis 20 nach Flucht dürstende Individuen hüten sollten."

Noch schlechter erging es den Bayern ein Jahr später in Axams. „Das sind rüstige Burschen zum Militär" fand noch der bayrische Hauptmann Zoller. Doch schon in der Nacht lief alles was stellungspflichtig war auf und davon, dass am nächsten Tag kein einziger Bursche sich im Dorf mehr blicken ließ. Die Truppen durchforsteten die Dorfkneipen, doch fanden sie nur ältere Bauern. Als der bayrische Hauptmann Zoller zufällig zwei junge Männer traf, überfielen ihn diese mit solcherlei Wut, dass er sich nur mehr mit Mühe ins Dorf zurückretten konnte. Nun rochen die wilden Horden erst richtig Macht. Sie rotteten sich zusammen, umstellten die Soldaten, nahmen ihnen die Waffen ab und sperrten sie ins Wirtshaus. Umringt von Dreschflegeln und Mistgabeln labten sie die Verängstigten bei Wein und Speck. Es sei Gottes Wink gewesen, sie wieder frei zu lassen, sagten sie ihnen, aber ihr König sei ein Spitzbube.

Es gelang ihnen auch nicht an anderen Orten die Tiroler dazu zu gewinnen, für jemanden anderen in den Krieg zu ziehen. So konnte Richter Schmallberg aus Rattenberg am 13. März 1809 nur niederschreiben:

„Die Bauern taugen nicht zum Militär. Sie essen sich dreimal im Tage satt mit Mehlkost und Milch. Wenn sie diese Kost nicht haben, so kränkeln sie. Die Fleischkost beim Militär sind sie nicht gewohnt die Portionen sind zu klein. Die wenigen, die unter Kaiser Josef gestellt wurden, sind auf den Märschen erkrankt und gestorben."

*

Im Stift Stams kann man viele Malereien bewundern, interessante und nicht interessante, kostbare oder auch nicht. Die meisten zeigen wie überall in diesem Lande das Leben Christi, Maria und der Apostel. Dazu galt es ein ganzes Arsenal an Heiligen auszuwählen, je nach Stimmung Blutüberströmte, Anbetende, Leidende, Gefolterte und Reuige. Außerdem gibt es noch 84 Skulpturen, an manchen fehlen Arme, Zehen, Nasen, je nach Restaurierungsgrad mehr oder weniger. An berühmten Toten finden sich allerhand, so Friedrich IV. mit der leeren Tasche, Sigmund der Münzreiche, Meinhard II., berühmt als Erfinder der ersten Silbergroßmünze. Die Namen sprechen wie eine Biographie. Bewunderung oder Verdammnis ihrer schönen Skelette wollte man dem einfachen Volke nicht zumuten. Einen berühmten Künstler hieß man dafür geschönte Plastiken dieser wichtigen Leute, nebst den überall erforderlichen Kreuzigungspuppen anfertigen. Zudem nennt das Zisterzienserkloster Stams noch eine Reliquie des Heiligen Blutes ihr Eigen.

*

Viele merkwürdige Ereignisse in diesem Land verdienen eine besondere Beachtung. Die Gemeinde Telfs ist bekannt wegen ihrer Feste und ihres intakten Dorflebens. Und natürlich dem „Schleicherlaufen". Die Chronik berichtet, dass diese größte Faschingsveranstaltung aller Brauchtumsveranstaltungen dieses Landes im Jahre 1890 aufgrund starker Schneefälle Gefahr lief auszufallen. Kurzerhand malten die Telfer eine große Sonne auf ein Stück Pappe und trugen sie dergestalt herum. Da dies erfolgreich war, wird es heute noch gemacht. Sie sind nicht alleine. Zu Fasnacht vereinen sich im ganzen Land an den verschiedensten Orten Schleicher, Scheller, Rollern, Hexen, Egetmänner, Wampeler, Huttler, Zottler und Wilde und halten Aussprache mit der Welt der Dämonen. Dies Volk fühlte sich immer schon im „anderen Leben" wohler als im diesseitigen.

*

Überlange 65 Kilometer zieht sich das Ötztal vom Oberinntal in das Herz der Gletscher. Die Bauern hier sind keine geselligen Menschen. Sie haben es durch viel Übung geschafft kein überflüssiges Wort zu reden. Deshalb wirken die wenigen hingeworfenen Redebrocken inhaltsschwer und schlagkräftig. Wünsche nach Neuerung werden vorbehaltlos lange und schwerfällig geprüft, aber einmal für gut befunden sollten sie bis in alle Ewigkeit nicht mehr geändert werden.

In diesen Tälern wurde sehr schnell das Geld kostbarer als das Blut und erstaunlicherweise noch göttlicher als Gott selbst. Schließlich wurde das Geld zum Gott, zum Allerheiligsten und die Menschen glaubten daran ohne zu zweifeln. Früher gab es Zeiten, da überfielen wilde Horden von Bayern, Franzosen und andere Völker dieses Land. Zumeist konnten sie unter schweren Opfern zurückgeschlagen werden. Heute bettelt man dagegen inständig und tut sommers wie winters alles, dass genau diese Horden über das Land hereinbrechen. Kämen mehr, sie könnten davon nie genug bekommen. So eigenartig haben sich die Zeiten verändert.

Im hintersten Ötztal liegt das Dörfchen Obergurgl. Auf einer Seite steigen die Abhänge steil empor wie eine Hauswand, auf der anderen genauso. Überall wohin man blickt nur Abhang, Berghang, Steilhang. Die Hänge sind von uralten grauen Felsen bedeckt, überall sieht man lange gerade Streifen, welche jene Wege bezeichnen, die sich die alte und neue Lawinen und Muren genommen haben. Dem Unkundigen scheint, als sei das

Dörfchen einmal höher oben angesiedelt gewesen und an einem Wintertag geräuschlos und, ohne dass es die Einwohner merkten, herabgesunken. Diese Ansiedlung bietet deshalb von weitem einen sehr idyllischen Anblick. Es ist ein schöner Ort wie viele. Man muss ihn gesehen haben. Ein paar hundert Meter eines flachen Streifen haben sich die Menschen genommen oder besser gesagt der Natur geraubt, denn sie würde ihn sich sofort wieder nehmen, wären diese Einwohner nicht so zäh.

*

Das Pitztal gilt als eines der schönsten Alpentäler und viele Berühmtheiten wussten dies zu schätzen. Ihr gedeihliches Wachsen, die Faszination der schwerfälliges Holz tragenden Bauernhäuser mit den niemals fehlen dürfenden überladenen Geranienbalkonen erlebt der Fremde aber erst richtig bei mehrmaligem Kommen. Aus den Häusern werden Schönheitsfehler, aus den Dörfern Mangelerscheinungen, aus den Landschaften sprießen wild wuchernde Geschwüre. Wäre es nicht besser gewesen, von Anfang an die Protzbauten und Wohntürme von der Landschaft loszubinden? So flüchten die Städter aus den Bestürzungen und Besorgnissen ihrer schwarzen Metropolen und wollen sich dort erholen, wo sie glauben, dass der Himmel blau, die Wiesen grün und der Ausblick ungetrübt sei. Schlussendlich landen sie dort, wo unzählige Kräne zwischen den Dörfern Gebäude um Karzer hinstampfen und sie so aneinanderketten, dass bald kein Platz für das Unveränderte bleibt. Aber alles hat seine Richtigkeit. Wieso sollte man es einem jungen Tischler verwehren genauso wie sein Vater eine Halle dorthin zu stampfen, wo noch freier Platz ist, wieso sollte ein Hoteliersprössling nicht seinen übertüchtigen Eltern nacheifern dürfen und sein Einkehrhaus irgendwo in die Landschaft hinstampfen. Wie die Alten sungen, so zwitschern auch die Jungen.

Vergessen ist lange schon der Gedanke an das Einssein mit der Natur, das Stapfen durch jungfräulichen Schnee, die Gabe der

Beobachtung der Tiere des Waldes, der Blick durch frisch sprießende Wiesen. Was die Bevölkerung jetzt noch zusammenhält, ist das gleiche Gelddenken, die gleichen Erfahrungen mit den Fremden, die gleichen Bedürfnisse das niederzureißen, was sie eben erst aufgebaut hatten, weil neue Modeströmungen etwas anderes erfordern, der gleiche Beginn des Heranrollens der lustlosen Horden, das gleiche Abfahren eben jener Massen und die gleichen geistig niedrigen Beschäftigungen.

Bei den zumeist durch das Dahinvegetieren in ihren Zuckertempeln blutarm gewordenen Eingeborenen führt schnell die Schwere dieser Arbeit, das dauernde Umgebensein von Blendwerk, ihre sinnlosen Tätigkeiten, welche in nichts anderem besteht als Getränke nachzuschenken und zu fragen „Was darf es sonst noch sein, gnädige Frau und gnädiger Herr“ dazu, dass ihre Körper schnell lauter Ecken und Kanten bekommen. Ihr Kinn wird doppelt-rechteckig, ihr Maul trapezförmig, die Stirn quadratisch, wobei es manch einem mit künstlerischer Gabe sogar gelingt, die wenigen Haare so zu kämmen, als ähnelten sie einem zart bepinselten Gemälde Picassos. Die einzige Bildung ist die Einbildung. So bilden sie sich ein, dass viel Geld gebildet macht. Sie merken allerdings nicht, dass das Gehirn dabei proportional zur Anzahl der steigenden Geldmenge verkümmert.

*

Bei Landeck mündet das Oberinntal und von dort das Kaunertal. Eine Straße quält sich mühsam in die Schweiz und nach Italien. Vor nicht allzu langer Zeit gab es nur diese. Jetzt gibt es Gletscherbahnen und vieles andere. Zwar sind die Häuser noch nicht größer wie die Berge, aber wie die Kirchtürme allemal. Landeck wird von drei Burgen kontrolliert. Schaut Schloss Landeck heute wie ein unbeständiger Gernegroß-Tiroler aus, ähnelt Burg Schrofenstein einem Hungertiroler und die Kronburg einem niedlichen Salontiroler. Die Kronburg ist ein hochinteressanter Bau, der ein arg verwüstetes, aber irgendwie noch erkennbares Bild eines Schlosses bietet, dem der Zahn der Zeit arg zugesetzt hat. Von außen sieht sie noch so aus, wie sich jeder das Mittelalter vorstellt. Wir wissen bei diesen Burgen nicht, welche Architekten und große Meister am Werke waren. Wie sie es schafften auf unpassierbaren Felsenklippen in unwirtlichen Lagen auf weg- und wasserlosen Bergen jene gewaltigen Schlösser zu errichten. Bei minderen Bauten der Jetztzeit setzten heutige Architekten alles daran, ihren Namen bis in alle Ewigkeit zu erhalten. Landeck dagegen ist so geschmacklos, wie kein Künstler es sich je ausmalen könnte.

*

Lech, Zürs und St. Anton am Arlberg gelten als noble Orte. Deswegen ist hier alles noch viel teurer als anderswo. Die Berge dieser Gegenden fallen auf, dass sie ausnehmend erhaben und schön sind. Bei den alten Bauernhäusern handelt es sich um ausnehmend vernunftvolle Bauten, welche über die Jahrhunderte ihren Zweck erfüllt haben. Die heutigen Einwohner dort sind nur mehr ausnehmend, und das ohne Zusatz. Die Schönheiten und Sehenswürdigkeiten dieser Gegenden merkt sich der Fremde am meisten durch allerlei hilfreiche Eselsbrücken. So denkt man beim Wort Inntal gleich an Autobahn, bei Silvretta oder Arlberg an Ski total, bei Kitzbühel an Schicki-Micki. Solche Merkhilfen sind heute notwendiger denn je geworden. Man findet sie auch immer leichter.

Wie kleine widerborstige Engel zerstörten sie alle die Landschaft, aber sie taten es in kindlicher Unschuld. Wer spielt, sündigt nicht. Und Unwissenheit schützt vor Gewissensbissen. Den starrkopfigen Naturschützern rechneten sie mit ernster Miene vor, dass sie es trotz aller Kraft geschafft hatten, nicht mehr als „0,8 Prozent der Landesfläche mit Skipisten, und etwas mehr als 1 Prozent mit Straßen“ zuzupflastern. Zwar kämen noch Friedhöfe, Kirchen, Behausungen, Scheunen, Schulen, Parkplätze, Betonburgen, Etablissements, Saufmeilen, alles was das Menschengeschlecht doch schlechthin unbedingt benötigte dazu, aber der Natur bliebe mehr als genügend Platz für ihre Vergnügungen übrig.

Spielt einmal die Natur nicht mit, was leider oft genug passiert, weil es zuviel regnet oder zuviel Lawinen abgehen, dann wendet man sich an Gott und sucht bei ihm Zuflucht. Dann versprechen alle hoch und heilig wieder brav zu sein, wenn sich alles wieder sich zum Besseren wende. Ist dann alles vorbei, vergessen sie all ihre Versprechungen oder meinen, dass solch etwas mit ihren Göttern nie ernst gemeint sei und beginnen mit noch mehr Frechheit alles umzugestalten. Denn gilt doch beim Arlbergtunnel wie für alle anderen der Grundsatz: „Was Gott durch einen Berg getrennt, soll der Mensch erst recht durch ein Loch verbinden."

*

Vor nicht allzu langer Zeit waren die Leute vom Paznauntal rohe Bauern, Schafhirten, Schmuggler und Wilderer gewesen. Als einem der letzten Täler gelang auch hier unter vielen Schwierigkeiten die Missionierung. Aus ungehobelten Landwirten wurden bekehrte Hoteliers, aus Hirten eifrige Wirte, aus dem Rest tugendhafte Händler und fromme Unterhalter Anderer. Wohl kaum in einem Tal gelang es die Menschen vom neuen Glauben so überwältigend zu überzeugen wie in Ischgl. Ketzerische Bauernhöfe verwandelten sich in beispielhafte Hotels, sündige Ställe in gesittete Nachtclubs während sie in die rohe Wildnis unter vielen Opfern ihre imposanten und weitum sichtbaren Tempel der einzig wahren Heilslehre setzten. Hotels und Geschäfte gibt es reichlich und prächtig, Seilbahnen gibt es zuhauf, Pisten gibt es mehr als genug, genauso Saufmeilen und Vergnügungstätten. Besinnung und Bildung konnten zurückgedrängt werden. Ski, Sex und Suff haben sich zu einer frommen Dreifaltigkeit vereint. Schnee gibt es anderswo genauso, sogar besseren und billigeren, nirgendwo aber so sündigen.

Der Verfasser berichtet von verschiedenen Eitelkeiten. Die Festung Brenner. Michael Gaismayrs triste Träume. Zweimal Törggelen und einen Apfelstrudel – Eisacktaler Köstlichkeiten.

Endlich am Brenner, der Mittelpunkt dieser Festung „Heiliges Land im Gebirge Tirol“, der magische aller magischen Orte! Er ist ein düsterer, sagenumwobener Ort, nur die Fantasie kann hier ausschweifen. In der Nähe gibt es absolut nichts zu sehen, und das ist das Beruhigende. Keine Silberdächer aus Tonnen von Kupfer, keine in Essiggläsern eingemachte Märtyrer, keine schiefen Türme, nackte Madonnen, kopflose Statuen. Nicht einmal hübsche Mädchen gibt es hier. Es gibt keinen geeigneteren Platz, um daraus einen Ort der Besinnung zu machen. Nur eine unbekannte Sage soll es hier geben, welche von niemanden mehr erzählt wird.

Aber in der Ferne kann man von hier aus alles erkennen. Der Betrachter sieht Berge soweit das Auge reicht, er sieht die Täler, er sieht die Dörfer, er glaubt im Norden die erhabene Stadt Innsbruck zu erblicken und im Süden die ehrwürdige Stadt Bozen. Und dann noch in der Ferne München, Wien und Rom und am Ende sogar das Mittelmeer und den Ozean.

*

Sterzing ist bekannt wegen seiner vielen Buden und Läden in der alten Stadt und unbekannt als Geburtsstätte des Bauernrebellen Michael Gaismair. Es gibt kein Bild von ihm, wenige Aufzeichnungen, es gibt nichts, weil er vergessen werden wollte. Er forderte die Abschaffung der Messe, das Entfernen der Heiligenbilder, der Bildstöcke, das Hinauswerfen allen Kirchentands. Dafür aber eine echte und wahrheitsgemäße Gottesverehrung. Er forderte die Gleichheit der Menschen vor dem Gesetz. Das Verbot der Kaufmannschaft. Und dies alles im Jahr 1525. Er forderte einfach zuviel. Und allen war es recht, dass er, nachdem man ihn umbrachte, sehr schnell vergessen wurde.

*

Schloss Wolfsthurn bei Sterzing soll das schönste Tirols sein, so schwatzen es die Leute nach, seitdem im Jahr 1828 ein witziger Kauz es vorgeplappert hatte. Durch verschiedene Zutaten wurde es neu und nüchtern restauriert, aber bei soviel barocker Verspieltheit kam es auf ein wenig mehr oder weniger Marzipanguss nicht mehr darauf an. Kaum zu zählende 365 Fenster soll es haben.

*

Das Eisacktal birgt einen besonderen und einzigartigen Reiz. Für die von Norden kommenden Reisenden war es der Beginn südlicher Träume von Wein, Kastanien und südländischem Flair, für die von Süden zurückflutenden war es das Ende von schwarzen Zypressen und düster blau verzaubertem Himmel. In einem aber irrten sich alle, von Goethe bis hin zum Verträumtesten nordischen Schreiberling: Hier begann weder der erhoffte italienische Flair und Geist, noch all die Diebereien, welche man damit verband. Durch einen niemals wieder gut zu machenden Fehler in der Geschichte rettete sich die deutschsprachige Kälte bis zur Salurner Klause.

Es gibt allerdings nichts Beschämenderes, als über Jahrhunderte ursprünglich gewachsene Bräuche und Sitten so anzupassen, dass sie für die breite Masse der auswärtigen Horden konsumierbar werden. Der Auftritt von Jodlern in Japan klingt gleich schaurig wie die wohlgemeinte Bitte teutonischer Luftballonblusendamen mitsamt ihrem Ferkelbauchanhang nach „zweimal Törggelen und einem Apfelstrudel". Da kann sich das Herz nur zu essigsaurem Unmut verziehen, wie erlebnisgeil die einen es wegen ein paar Silberlinge anbieten und wie sinnentfremdet die anderen es wollen.

*

Es ist nicht richtig, den Menschenschlag der Eisacktaler und Eisacktalerinnen gegenüber den anderen benachbarten besonders hervorzustreichen. Die Natur, der Boden, die Luft und die Sonne färben überall irgendwie auf die Menschen ab. Trotzdem glauben die Eingeborenen hier mehr als anderswo, die Natur habe hier das schöne Geschlecht zu viel gepriesenen Eisacktaler Köstlichkeiten vereint. Schon von weitem gleichen in diesem Tal der Kastanien die Frauen mit ihren stechenden und wogenden Busen unüberwindlichen Bollwerken, nicht unähnlich der mächtigen Franzensfeste bei Brixen mit ihren scheinbar unbezwinglichen granitenen Mauern. Wobei Kaiser Ferdinand I. bei ihrer Einweihung im Jahre 1838 meinte, sie sei wohl aus Gold gebaut worden, so teuer sei sie zu stehen gekommen. So kostbar fühlt sich wahrscheinlich deswegen manches Mägdlein. Mögen die Mädchen in besonders jungen Jahren kein übles Aussehen haben, so liegt es in der Natur der Sache, dass sie schnell beleibter werden und was sie an Jugend verlieren, gewinnen sie an Schwere hinzu. So bleiben allerdings im Alter nur mehr hängende und eingeebnete Ruinen zurück, wo ein Gelehrter seine helle Freude daran hätte Archäologie zu studieren. Leider findet kein stolzer Ritter mehr Gefallen an solchen Dingen, um für sie besonders zu kämpfen. Deswegen verwenden die Frauen den größten Teil ihrer Zeit und noch mehr ihres Geldes, um mittels verschiedenster Cremen und durch allerlei kosmetischen und ärztlichen Humbug ihre Fassaden zu restaurieren. Dass es zumeist tausendmal notwendiger wäre, die Innerlichkeiten mit Geistigkeit aufzufrischen, damit sie nach außen strahlten, kommt den wenigsten in den Sinn.

*

Schloss Rodeneck ist bekannt wegen seiner Fresken des großen Ritters Iwain. Sie sind überaus zu empfehlen, weil ausnahmsweise keine Jungfrauen Maria, kein Jesuse oder die vielen Apostel und Heiligen abgebildet werden. Die Überreste sind traurig, der

Törggelen
Schlägertyp...
... Bergsteiger
seltsame Rekorde

Zahn der Zeit hat an ihnen genagt, sie sind über und über zernagt und zerschrammt, die Gesichter düster geworden und entstellt. Immerhin stammen die Fresken aus dem 12. Jahrhundert und haben schon genug gesehen und gehört. Der Künstler, wohl ein Süddeutscher, hat es gleich vorgezogen ihre Namen über dem Bild hinzuschreiben. So konnte das einfache Volk die einzelnen Gestalten schneller wieder erkennen. Die Geschichte des Bilderbuchs ist überaus spannend und schnell erzählt: Iwain erscheint im Zauberwald von König Askalon, er verwundet ihn, sodass er in den Armen seiner Gemahlin Laudine stirbt. Hofdame Lunete steckt dem gefangenen Iwain den Zauberring zu, der ihn unsichtbar macht. Er entbrennt in rasender Liebe zu Laudine, fleht um Vergebung und da sie nun ohnehin gattenlos ist, verzeiht sie ihm schnell. Sie heiraten und gleich danach, wie könnte es anders sein, zieht Iwain wieder zu neuen Abenteuern aus.

*

Bei den heutigen Männern scheinen einem die alten Ritter auf Tritt und Schritt zu verfolgen. Die Eisacktaler treten dir stolz wie eben ausgegrabene Statuen entgegen. Mit ihrer von Wein und Most rotgefärbten Nase, mit ihren wie durch den Fleischwolf gedrehten Pranken und Waden, mit ihren scheppernden schweren Schürzen und lodenen Hosen erzählen sie dir stolz von ihren Vorfahren. Von Iwein auf Schloss Rodeneck, von Walther von der Vogelweide vom Vogelweiderhof in Lajen, den Rittern der Trostburg und so weiter. Helden und Ritter waren sie alle, auf die kann man sie sich heute noch jederzeit berufen, ob sie jemals hier weilten oder nicht. Wie nahe liegend war es doch und wie spitzfindig die Touristiker, als sie sich „wo weiland Ritter weilen“ zum Werbespruch erkoren. Aber aufgepasst, lieber Fremder: Sie tun dies alles nur dir zuliebe, weil sie meinen, dir gefalle dies. Denn kaum verabschieden sie sich von dir mit einem knochenzerbrechenden Handschlag, fallen wie Hüllen diese Kleider und sie werfen sich in Jeans, Cord und die Designerkleider der besten Modemacher dieser Welt.

Der Verfasser lernt das Volk der „Tölderer“ kennen. Ahrntaler Misthäufen als Statussymbol. „Brot und Spiele“ und nicht „Geist und Verstand“.

In all diesen Tälern, vom Pfunderer-, Antholzer- Gsieser Tal und Antholz und noch einige Täler weiter fristen die Menschen im Kampf gegen die sie los werden wollenden Naturgewalten ein schäbiges Dasein. Ihr Wesen ist hart wie der Felsen, dem sie einige Feldfrüchte zu entreißen versuchen. Deretwegen konnte sich bei ihnen niemals eine ungezwungene Lebensfreude und angeborener Frohsinn entwickeln. Der musste immer unter Zuhilfenahme der kärglichen Ersparnisse angetrunken werden. Die Dinge des Lebens werden zuerst bedächtig mit dem Gemüt und der Seele erfasst und in den allerseltensten Fällen der Prüfung durch Geist und Verstand unterzogen. Es gilt ihnen als unschicklich innere seelische Empfindungen offen preiszugeben. Dies geschieht aus Angst, die anderen könnten damit Rückschlüsse auf ihre Geistesgröße ziehen, gehen doch selbst die Gefühle nie in die Tiefe, sondern höchstens in die Breite.

Die vielen Misthäufen bei jedem Haus gelten ihnen als Rangmerkmal. Der Reichtum einer jeden Familie ersieht man aus seiner Größe. Schafe, Kühe und Hennen rennen unbehindert aus den Häusern ein und aus, wie auch die Kinder.

Die meisten Männer tragen schwere Hemden aus groben, beißenden Leinen, schwere Hosen und noch schwerere Bergschuhe. Zumeist benützen sie einen Stock, der sich bei der Bewältigung der steilen Hänge, beim Vertreiben des Viehes wie auch für viele Alltagsdinge als sehr nützlich erweist.

*

So als wolle es den Eingang ins Ahrntal verwehren, thront Schloss Taufers auf schroffer Felsnase. Innen wurde es durch allerlei Zutaten schrecklich verschönert, um den Touristen manche Delikatesse früherer Zeiten - wie zierliche

Folterinstrumente - mundgerecht vorzutischen. Äußerlich haben die Altvorderen die Burg schon so unverwüstlich angelegt, dass selbst moderne Architekten es trotz aller Mühe nicht schafften ihr Gewalt anzutun.

*

Das Tauferer-Ahrntal ist ein wildes Tal. Die alten Häuser an den steilen Berghängen bestehen aus großen Steinen, manchmal bildet ein großer Felsblock den Untergrund, auf denen sie die schwere Holzplanken aufsetzten. Von Weitem scheinen sie im schlechten Zustand zu sein, von der Nähe allerdings erkennt man den Trugschluss. Sie sind vielfach repariert, manchmal sogar über viele Jahrhunderte hindurch, und deswegen allesamt in Ordnung.

Die Ahrntaler sind achtbare Leute und nennen sich selbst „Tölderer", was Talbewohner bedeutet. Ihr Aussehen ähnelt knorrigen Fichten und Zirben. Warum sollten die Bäume auf solch kargen Böden eine andere Seele in sich tragen wie die Menschen? Die Menschen essen, schlafen, lieben und machen sich keine Gedanken um die Sorgen der restlichen Welt. Sie sind nicht gelehrt, nicht klug, aber auch nicht dumm. Dass sich die Erde um die eigene Achse dreht, hätten sie nie bemerkt. Auch die Erfindung der Rakete wäre ihnen nie zuzutrauen gewesen. Wozu sollten sie das alles gebrauchen! Sie wollten immer nur würdelos glücklich sein, und das erreichten sie, indem sie so wenig wie möglich dachten.

Die Jungen wollen von all dem nichts wissen und bauten im Tal schlechte Kopien der alten Bauernhäuser. Damit meinten sie, könnten andere Leute angelockt werden. Diese kamen, fanden aber die Originale bei weitem besser.

Schon seit der Römerzeit schalt der Schlachtruf nach „Brot und Spielen" und niemals nach „Geist und Verstand" durch alle Länder. Doch je mehr sich das „Brot" zu Schlutzkrapfen mit Trüffelsauce, Spaghetti mit Kaviar, Sachertorte mit Sahne und Kirschstrudel mit Pignoli verfeinert und die „Spiele" sich zu Fun-

Snowboarden, Kurzskicarven, Erlebnisbobfahren verwandelt, desto mehr versinkt der „Geist“ zu Nachahmung, gedankenloser Oberflächlichkeit und erlebnisgieriger Einfallslosigkeit, während die Leute eifrig glauben, dass mit gleich hoher Geisteshöhe in Wahrheit gleich niederes Niveau gemeint sei.

*

Ganz zuhinterst in Kasern steht einsam wie ein Eremit das berühmte Heilig-Geist-Kirchlein. Es soll uralt sein. Schon im 8. Jahrhundert fand man es an der Zeit hier zwischen Kälte und Schnee Gott etwas zu widmen. Es ist ein ehrwürdiges Bauwerk, kraftvoll und markig, im Innern mit grotesken Malereien und blutüberströmten Heiligenfiguren bestückt. Beim Betrachten verfällt man ins Grübeln wie viel Blut und wie wenig Mensch so ein Armseliger in sich trägt.

Bildstöcke findet man hier zuhauf. Irgendwann kam fast jeder durch eine Lawine, bei der Heumahd oder beim Holzziehen zu Tode. Meist wird irgendein blutender Märtyrer als Zugabe mit abgebildet.

Überall stehen in den Häusern unheimlich kunstvoll gefertigte Krippen herum. Einige sind mehrere hundert Jahre alt, fast alle riechen nach mehr als zwei Jahrtausenden. Es gibt geschnitzte und gekleidete Krippen, Papierkrippen, Guckkastenkrippen, Wachskrippen, Terrakotta-Krippen und noch viele andere, deren Namen einem schnell entfallen. Manchmal sind es Orientalen, welche über Christus herfallen, zumeist Tiroler. Es scheint, als könnten diese Leute es nicht überwinden, dass das Heilige Land sich weit entfernt befindet. Dafür wetteifern sie mit den Juden, in welches heilige Land der Erlöser eines Tages wohl kommen möge.

*

Im Antholzer Tal zeigen dir die Menschen stolz das Haus eines ganz berühmten Spitzbuben: Peter Passler. Zusammen mit Michael Gaismair kämpfte er mit den Bauern für mehr Rechte.

Einer der eigenen schlug ihm schlussendlich den Kopf ab, und lieferte diesen zum Beweis bei der Regierung ab, um die ihm zustehende Belohnung zu kassieren. Noch ein Judas mehr, nach Andreas Hofer, Michael Gaismair und andere, überkommt es dich auszurufen. Kein anderes Heilige Land hat ihrer so viele.

Der Verfasser befasst sich mit einer Flut von Heiligen und Helden. Heiliges Brixner Reliquienallerlei. Eine schöne Jungfrauensammlung. Schlägertyp Oswald von Wolkenstein. Kloster Säben und seine eingesperrten Nonnen. Vom schnellsten Speckschneider bis zum größten Bergsteiger aller Zeiten.

Die Stadt Brixen mit ihren herausgeputzten Kirchen und Domen hat schon immer die Reisenden fasziniert. Ihre mächtigen Steinquadern ächzen noch heute unter jener Qual und Pein der sie Erbauenden. Am meisten hörst Du, Fremder, die untersten stöhnen, welche am meisten zu tragen haben. Das einfache Volk schaffte es nie, das untere zu wenden und nach oben zu kehren; die größten Lasten wälzte man immer schon auf die Masse ab.

Als im Jahr 1450 der deutsche Kardinal Cusanus zum Bischof von Brixen ernannt wurde, zog dieser sofort gegen die Trunksucht, das Kartenspiel, das Tragen von Waffen in den Kirchen, die Entsittlichung und Verwilderung der Priester und Nonnen zu Felde. Besonders aber gegen die in keinem Winkel sonst so verbreiteten wilden Ehen und die an Meerschweinchen erinnernde außerordentliche Fruchtbarkeit des geistlichen Standes. Das in seinen Augen wohlgemeinte Ansinnen endete mit einer kaum überraschenden Niederlage des Kardinals auf allen Linien. Er wurde dafür gefangen genommen und musste am Ende gedemütigt das Weite zu suchen.

Der Dom zu Brixen selbst ist eine einzige Masse barocken Tands und vergoldeten Zuckerwerks. Besonders im Innern mit seinen verschnörkelten Marmortorten und Stuckkreationen fühlt man sich an das Werk eines begeisterten Konditors erinnert. Die Chronik berichtet allein von 33 verschiedenen Marmorarten. Sie allesamt zu finden vermögen nicht einmal die kundigsten Führer. Wie eine schwülstige Farborgie erscheint Paul Trogers riesiges Deckenfresko „Die Anbetung des Lammes". Die Farben sind heute so frisch wie damals, die Form ausdrucksstark, die Größe gewaltig und das Gefühl riecht so nach Barock, wie es in der Schule gelehrt wird. Keine auf dem Erdenkreis mögliche Farbe fehlt hier. Nackige Engel purzeln durch die Luft, elegant gekleidete Bischöfe reiten durch die Wolken, dazu gesellen sich noch vielerlei richtige Jungfrauen, während oben heller als die Sonne ein verängstigtes Lamm leuchtet, dem scheinbar noch niemand erklärte, was all der Zauber bedeutet. Alle heiligen Schreckgestalten kommen vor. Wie das einfache Volk nach Bezahlung all dieses Guckkastenflitters sich fühlte, darüber geben die Chroniken nichts preis.

Der düstere Kreuzgang dagegen ist wirklich einzigartig. Was an verstaubten, verkrüppelten und abgewitterten Heiligen vorkommt, wird heute von allen hoch geschätzt. Am meisten freuen sich die Kunstgeschichtler. Jede abgeschlagene Nase bildet Grundlage für eine zu vermutende Geschichte, jede verblichene Figur einen nie enden wollenden Zank zwischen den Gelehrten. Freunde der Waffenkunde laufen zur Höchstform auf, wenn sie studieren, wie David und Goliath in mittelalterlicher Rüstung sich bekämpften. Man staunt über die Kenntnisse der Künstler über jene für sie unbekannten vergangenen Zeiten.

Brixen ist eine religiöse Stadt, wahrscheinlich eine der gläubigsten des ganzen Landes. Vielleicht weil sich deren Einwohner den Himmel immer ganz groß ausdachten, wurde ihnen mehr als anderswo bewusst, wie klein sie sich zu fühlen hatten. Dafür nennen auch sie ein Arsenal geheiligter Reliquien ihr Eigen. Bischof Gregor Angerer entwendete Sultan Soliman II. einen Schädelteil des Heiligen Markus und ließ ihn fassen. Ein Kreuznagel Jesu

Christi soll noch vorhanden sein. Andere Städte haben mehr davon, insgesamt würden alle wohl ausreichen um einen ganze Armee zu beschlagen. Dazu erfährt man alles über das wahre Fußmaß Marias und natürlich befinden sich in Brixen Teile der Knochengerüste ihrer Stadtheiligen Kassian, Ingenuin, Albuin und wie sie alle heißen.

Kassian soll ein ganz übles Ende beschieden gewesen sein. Seine eigenen Schüler quälten ihn mit ihren spitzen Griffeln zu Tode und rächten sich dermaßen für seinen allzu strengen Unterricht. In der Folge tauchten – den Anfang nahm ein lächerlicher Armknochen - immer mehr Skeletteile dieses großen Mannes auf. So trägt man jedes Jahr am 15. August seine Knochen in einer feierlichen Prozession durch die Stadt. Vom heiligen Ingenuin wurden zwar viele Knochenteile im Laufe der Zeit rundherum verhökert, doch besitzt Brixen immerhin noch das Monopol. Das gilt auch für den heiligen Albuin. Nicht mehr für alle zugänglich dagegen ist sein Gewand, die so genannte Adlerkasel. Reliquienjäger haben im Laufe der Zeit den kostbaren Stoff arg zerfleddert. In abfallender Reihenfolge besitzt Brixen noch ein Schulterbein und eine Rippe des heiligen Lukan. Den ersteren verjagten die Kirchenmänner höchstpersönlich nach Belluno, was sie nach seinem Tode so reute, dass sie viel Mühe aufwendeten, um doch noch einiger nicht überlebenswichtiger Skelettteile habhaft zu werden. Dafür gab es bei der Herbeiführung aus dem Bellunesischen als Zugabe noch ein Armbein des heiligen Joathas, um der vereinigten Knochengesellschaft beim Transport ein unterhaltsames Beieinander zu ermöglichen. Stolz kann der Dom zu Brixen auf seine hochkarätige Jungfrauensammlung sein. Hinterlegt wurden ein Haupt der heiligen Jungfrau Ursula, der heiligen Jungfrau Ottilia, der heiligen Jungfrau Christina und einer ungenannten Jungfrau, welche nebst einer der vorhergehenden im Zuge der Bewahrung ihrer jungfräulichen Reinheit aus dem Leben befördert wurde. An heiligen Kindern rühmt man sich eines einzelnen Hauptes aus der Reihe jener unschuldigen Kinder, welche vom unmenschlichen König Herodes ermordet wurden. Zusammengefasst kann gesagt werden, dass es sich um eine äußerst sehenswerte Ansammlung an Knochenteilen handelt, welche sich – trotz einiger Heiliger zweiter Klasse - vor jenen berühmterer Städte nicht zu verstecken braucht.

*

Der Reichtum dieses Landes baut sich auf Knochen so weit das Auge reicht. Die Fremdenführer wissen es weidlich auszunützen und sind sogar noch stolz darauf, besonders wenn sie feststellen wie es die Besucher interessiert. Und handelt es sich nicht um heilige Knochenansammlungen, dann tun es zur Not auch die anderen.

„In Neustift bei Brixen muss es einst, als Oswald von Wolkenstein noch lebte, sehr romantisch zugegangen sein. Sehenswert sind seine möglichen Überreste, welche man 1973 plötzlich fand. Leider verschwand ein Teil der Knochen auf unerklärliche Weise. Vom Skelett besitzen wir die Hüftbeine, die Oberschenkelknochen, Waden- und Schienbein, Oberarmknochen, den Schädel mitsamt Unterkiefer aber ohne Gesicht. Er war 1,67 groß und untersetzt."

Stolz zeigen die verschiedenen Fremdenführer die Stätten des Wirkens der großen Söhne.

„In Brixen soll es einst, als Oswald von Wolkenstein noch lebte, sehr romantisch zugegangen sein. Unbedingt mit eigenen Augen gesehen werden muss sein berühmtes Marmorrelief mit mächtigem Schwert und Kreuzfahrerstandarte, das er schon mit 30 Jahren zur Erhöhung seines Ansehens herstellen ließ."

„Auf der Trostburg oberhalb von Waidbruck soll es einst, als Oswald von Wolkenstein noch lebte, sehr romantisch zugegangen sein. Sehenswert sind der Rittersaal mit der schönsten alten Holzdecke der Alpen und der größten Weinpresse, der so genannten Torggl."

„Auf Burg Hauenstein bei Seis muss es einst sehr romantisch zugegangen sein. Bevor alles zur Ruine zerfiel. Hier erlebte Oswald von Wolkenstein die entzückendsten und tragischsten Stunden seines Lebens. Sehenswert sind heute noch die leider zerfallenen Fresken."

Es sei dem treuen Chronisten erlaubt, auf diesen verwegenen Rüpel Oswald von Wolkenstein nochmals kurz näher einzugehen, damit der interessierte Fremde die innere Geisteshaltung der noch kommenden Abenteurer und Heldengestalten näher kennen lerne.

Um 1377 soll Oswald von Wolkenstein auf Schloss Schöneck im Pustertal das Licht der Welt erblickt haben. Als richtiger, wilder Abenteurer brach er im zarten Knabenalter von zehn Jahren auf um seine furchtlosen Abenteuer zu bestehen. Er wurde zum bekanntesten deutschen Minnesänger und vornehmsten Dichter, zum Kriegsmann und Helden, Politiker und Rabauken. Er war ein richtiger Tiroler, furchtlos und wagemutig und besaß den vornehmen Charakter geringfügige Spöttereien zu tödlichen Raufereien ausarten zu lassen, sowie jede Beleidigung anderer selbst in die Hand zu nehmen und sich unerschrocken mit jedem zu prügeln. Deswegen vergaß man ihn bis auf den heutigen Tag nicht.

Schon in jungen Jahren verlor er, wie es sich für einen zukünftigen Helden gehört, bei einer Faschingsrauferei sein rechtes Auge. Als Kreuzfahrer eilte er ins Heilige Land, er kämpfte in Deutschland gegen die Slawen, er stritt gegen Schotten und Türken.

In einem Lied aus dem Jahr 1425 berichtet Oswald von Wolkenstein über die verschiedenen Todesgefahren, welche er nach einem Schiffbruch durchstehen musste und von seiner Rettung durch ein, wie könnte es anders sein, Weinfass.

„Ich hatte einen Schiffbruch / auf wilder, hoher See, / umarmte rasch ein Faß, / es war voll Malvasier; / das brachte mich zur Küste – beinah hätt ich verzagt! Im Anschluß an die Reise / Empfing man mich wie folgt: / Ich wurde festgenommen, / man nahm mir alles ab. / Mein Schädel hat gedröhnt, / er wurde wund von Schlägen; / auch bohrte man in mich / ein Schwert – die halbe Klinge!“

Gott gefiel es, so glauben viele, die Menschen mit solcher Leidenschaft nach Heldentum und dem starrköpfigen Glauben auszustatten, dass gerade sie imstande seien, die in ihren Augen böse Welt besser zu machen.

„Bei Fremden, Freunden ließ ich manchen Tropfen Blut, ich glaubte mich zuweilen schon dem Tode nah“ , schrieb der verwegene Oswald von Wolkenstein und mochte er auch von hinterlistigen Frauen verraten, ins Gefängnis geworfen, liebend schmachten. Mochte er am Ende des Lebens überall am Körper gezeichnet von den erlittenen Verwundungen und Verletzungen sein, so starb er eigenartigerweise selig im Frieden mit sich und der Welt und im Wissen durch seine Heldentaten die Menschheit weitergebracht zu haben.

*

Hoch über Klausen thront das ehrwürdige Kloster Säben. Hier erlebt man noch einige verschleierte Benediktinerinnen in ihren schwarzen wallenden Kleidern, wenn sie sich nicht gerade versteckt mit „ora et labora“„beten und leiden“ beschäftigen. Die Nonnen kämen nie heraus, die Leute nie hinein, nur manchmal, so erzählt man, hörte man von verzweifelten Fluchtversuchen einzelner Klosterfrauen. Man kann leicht verstehen, dass sie im Aussterben begriffen sind.

Wie gönnte man der Stadt Klausen ihren sauer gesuchten Namen „Künstlerstadt“ voll Herzlichkeit. Wo man allerdings zwischen den lebensfroh erstickten Gassen die Schöpfergeister finden kann, wer in dieser Zeit überhaupt noch sich Künstler nennen darf, kann man trotz aufreibender Anstrengung nicht herausfinden. Aber vielleicht genügt es einfach oft genug den Vorbeigehenden „wir sind Künstler, wir sind Künstler“ zuzurufen. Die anderen Eisacktaler Orte am Apfelplateau machten es ihnen doch vor, in dem sie lauthals hinausposauten: „Wir sind die schönsten auf der Welt“. Solche Windbeuteleien gehören zum Wichtigsten der Vermarktungsleute und ihre Honorare werden danach bemessen, wie viele zusammenhanglose Wortklaubereien sie gebären.

In Klausen machte der große alte Meister Albrecht Dürer halt und fertigte genau dort „Das Große Glück“ an. Dazu würde er heute nicht mehr kommen, donnern doch täglich tausende dröhnende Lastwagen vorbei, verpesten die Luft und rauben jedem den letzten Rest an Geisteskraft.

*

Und zu guter letzt noch das Villnösstal. Es gilt als eines der lieblichsten Dolomitentäler, weil es dort überhaupt nichts gibt. So bleibt dem Berichterstatter nichts übrig als mit den verborgenen und unauffälligen Kleinigkeiten zu prahlen. Ob die dortigen Menschen zu dumm für den Fortschritt waren oder zu weise ist heute schwierig festzustellen. Das einzig Bedeutende ist das niedlich-kleine Ranui-Kirchlein mit dem im Hintergrund erschreckend großen Geisler-Spitzen.

*

Bei all diesen Bergmenschen handelt es sich trotzdem um ein stolzes Volk. Und hat ein Tal nichts zu bieten, so erzählen sie dir mit ernster Miene von ihren Rekordmenschen. So stammen der berühmte Weltmeister im Speckaufschneiden kaum glaublich aus diesem Tale und selbst der größte Bergsteiger aller Zeiten. Und zudem freuen sich die Menschen mit den anderen, dass sie die höchste Burgendichte ihr eigen nennen können – wenn auch die meisten schon zu Ruinen zerfallen sind – den längsten Strudel, den größten Knödel, die schnellste Gondelbahn, die höchste Selbstmordrate, die größte Anzahl an tödlichen Motorradunfällen pro Quadratkilometer und den intelligentesten Versicherungsbetrüger. Leider beförderte er sich dabei selbst in den Tod.

Bericht einer außergewöhnlichen Reise in die Dolomiten. Seit Jahrmillionen das schönste Bauwerk. Ein Weiberheld schnappt sich den Namen. Engländer sehen Berge wie Alligatorenzähne. Diese Geschichte berichtet von bleichen Bergen, schwachen Männern und starken Frauen. Großzügigkeit des Volkes. Handwerkliche Schnitzkunst in hunderten Klonen.

„Dolomiten! Schönstes Bauwerk der Erde", benannte der berühmte Schweizer Architekt Le Corbusier eine sonderbar gebaute steinerne Stadt, welche sich zwischen dem Pustertal, dem Eisack- und Etschtal und der Valsugana bis zum Cadore erhebt. Damit brachte er seinen Kollegenstand auf immer und ewig in Misskredit. Denn die Großartigkeit dieser Aufbauten, die architektonische Gewagtheit vieler Etablissements, die Anmut der Ausführung durch den Baumeister, vor gewaltigen zweihundert Millionen Jahren, den wir heute nur charakterlos „Korallen" nennen, konnte von anderen Lebewesen nicht annährend erreicht werden. Heute noch liegen überall gigantische Blöcke bearbeiteter Steine achtlos im Schutt herum, heruntergefallen von einst fein gearbeiteten Zinnen und Kuppen.

„Was müssen diese Bauwerke für Weltwunder gewesen sein, als sie damals noch neu waren?" überkommt es jeden Reisenden zu fragen. Als Milliarden winziger Bauarbeiter beschlossen:

„Wir errichten das schönste Bauwerk der Erde für Herrn Le Corbusier und verschiedenen nachfolgenden Genien zum Trotz."

Sie arbeiteten unter denkbar schlechtesten Bedingungen, unter Wasser, in der Hitze, aber sie hielten zueinander. Sie taten es freiwillig, ohne Peitschenknaller, Aufseher oder irgendwelche ruhmsüchtige Diktatoren. Alles geschah aus innerem Antrieb.

Und was passiert zweihundert Millionen Jahre später (und einige Millionen Jahre Trinkgeld noch dazu): Schon bei der Namensgebung dieser Berge vollzog sich alles an Bösartigem, Ungerechten, Willfährigen, was man nicht einmal einem Tiere vergönnte. Zwar gehören Ruhm und Ehre, Gott und Teufel, gleich wie Schulden und Kredite zum Menschsein dazu – Tiere haben leider und Gott sei Dank keine solche Vorlieben, aber sie bedeuten nicht weniger eine Qual, von der man hoffte, sie bliebe niederen Lebewesen vorbehalten.

Im schicksalhaften Jahr 1789 zog ein französischer Adeliger mit dem hochtrabenden Namen Dieudonné-Silvain-Guy-Tancrède de Gratet de Dolomieu durchs Eisacktal. Sein einziger bisheriger Verdienst war gewesen, wegen einer Weibergeschichte und dem dazugehörenden unglücklichen Ausgang eines Duells sein Leben lang eingekerkert zu bleiben. Man erbarmte sich seiner, er kam frei, hob im Wipptal den erstbesten Stein in die Höhe, wusste nicht recht, was er mit diesem Felsbrocken anfangen sollte und sandte ihn postwendend dem Schweizer Gelehrten Nicolas de Saussure ins Haus. Der Stein war jungfräulich, niemand hatte es bisher für wichtig empfunden ihn einzuordnen. Das Unheil nahm seinen Lauf, als man dem Glückspilz zuliebe dieses unansehnliche Gestein "Dolomit" benannte. Es war Dolomieus einziges Erfolgserlebnis, wenig später versenkte man den stolzen Adeligen wieder ins Gefängnis, aus dem er nur freikam um zu sterben. Noch wäre das Unglück aufzuhalten gewesen, wenn es die Einwohner dieser Täler in all den Jahrtausenden einmal geschafft hätten diesen Bergzinnen einen Namen zu geben. Sie taten es nie.

*

Bestand der Anstoß des Reisens bis in jene Zeit darin Kriege zu führen oder selten auch Handel zu treiben, so setzte sich in jenen Jahren eine neue Wichtigkeit fest: Reisen um des Reisens willen. Ab 1837 gab der Murray-Verlag in London Reiseführer über diese Landschaften heraus um der immer größer werdenden Schicht von Exkursionisten die Bergwelt, deren Leute und Kulturen zu erklären. In bisher noch nie gekannter unglaublicher und enthusiastischer Wortwahl beschrieb ein in Vergessenheit geratener Schreiberling seine Reiseeindrücke durch die „Dolomit-Berge":

„Sie sind anders als all die Berge der Alpen. Sie ziehen die Aufmerksamkeit der Reisenden durch ihre Einzigartigkeit, ihre eigenartigen Formen, mit ihren bizarren, nackten und zerrissenen Felsspitzen, Zinnen und Gipfeln auf sich. Einige erheben sich wie Obelisken, andere wieder wie spitze Türme; dann gibt es wieder gezähnte Felsen, dem Gebiss eines Alligators gleich." Die Wortgewalt des Autors lockte wie ein verführerisches Weib. Wen verwunderte es, dass in solche unwirkliche Gegenden plötzlich viele hinwollten um die versteinerten Gebisse von Krokodilen und nackten Felsspitzen zu erspähen.

Als 1861 die beiden wohlhabenden Engländer Josiah Gilbert und George Cheetham Churchill über den Iselsberg bei Lienz fuhren, fanden sie wirklich solch wunderliche Berge und, weil keiner der Einheimischen ihnen den Namen des Gebirges nennen wollte, veröffentlichten sie alsbald ein Buch mit dem grausamen Titel „The Dolomite Mountains". Die Dolomiten waren geboren. So darf nicht verwundern, dass bis in die Jetztzeit das Verfassen von Reisebeschreibungen über diese Gegend zum Langweiligsten ausartete, was man sich nur vorstellen kann, bissen sich doch alle Reiseschriftsteller an den Festgesängen der ersten ihre Zähne aus.

*

Die meisten dieser Menschen in den engen Tälern sind miteinander blutsverwandt. Sozusagen stellen sie alle eine große Familie dar. 40.000 Köpfe, je nach Schätzung, soll die Familie mittlerweile umfassen. Sie missbilligen jeden, der sein Heil in der Flucht nach außen sucht, gleich wie sie jeder feschen Maid von auswärts misstrauen, welche sich einen Eingeborenen aneignen möchte. Zumindest erwarten sie sich, dass sie schnell die Sprache der Einheimischen erlernte.

Von dieser eigenen Sprache, das Ladinische, auch Rätoromanische genannt, behaupten sie stock und steif es seit der Zeit der Räter und Romanen unverändert zu sprechen. Deshalb unterhält man sich in jedem Nest anders, dass nicht einmal die Nachbardörfer sich untereinander verstehen. So ist das Ennebergische schroff und spitz, das Badiotische flaumig und herzig, das Grödnerische singend und weich, mit deutschem Grundeinschlag, das Fassanische verführerisch und kitzelnd, mit einem Einschlag ins italienische, ebenso das Ampezzanische, dieses eher hart aber offen, und das Fodom rau und rudimentär. Braucht es im ganzen deutschen Sprachraum bloß einen Nachrichtensprecher, den alle verstehen, benötigen sie ihrer viele.

Als die ersten Fremden kamen erkannten sie, dass es hier in Ladinien einen Menschenschlag gab, der, mehr als der Wirklichkeit zuträglich wäre, glaubte in einem Reich der Sagen und Dämonen zu leben. Mit beneidenswerter Ehrlichkeit versuchten die Eingeborenen die Fremden zu überzeugen, dass hier alles verzaubert sei und diese „bleichen Berge", deren Bewohner und Prinzessinnen eigentlich vom Monde stammten, nur durch einen dummen Zufall hier angesiedelt worden waren. Dass die Dolomitenbewohner wirklich vom Mond stammten, befürchteten die ersten Reisenden als ihnen eine Vielzahl dort hausender Krüppel, Kretins und Zwerge unterkamen. Erst nach einiger Zeit legten sich die schlimmsten Befürchtungen, als sie merkten, dass es sich um harmlose Kerle - wortgewaltig wie Felsen – handelte. Gerade diese führten die nun sie in Scharen überfallenden Kletterverrückten selbstlos und bar jeden Ruhmdenkens auf ihre Berge und Gipfel.

Damit ihr Sagenreich von Fanes mit seinen Verzauberungen und Verhexungen möglichst unverfälscht weiterlebt, tragen die Fremden genauso ihr Scherflein bei. So promenieren aufgetakelte Damen mit ihren Federhüten, Rüschenhemden und Flatterhöschen durch die Straßen von Cortina d´Ampezzo, Corvara, Wolkenstein und St. Ulrich wie Aguanes, die Wassernixen der Sagenwelt. Begleitet werden sie von lodengrün angezogenen Waldgestalten, den Salvans, mit aufgesetzten Gemsbarthüten und Edelweißemblemen, sowie zumeist mit überladenen Hornknöpfen auf ihren Rupfen- und Hirschlederpluderkleidern.

Nicht allzu selten ähneln gewisse Damen der Schickeria richtigen Hexen aus der Sagenwelt, mit ihren rotbemalten wulstigen Lippen, den auftoupierten gefärbten Haaren und den teuer in Modegeschäften erworbenen Lappen mit allerlei Firlefanz. Dergestalt haben sich die Feen der Berge verwandelt, so niederträchtig aufgewertet wurden die Sagenprinzessinnen Dolasilla, Soreghina und Moltina. In dem verworrenen Treiben dieser erstarrten Dolomitenorte liegt jetzt die berüchtigte Schönheit mehr in den Masken und Maskeraden, denn in seiner Innerlichkeit. Wenn schon die Potemkinschen Fassadehäuser in die Geschichte eingingen, dann ist es tausendfach verständlicher, dass diese Dörfer Ladiniens mit ihren in allen Raffinessen ausgestatteten betörenden Verkleidungen tausendfach mehr Anrecht darauf hätten Eingang in die Lehrbücher der Wissenswelt zu finden.

*

Die Dolomitenbewohner gelten als ein sehr großzügiges Volk. Sie laden dich, Uneingeweihter der Sitten dieses Tales, unaufgefordert zum besten und teuersten Glase Wein ein, und hast du einmal davon genippt, dann schenken sie dir sofort nach und verrechnen dir für dieses zweite einen solch hohen Preis, dass du damit gleich das erste mitbezahlst und immer noch erschrocken darüber bist, wie teuer dich zwei Schluck Wein überhaupt zu stehen kommen. Es scheint, als hätte man dir verflüssigtes Gold angeboten. Mögen sie zwar allesamt Schurken sein, so kann man keinen auch nur annähernd vorwerfen, dich zu bestehlen. Kommst du auch immer mit bodenleeren Geldtaschen nach Hause, so zählen diese Menschen allesamt zu den grundehrlichsten Völkern die man sich denken kann, und bewusste Diebereien sind ihnen auf jeden Fall fremd.

*

In den Augen der Einheimischen zum Besseren geändert hat sich, dass die Hotels und Wirtshäuser zu Kirchen wurden, das Büro zum Betstuhl, die Buchhaltung zur Bibel, die Bank zum Teufel und das Geld zum Gott. Alta Badia ist bekannt wegen seiner exzellenten Restaurants und den fehlenden Möglichkeiten geistiger Weiterbildung. Wer kann es diesem Volk verübeln, dass die Befriedigung kulinarischen Mangels Vorrang vor dem des Geistes hat.

*

Welschellen im Gadertal liegt so hoch und so steil, dass die Toten aufrecht begraben werden. Warum auch nicht, bekommen sie dergestalt noch etwas zu Gesicht. Allerdings belässt man sie nicht lange dort, dann vermietet man die Gruft schon dem Nächsten.

*

Das Grödner Tal hingegen ist seit Jahrhunderten bekannt wegen seiner kunstvoll gearbeiteten Heiligenfiguren, sodass sich der Begriff „Tal der Holzschnitzer“ durchsetzte. Von den Grödnern berichtet man, dass sie von den Juden abstammen. Das kann insofern nicht ganz richtig sein, da sie sich durch einen solch abartigen Geschäftssinn auszeichnen, dass man eher geneigt ist anzunehmen, dass dieser Geiz und diese Geldgier autochthon entstanden sein mussten. Deshalb, lieber Fremder, sei vorsichtig: Blicken dich die scheinbar handgeschnitzten Jesuse und Marias mit Schlitzaugen an, dann weißt du, dass diese Figuren aus China stammen, dir aber als echt grödnerische Kunst angeboten werden, starren dich jedoch die Heiligenfiguren gleichförmig fad an, kannst du sicher sein, dass sie in Gröden an einer jener Maschinen selbst gedrechselt wurden, welche gleichzeitig Dutzende anderer Klons fertigte. Lass dichnicht von den

Sagengestalten Dolomiten

Für die eingeborenen Bauern, besonders die verrunzelten Alten, ist es eine Lieblingsbeschäftigung von der „guten alten Zeit“ zu erzählen. Als es noch keine Autos gab, kein Ölheizung, keine Orangen und Ananas, oder Bananen, nicht einmal Weizen oder Kartoffeln. Als es keine Baumwolle gab, um die Gewänder zu fertigen, keine Glühbirnen, kein Radio. Als es noch überhaupt nichts gab. Das war die „gute, alte Zeit“.

grödnerischen Kaufleuten täuschen, wenn sie jammern und feixen. Spricht doch Gier aus Auge, Nasenloch und Mund, und du glaubst dich an die Wand gestellt mit erhobenen Armen, wobei man dir bedeutet, sofort und schnell all dein Geld herauszurücken.

Bekanntester Grödner wurde ein Bergvagabund namens Luis Trenker, bekannt in seinen Büchern und Filmen für die wortgewaltige Verteidigung des „guten und treuen Bergmenschen". Mit seinem Wetter gegerbten Gesicht wurde er zum Sinnbild jenes Gebirgsmenschen, der sich im Gesichtsausdruck, angefangen vom Mann aus dem Eis an bis heute niemals veränderte.

Bericht vom alles durchdringenden Gestank des Todes und wie die Toten dazu beitragen, dass die Lebenden reicher werden. Treue der Menschen zu ihren Mördern. Beruf der Schädelstocker und Skeletthändler. Schießen erlaubt, berühren verboten. Fahrt in den Himmel bei den Drei Zinnen. Die Genauigkeit der Sonnenuhren. Leben und Sterben vom armen Weinpoeten n.c.kaser. Außerdem wird von einer schönen Welt mit bösen Leuten erzählt.

Der Erste Weltkrieg hatte die Menschen und noch mehr ihre Landschaften verändert. Berge wurden in die Luft gesprengt und hätten sich die Menschen nicht anstatt ihrer zu Tode gemetzelt, wären wohl diese Gebirgszüge allesamt eingeebnet worden. Hunderte Kilometer verschlungener Labyrinthe ziehen sich deswegen durch die Felsen, kreuzen sich, münden ins Leere, um doch wieder irgendwo abzugehen. Mit Freude ermuntern dich die Einheimischen alle Galerien abzugehen und keine auszulassen. Dabei dauert es nicht lange und dir ist als hörtest du heute noch die Schreie der Männer im Todeskampf, das Wimmern der Verletzten, die weit entfernten Zurufe der Generäle wie schön es sei, für das Vaterland zu sterben.

Noch heute beschäftigen sich die Bewohner leidenschaftlich bei unzähligen Versammlungen über die auf eigenem Gebiet geführten Kriege, so als könnten sie damit Geschehenes verändern und Tote zum Leben erwecken. Solche todernste Gespräche gab es in diesen Gebieten immer schon: Kaum war ein Krieg zu Ende, ging man daran ihn aufzuarbeiten, ein Prozess, der bis in die Gegenwart niemals abgeschlossen werden kann, und nicht einmal beim nächstfolgenden Krieg zu Ende sein wird, da selbst die Kriege gegen die Bayern und Franzosen aus dem Jahr 1809 immer noch durchanalysiert werden müssen. Diese Gebirgsmenschen empfinden ihre Geschichte als riesiges Märchenbuch, das deswegen fasziniert und selbst für den kleinsten Mann lesenswert ist, weil sein Inhalt so blutrünstig ist und viel packende Handlung gezeigt wird.

Die störrischsten Bergbewohner gehörten immer schon gegenüber den wankendsten Souveränen zum hündisch anhänglichsten, was man sich nur vorstellen kann. Die Herrscher befahlen ihnen fern in russischen Landen zu kämpfen und sie taten es, obwohl sie Jahrhunderte vorher dem Kaiser abgerungen hatten, einzig und allein nur ihre eigene Heimat verteidigen zu müssen. Sie befahlen ihnen den sinnlosen Kommandos der Generäle bedingungslos Folge zu leisten und sie gehorchten ohne nachzudenken. Man forderte sie auf die Italiener zu hassen und sie taten es auf Knopfdruck. Diese Bergbewohner befanden es als Ehre jedes Mal im Kampf für ihr Vaterland zu sterben.

Wie mussten wohl im Ersten Weltkrieg die großen Generäle geschlafen haben? Cadorna und Hötzendorf oder gar die obersten weltlichen Herrscher: Kaiser Karl I. von Österreich, Kaiser Wilhelm II. von Deutschland, König Viktor Emanuel III. von Italien. Konnten sie womöglich überhaupt wegen der vielen Toten nachts ruhig liegen? Stöhnten sie auf? So dachten jedenfalls ihre Untertanen. Die Wahrheit ist eine andere: Sie schliefen selig wie die Murmeltiere in ihren Höhlen. Kein einziger Untertan wagte es je einen dieser Halunken totzuschießen. Aber es liegt in der Natur der Menschen, dass man niemals die Verrücktesten totschießt, sondern höchstens jemand anderen.

*

Nach dem Ende des Ersten Weltkrieges lagen tausende von Skeletten und Leichen in den Bergen der Dolomiten, des Karstes oder am Ortler und dem Adamello umher. Viele waren unter die Lawinen gekommen und aperten nun an den unwahrscheinlichsten Orten heraus oder man hatte sie schon irgendwo in den Bergen verscharrt und das durfte nicht sein. Die holte man nun wieder von den Bergen.

Im Laufe der Zeit entwickelte sich ein immer schwungvoller werdender Handel mit allem, was nur irgendwie mit dem Krieg und den Toten zu tun gehabt hatte. Dies führte dazu, dass man sich förmlich um den Besitz der zwar immer spärlicher zum Vorschein kommenden Leichen und Todesrelikte riss. Eine Todesgeilheit bemächtigte sich der Menschen, besonders als sie merkten, wie treu Tod und Geld sich paarten. Dabei spielte es keine Rolle, dass die Namen der Toten fort zu wechselten, umgetauscht und mit neuen versehen wurden. Sie brachten durcheinander, vermischten Pferdeknochen mit Menschenknochen und behaupteten stolz, dies sei einst ihr ruhmreicher Großvater gewesen. Diese Leute waren immer schon stolz auf jede Reliquie und war es keine, machten sie daraus eine.

So bedenke, lieber Fremder, bei einem Besuch der vielen Begräbnisstätten und Beinhäuser, ob in Innichen, in Gossensass oder auf der Malser Heide, dass der Name, der auf der demutsvollen Inschrift prangt, nicht unbedingt jener Armselige sein muss, der innen im selig gestörten Frieden schlummert. Nicht auszumalen die Verwirrung, wenn diese Armseligen einst wieder auferstehen und sich erst mühsam an den verschiedensten Stellen ihre Knochen zusammensuchen müssen.

Streit um
BERG
KrIeG

Die Menschen stopften Ladungen von Gewehren, Granaten und Bomben in ihre Gedenkstätten und Museen und jedes Jahr wurden es mehr. Museen am Falzarego, am Fedajapass, in Lusern, am Tonale, und ein Rattenschwanz an anderen bersten davor über. Mehr oder weniger schön gestaltete Kärtchen mit der Aufschrift: „Berühren strengstens verboten!“ sollen verhindern, dass sich allzu Neugierige an den rostigen Gewehren und Bomben vergreifen. Es gab aber Zeiten, bei denen das Nichtberühren all dessen strengstens verboten war und mit dem Tode bestraft wurde. Aber es lag nie im Denken der Bevölkerung einen besonderen Respekt vor dem Tod zu haben. Besonders dann nicht, wenn sich damit Geld verdienen ließ.

*

Die Drei Zinnen gelten als Wahrzeichen der Dolomiten und das sind sie auch. Wie kolossale Denkmäler, fünfhundert Meter hoch vom Schutt gerechnet, ragen sie in die Höhe, wobei bei manchen schon das Zählen dieser einschüchternden Felsbrocken Kopfweh verursacht. Die Natur wollte für einen verwegenen Steinmetz einmal einige ganz große Felsbrocken hinstellen, damit er aus ihnen etwas Anständiges heraus meißelte. Bisher hat sich kein Mensch an dieses Unterfangen herangewagt und damit freut sich die Natur heute noch ihres Sieges über die Menschen.

Urkräfte haben diese unfertigen Statuen aus Stein besonders steil und so weit überhängend geformt, damit sich die Menschen zu Tode stürzten. Sie taten es mit Freude und Spaß und selbstverständlich in großer Menge. Es ist erstaunlich, wie viel Affe in jedem Menschen steckt. Unzählige verbeißen sich jedes Jahr in die glatten Felsen und spüren jenen außergewöhnlichen Gelegenheiten nach sich todsicher das Genick zu brechen. Es ist die Art der Berge den Menschen den Tod mit barmherzigen Pathos beizubringen. Lebenslange Krüppel dagegen werden unter den Bergsteigern nicht besonders geschätzt. Überall verunzieren Kapellen und Gedächtnissteine für die vielen Toten die

Landschaft. Es sind ihrer so viele, dass selbst dem penibelsten Mathematiker das Zählen vergällt wird.

Es ist wirklich ein merkwürdiges Ereignis an manchen Tagen die Verheerungen zu betrachten, welche diese Berge in den Gesichtern der Menschen hinterlassen. Genauso lieblich sind die wilden Horden jener, denen es genügt einzig und allein von ganz unten diese Zinnen zu betrachten, ganz nach dem Motto: Angeschaut ist wie hinaufgeklettert.

Um den Besitz der Drei Zinnen streiten sich die Dörfer Toblach, Sexten und Auronzo seit von diesen Bergen Geld zu holen ist. Vorher nicht. Neid und Besitzgier ketteten sich an diese Felsklötze wie Kletten. Die Toblacher behaupten, diese Felsskulpturen lägen auf ihrem Grund, also gehörten sie ihnen, die Sextner ereifern sich, weil der in der ganzen Welt berühmte Postkartenblick nur von ihrer Seite aus möglich sei und die Auronzaner verleiden, obwohl sie sich am Arsch dieses Naturwunders befinden, jedem Interessierten den Zugang, in dem sie solch eine hohe Abgabe und Ablassgebühr verlangen, dass man meinen möchte, man habe damit eine direkte Freikarte in den Himmel bezahlt. Dass dieser Gedanke nicht ganz abwegig ist, bewiesen die Touristiker aus Sexten als sie lauthals den „Urlaub im Sexten Himmel“ zur Werbebotschaft erhoben und sich erhofften, dass Gäste dem Folge leisteten.

Rund um die Drei Zinnen gibt es wie überall die üblichen Andenkenläden. Es gibt die Drei Zinnen in Holz, in Stein, in Bronze, in Plastik und zudem in nur von gewieften Chemikern zu bestimmenden Materialien. Ausgewählt werden können zudem noch gewisse obligate Zusätze: Mit oder ohne Gämse, mit Edelweiß oder Alpenrose, mit Schnaps oder mit Likör. Inschriften dazu gibt es in mehreren Sprachen und Abwandlungen, angefangen von bedeutungslosen Grüßen bis hin zu Selbstbeweihräucherungstexten wie „Ich brauche einen Gipfel“. Dazu gibt es noch Gesteinssplitter, Wasser in Flaschen und hartes Brot für die Heimreise, alles mit der teuer machenden Aufschrift „Drei Zinnen“. Die meisten Touristen werden eigenartigerweise hier in Massen von einer seltsamen ansteckenden Krankheit überfallen. Sie kaufen sich all den Tand und Kitsch, bis ihnen übel wird. Erst wenn sie zuhause ankommen, werden sie geheilt, indem sie den größten Teil wieder in den Müll entsorgen.

*

Die höchsten Berge rund um Sexten heißen Neuner, Zehner, Elfer, Zwölfer und Einser. Der Name rührt davon, dass man je nach Stand der Sonne auf dem jeweiligen Berggipfel die Zeit ablesen konnte, so erklären es die Sextner Bergführer mit Vorliebe. Sonnenuhr würde so etwas genannt und es war besonders in früheren Zeiten sehr hilfreich. Lieber Fremde, verschlägt es dich ins ladinische Fanesgebiet wird dir der hilfreiche Hirte als erstes folgendes erklären:

„Das ist der Sas dlas Nü, was Neuner bedeutet. Der Nachbarberg ist der Sas dlas Diesc, der Zehner, und...“ man muss ihn unterbrechen, sonst würde er dir von ihrer Sonnenuhr weitererzählen.

Und wanderst du im Vinschgau gedankenlos dahin, wird dich der erste Einheimische mit stolz geschwellter Brust auf die Seite nehmen und sagen:

„Das ist die Rojener Sonnenuhr. Hier der Zehner, dort der Elfer, da der Zwölfer.“

Wie viele Sonnen musste die Natur doch für sie schaffen, um jedem seine eigene Sonnenuhr zu genehmigen. Ein Wunder dass alle richtig zeigen. Welche Rolle spielt bei all den Jahrmillionen Entstehungsgeschichte die einzelne Stunde oder der Tag! So etwas genehmigt man sich als Trinkgeld.

Diesen Menschen ist die zwanghafte Neigung angeboren alles in Stunden und Minuten zu messen. „Bis zur Drei Zinnen-Hütte benötigst du zweieinhalb Stunden, und bis zum Einser gar fünf.

Der Pragser Wildsee misst eine Stunde." Um keinen Fehler vor den Eingeborenen zu machen wirst du ihnen gegenüber feststellen, du seiest eine viertel Stunde groß, und der Kirchturm müsste sogar eine halbe Stunde hoch sein.

*

In Cortina d´Ampezzo, dem Cadore und dem Fleimstal waren die dort sich mit den römischen Ureinwohnern vermischenden Langbärte, die Langobarden, so klug, sich selbst erstaunlicherweise schon in dunklen Zeiten eine der besten Demokratien des europäischen Kontinents zu geben. Besitz und Boden gehörte allen, und die „Regole" versorgten ihre Einwohner wie Väter ihre Kinder, zahlten die Steuern und die Lehrer und befahlen den Pfaffen, sich ums Beten zu kümmern und nicht um die Geldvermehrung. Diese hehren Grundsätze ließen sie sich in den Jahrhunderten nicht von den sie friedlich mit ihrer streiterischen Stärke überrollenden Venetianern oder Habsburgern nehmen. So war die „Hauptmannschaft von Ampezzo" die Kleinste im österreichischen Kaiserreich, aber auch die reichste. Vier Gendarmen und ein Unteroffizier genügten um für Recht und Ordnung zu sorgen und kümmerten sich nebenbei sogar darum, dass die immer größer werdenden Heerscharen von Touristen nicht in tödlicher Langeweile versanken. Der Erste Weltkrieg brachte in der Folge etwas Gutes für alle: Die Kaiser, Prinzen und Fürsten wurden davon gejagt. Das Schlechte nach dem Ende des Ersten Weltkrieges war, dass nun an ihrer Stelle Diktatoren, Parteibonzen und Beamte an die Macht kamen. Auf jeden Fall gehört heute ein Großteil von Cortina d´Ampezzo, die „Perle der Dolomiten", reichen Geldmagnaten und ehemaligen Parteihengsten von auswärts und die Ampezzaner wurden zu Knechten, was sie mehr als tausend Jahre zuvor nie waren.

*

Der Karersee gilt als einer der schönsten Alpenseen. Er ist klein, dafür aber so blau wie der Himmel. Im See spiegeln sich berühmte Märchenberge wie der Rosengarten und der Latemar. Sie erheben sich unvermittelt und wohlgestaltet wie fletschende Krokodile. In dem ähneln sie dem Rest der Dolomitenberge. Der See wurde oft genug abgemalt, von ihm wurde besonders viel erzählt und es kommen besonders viele Touristen um ihn zu sehen. Meist ist man nur nachts allein.

In Herden überfallen heute Horden von Touristen diese Berge. Sie fuchteln mit hunderten von Führern und Reisebeschreibungen herum, wo jeder den anderen mit noch blumigeren Worten die einzigartigen Schönheiten zu beschreiben versucht.

„Schlern, das Wahrzeichen Tirols und der Dolomiten" beschreibt der erste Reiseführer.

„Rosengarten, das Wahrzeichen Tirols und der Dolomiten" schreibt der zweite.

„Drei Zinnen, das Wahrzeichen Tirols und der Dolomiten" nennt der dritte.

„Der Langkofel, das Wahrzeichen Tirols und der Dolomiten" berichtet der vierte.

So viele Wahrzeichen verunsichern selbst den maßvollsten Fremden. Die Einheimischen aber sagen dir mit ernster Miene, sie seien alle wichtig, die Reiseführer genauso. Man muss zu allen Bergen hin, man versäumt etwas, wenn man nur einen einzigen auslässt.

Auf Ansichtskarten sind sie alle mit solch romantischer Raffinesse und Bildbearbeitung dargestellt, dass einem die letzten Zweifel zerstreut werden, dass es sich einzig und allein nur um eine unwirkliche Welt handeln kann.

Der Rosengarten stellt an seine Betrachter immer neue Anforderungen. Bei Sonnenuntergang, wenn die anderen Berge schwarz werden, muss er rot werden, sagt man, sonst würde er seinem Name nicht mehr entsprechen. Deswegen sind die Sonnenuntergänge dort so berühmt.

*

Das Pustertal gilt als eines der lieblichsten und grünsten Dolomitentäler. Die Bewohner dieses Tales leben im Glauben, dass alles, was die Natur erschuf, angebracht und hilfreich gewesen sein musste. Die Berge seien geschaffen, um die Menschen zu Tode zu bringen, die Schafe, damit sich der Dummkopf mit ihnen vergliche und das Pergament, damit man dem Anderen Grund und Boden abluchsen konnte.

Von außen betrachtet ist Bruneck eine durchaus erträgliche Stadt, von innen schaut alles verpfuscht aus. Selbst Schloss Bruneck wirkt fremdartig alt, modern wird es erst, wenn man durch die vielen Säle und Zimmer spaziert.

*

Wie ein überdimensionierter Gugelhupf thront über Bruneck, Olang und St. Vigil der Kronplatz. Ein großartiges Naturerlebnis sowie das Einssein des Menschen mit seiner Umwelt wird der sorglose Fremde hier zugegebenermaßen nicht finden. Dafür wird er aber reichlich entschädigt mit allem, was des Menschen Erfindungsgeist an skelettartigen Eisenträgern, monotonen Seilbahnen und stillosen Bauten nur irgendwie ersinnen konnte.

„Auch wir selber schütteln manchmal den Kopf über das, was wir hier aufführen", musste sich selbst Christian Mayrhofer, Präsident des hiesigen Tourismusverbandes eingestehen, wenn er diesen Berg betrachtete.

In der Nacht, bei Mondschein, wenn die großartigen Schneekanonen diesen Berg in ein magisches Szenario einhüllen, wirkt seine müde Pracht am augenscheinlichsten. Dann erkennt man wie bei Gullivers Reise ins Land der Zwerge am besten die gigantische Kleinheit und die kolossale Bedeutungslosigkeit all dieser menschlichen Anstrengungen. Trotzdem besannen sich die Kronplatzbewohner eines hehren Tages, dass es angesichts der vielen Naturdiebereien für sie empfehlenswert sei, zumindest eine unbeträchtliche Großtat des Friedens zu setzen. Sie karrten in respektvoller Arbeit die größte Glocke des Alpenraumes, achtzehn Tonnen schwer, ein Monstrum und „Concordia 2000" genannt, in die Höhe. Gedanken des Friedens entstanden dort alsbald so viele wie Salz im Meer oder wie Gedanken in der Welt. Aber wie bei vielem entwertet die Masse das Kostbare, während man leider das Wertvolle einzig am Seltenen erkennt. Bildung und Gelehrtheit hatten immer den Makel, schwierig erkennbar zu sein, Geld hingegen zeigte sich immer auffällig in wunderbar glänzenden und prunkenden Türmen.

*

Innichen ist wie viele andere bekannt wegen seiner mächtigen Kirchen. Der Dom in Innichen selbst ist uralt, so wenigstens wirkt er. Er ist so dunkel, dass man fast gar nichts sieht, auch nicht die Fresken oben an der Kuppeldecke. Sie stellen die Erschaffung der Erde dar und enden mit der Vertreibung aus dem Paradies. Der Maler im 13. Jahrhundert sparte bei seinem spannenden Bildbericht nicht mit umwerfenden Neuheiten. Er tat so, als wäre er selbst Zeuge dieses wichtigen Geschehnisses gewesen. Bekannt ist der herrlich gekreuzigte Christus aus Holz. Er soll in Zeichen höchster Not Blut schwitzen. Jedenfalls glauben es die Leute.

Neben verschiedenen Heiligenreliquien, die man anderswo gleichfalls findet, hängt im Dom eine überdimensionierte Rippe des Riesen Haunold. Der Sage nach beauftragte man einen Riesen, Haunold mit Namen, mit der Errichtung des ehrwürdig schmucklosen Domes. Man versprach ihm einen Ochsen auf Lebenszeit. Wenig überraschend ist, dass die Innichner beim letzten Quaderblock, den er auf die Kirchturmspitze hinaufschleppte, die Holzbalken des Gerüstes verräterisch ansägten, damit der Riese tödlich in die Tiefe stürzte. Unglaublicher ist vielmehr, dass die Eingeborenen solch einen gutgläubigen Dummkopf wie den Riesen Haunold fanden.

*

Kunst und Kultur, das Dichten und Malen haben zugegebenermaßen in diesen Gebieten in der Gegenwart einen erhabenen

anke
Tourister
den Tod von fünf Menschen
mit dem Himmel
Tirols in die Welt tragen

Tiefpunkt erreicht. Die wenigen Lichtgestalten hatten es vorgezogen das Tal zu verlassen oder waren in Trunksucht und Delirium, durch Selbstmord oder Selbstzerstörung geendet. Dadurch ging das Interesse an solchen Hungerliteraten, ähnlichen Poeten und Künstlern, denen es darauf ankam in warnender Schreiberei schwierig zu verstehende Botschaften unterzubringen noch weiter gegen Nichts zurück. Hochkonjunktur erlebten allerdings jene, Filmleute und Literaten, denen es in besonders eindrucksvoller Weise gelang das Schöne noch schöner und das Kritische unkritisch zu zeigen. Diese werden vom Volk sehr in Ehren gehalten. Trotzdem sei gestattet, den Uneingeweihten auf zwei Berühmtheiten aufmerksam zu machen.

Einer davon war der scharfsinnige Journalist Claus Gatterer aus Sexten. Sein berühmtestes Buch „Schöne Welt, böse Leut“ wurde überall hoch gelobt, ihm aber von den eigenen Leuten am wenigsten verziehen. Beim Volk steht dies Buch deswegen in geringer Achtung. Wie durch eine Lupe betrachtete dieser jung an Jahren ausgewanderte Seher dieses Land und seine Leute, und stellte klaglos fest „so geldversessen wie heute ist man nie gewesen in der langen Geschichte“, bevor er jung an Jahren starb. Die sisyphosartige Hartnäckigkeit und das anstrengende Zähneklappern waren wohl zuviel für ihn geworden.

„Die Jungen mit Talent, Phantasie und Neuerungseifer stehen spätestens nach Abschluß des Studiums vor der fatalen Alternative: Manche lassen sich ihr „Revoluzzertum“, das dem Land in vieler Hinsicht so Not täte, durch Beamten- oder Lehrerposten abkaufen; andere tauchen in die Routine der Massenmedien ein – zunächst noch in der Absicht, der Welt, der heimischen Welt natürlich, die Haxen auszureißen, aber eines Tages müssen auch sie erkennen, dass der alltägliche Kleinmist sie auffrisst, ganz zu schweigen von den Verdächtigungen und Verleumdungen, die sie einstecken müssen, wenn sie wider den

Stachel blöken. Die Folge ist: Wer seine Talente pflegen will, wandert aus, oder er zerbricht menschlich und geistig in der mörderischen Gummizelle."

*

Den anderen unsterblichen Dichter, n.c.kaser mit Namen, zeichneten zweierlei Fähigkeiten aus: Nämlich dass er es zeitlebens niemals schaffte auch nur einen literarischen Erguss in Buchform auf den Markt zu bringen, und dass er in Suff und Alkohol sein Leben beendete. Aber wie so oft beliebte es den Göttern, die Klagen über die Schlechtigkeit der Welt in den Kritzeleien verkannter Dummköpfe unterzubringen. So sei deshalb erlaubt näher auf Leben und Sterben dieses Mannes einzugehen.

„wir sind ueberhaupt eine recht eingeklemmte generation. rueckwaerts geht es nimmer & vor dem vorwaerts graut uns."

Solche Zeilen hinterließ er der Nachwelt, vernebelte Gedanken, seinem Lande zum Hohn. Hatte das Land ihn getötet, oder war er getötet worden? n.c.kaser fühlte zeit seines Lebens dumpfe Angst und Furcht, so als habe er Unrechtes getan, ohne zu wissen warum.

„unser land ist zwar dumm aber dass wir es noch duemmer machen lassen sollen geht nicht an." Die Drohungen, der Spott, die Aufmerksamkeit die sich über jemanden ergießen, der Althergebrachtes in einem solchen Land zu Fall bringt, erschütterten.

Geld fehlte ihm immer, immer mehr. Er begann alsbald durch das Land zu tingeln um zu provozieren und doch wieder kaum aufzufallen. „lied der einfallslosigkeit" „geliebtes land / aus kuhglocken gebaut" schrieb er nieder, aneinander gereihte Rufe ohne Ende, während er sich schon krank fühlte.

Doch wie so oft geschah nach seinem Ableben sehr schnell Folgendes: Verwehrte man ihm im Leben ein klein wenig Anerkennung, schätzte man ihn als Toten umso mehr.

Über die Einwohner von Osttirol, ihre derben Köpfe und ihr grobes Land. Der Druck beim Händeschütteln. Die Umschlag-Bücherleser. Die Sieben-Halme-Mäher. Bericht über die italienische Stadt Lienz. Die Kopienstadt Aguntum. Der Chronist zeigt, warum „Kommen Sie zu uns – wir haben nichts!“ keine schlechte Werbebotschaft war. Von einem machtlosen Gott und seinen unverzagten Menschen. Wilderer Walder wird zum berühmten Mann.

Wer einen Ausflug in die abgeschiedenen Täler des Virgentales, Villgraten-, Defreggen-, oder ins Kalsertal unternimmt, möge bedenken, dass er in eine andere Welt eintritt. Für gewöhnlich haben die dortigen Bewohner schwielige breite Pratzen, mit der sie gelegentlich dem Unbekannten ohne Vorankündigung eine herunter dreschen, bevor sie nachfragen, in was sein Anliegen bestünde. Als Fremder bist du ihnen auf jeden Fall ein Feind, der erst ihr Zutrauen mühevoll erkämpfen muss. Schnell können sie allerdings zu den herzallerliebsten Personen werden, die ehrlicher, charakterfester und natürlicher sind als die Menschen scheinbar weiter fortentwickelter Täler, die sich im Laufe der Zeit so ergeben angepasst haben, dass es direkt peinlich wirkt. Sie reichen dir dann so herzlich ihre Pranken und schütteln deine zarten Bürohände so ausgiebig, dass du das Gefühl für längere Zeit nicht los wirst, dir seien alle Knochen gebrochen worden.

Um von vorneweg auszuschließen, dass der Chronist mit seiner Meinung allein auf weiter Flur steht, sei der französische Mineraloge Belsazar Hacquet und sein Werk “Mineralogisch-botanische Lustreise“ zitiert, das die unterhalb des Großglockners lebenden Menschen folgendermaßen einzuordnen versuchte:

“Die Bewohner dieser Gegend sind ziemlich stark, aber durch ihre elende Kost, da das Brot aus Hafer- und Bohnenmehl besteht, sehr blöd - und schwermüthig.” Dies schrieb er 1784, während 1843 ein anderer Durchreisender, Alexander Petzholdt, andere Einschätzungen findet:

"Diese Umgebung wird ziemlich ungesund gemacht durch die morastige Beschaffenheit des Bodens, und man fühlt sich unwillkürlich gezwungen das hier häufige Erscheinen von Kröpfen, zu welchen ausserdem noch der höchst einfältige an Cretins erinnernde Habitus der größten Teiles der Bevölkerung kommt, mit dieser Schädlichkeit in Verbindung zu bringen."

Geändert hat sich bis jetzt nicht viel, woraus abgeleitet werden kann, dass es nicht an der Kost und nicht am morastigen Boden lag, sondern andere Gründe in Frage kommen. Die Kröpfe sind verschwunden, oder sie wachsen jetzt nach innen und schnüren dort die Geistesstränge ab. Die Trägheit ihres Geistes überdecken sie jetzt, dass sie all ihr Können und Wissen auf ein Gebiet konzentrieren. Bei einem ist es die Jagd, beim anderen sein Wirtshaus, beim dritten die Kuh oder das Schaf. Hier können sie sich ein überdurchschnittliches Wissen aneignen, das überrascht. Deshalb sollte man sich mit diesen Menschen ausgiebig nur mit jenem Bereich beschäftigen, wo sie versiert sind und nicht versuchen, die Eingeborenen durch andere Quälereien zu erzürnen.

*

Man findet in den Alpen wohl kaum Gebiete, wo die Bewohner untereinander so verstritten, missgünstig und neidisch sind wie in diesen Osttiroler Tälern. Schon allein das Streiten scheint ihnen zu den Begehrlichkeiten und Schönheiten des Lebens zu zählen. Gestritten wird um fast gar alles: die Grenzen der Wälder und Felder, um den Besitz eines Weibes, die Haustiere im Stall und natürlich um das Wild in freier Natur. Wobei jenes das Allerwichtigste scheint und am meisten zu vielerlei gewaltvollen Auseinandersetzungen führt.

*

Von diesen Bewohnern zu erwarten, sie würden jemals ein Buch lesen, wäre zuviel verlangt. Sie haben allerdings die Gabe, aus dem äußeren Erscheinungsbild eines Buches zu schließen, was es beinhaltet. So können sie sich von vornherein fürchterlich über das eine oder andere Buch ereifern und es als bodenlosen Mist abtun, gleich wie sie ein anderes als gescheites und hervorragendes Werk dir loben.

*

Im Virgental war man schon immer grundsätzlich gegen alles. Gegen jeden Fortschritt aber auch gegen das Bestehende, gegen das Neue wie gegen das Alte. Die Höfe selbst stehen dort auf monströsen Absätzen, was durch die Steilheit des Geländes dazu führt, dass sie von vorne riesig jedermann anstarren, während sie hinten nur wenige Meter hoch sind. Der Großteil des Hofes wird für Heu und Vieh gebraucht, die Menschen selbst hausen in kümmerlichen, niedlich-niedrigen Zwergenzimmern. Die schönsten davon werden für die Gäste bereit gehalten. Wobei die Frauen, welchen man die Aufgabe der Unterhaltung der Auswärtigen aufgebürdet hat, sich gebärden, als bestünden in der Versorgung ihrer Schafe und Ziegen sowie der Urlauber keine größeren Unterschiede.

Ihre Felder sind winzig klein und mächtig steil. Um es dem Uneingeweihten zu beschreiben: Sie sind nicht so steil wie ihre Kirchtürme, neigen sich aber ungefähr wie der Turm von Pisa. Wer steht, hält sich lange, wer einmal ausrutscht, fällt bis auf den Grund. Angebaut wird gerade das, was noch wächst, und sehr oft gedeiht nichts. Mit winzig kleinen Sensen mähen sie das Gras von den Bergflanken der Sajatmähder und wie sie alle ähnlich heißen ganz nach dem Prinzip „Ich habe sieben Grashalme geschafft, wie viele hast du?" Sehr oft beschlagen sie die Schuhe mit Eisen oder binden sich Steigeisen um, damit sie beim Mähen einen besseren Halt finden.

Es sind die liebsten Leute, müssen sie sich doch tagein tagaus damit beschäftigten wie sie den Magen voll bekommen. Da bleibt für andere Gedanken nicht mehr viel Zeit übrig. Neuigkeiten aus der großen Welt erreichen in den seltensten Fällen das Tal. Vielleicht ist das nicht einmal das Schlechteste.

*

Als Wahrzeichen Osttirols gilt der Großglockner, der höchste Berg Österreichs. In Kals, dem darunter liegenden Kuhdorf, zerbrechen sich die Bewohner schon seit langen den Kopf, wie sie diesen Berg sinnvoller für sich nutzen könnten, damit er Geld brächte, so wie es die meisten anderen Berge dieses Landes tun. Eingefallen ist ihnen dabei nicht viel, aber manchmal kann der Mangel an Eingebungen gar nichts Schlechtes sein.

*

Im Defreggental begegnen einem auf Schritt und Tritt alte Bauernhäuser, welche mit ihren von der Sonne geschwärzten Holzbalken und den überladenen rot blühenden Geranien auf den Balkonen von weitem ins Auge stechen. Peinlich wird man daran erinnert, wie viel Platz der Mensch zum Leben braucht und wie wenig der Rest der Tierwelt.

*

Lienz ist eine liebreizende italienische Stadt. Sie erfuhr erst nach langem Notleiden einen sehenswerten Aufschwung. Den Planern war es gelungen dem Lienzner Talkessel durch viele Betonbauten eine sinnvolle Betonung zu verleihen. So reihen sich ebene Bauten über die weiten ebenen Flächen, wo zumeist auswärtige Herren den Eingeborenen ihr Einkommen nehmen.

Die Lienzer sind brave, arbeitsame Leute, welche sich im untertänig sein immer schon am wohlsten fühlten. Sie hätten sich sogar dem Teufel unterwürfig ergeben, und hätten ihn treuselig gefragt, was sie ihm alles erfüllen müssten, damit er zufrieden sei, wenn sich jemals die Gelegenheit dazu geboten hätte. Dafür wurden sie umso mehr von den Planern ihrer Stadt bestraft, welche es innerhalb weniger Jahrzehnte schafften, bis hinauf auf die steil aufragenden Flanken, und wie ein Moloch zu den nächsten Dörfern die verschiedensten Buden, Schuppen und Fabrikhallen in die Landschaft zu klatschen. Die Architekten haben ihr Geld bekommen und sind abgezogen, die Bewohner haben ihr Kuckucksei erhalten und müssen nun damit leben.

*

Große Männer hat dieses Volk immer schon besonders geehrt, angefangen vom kleinsten Sporthelden bis zu jedem Komödianten, Hauptsache sie fielen nicht durch Geistesgröße und Genialität auf. Gegen die konnte man unerbittlich sein, wie auch anderswo.

*

Aguntum war schon bei den alten Römern, so liest man, eine berühmte Stadt. Jetzt ist nur mehr der Schutt interessant, in dem einige Archäologen die Vergangenheit wieder zum Leben zu erwecken versuchen. Sie geben dabei jedem kleinen Kinkerlitzchen eine besondere Bedeutung, um ihre Arbeit wichtig zu machen, während derweil Eidechsen, Spinnen, Vögel und Mistkäfer keinen Respekt vor den Jahrtausenden zeigen. Alles verändert sich. Was einst mächtig und groß war, ist heute Staub und Ruine. Allerdings zeigt das zerstörte Aguntum einen Hauch mehr zeitlosen Flairs, als das nahe gelegene Lienz.

Hin und wieder wird etwas Interessantes ausgegraben. Eine Bronzestatue oder ein reich verzierter Kessel. Da ist die Meinung der Archäologen gefragt und bei all dem, wo keine Deutung möglich ist, wie bei manch alten, zerbeulten Gulaschtopf, posaunt der größte Experte hinaus, es handle sich um ein wertvolles und bedeutendes Kultgefäß. Dann quälen sie sich durch manch alte Inschrift und versuchen sie zu deuten.

Was werden die Menschen in zweitausend Jahren von uns denken? Welchen Fehlern werden sie erliegen? Womöglich wird da manch banale Kläranlage als großartige Thermenlandschaft zum Leben wiedererweckt. Und wie wird man die Namen vergewaltigen? Vielleicht so:

„Lenez, vielleicht auch Lienzing, Stadt am Fuße des Tauris-Gebirges. Berühmt geworden durch einige Funde aus der so

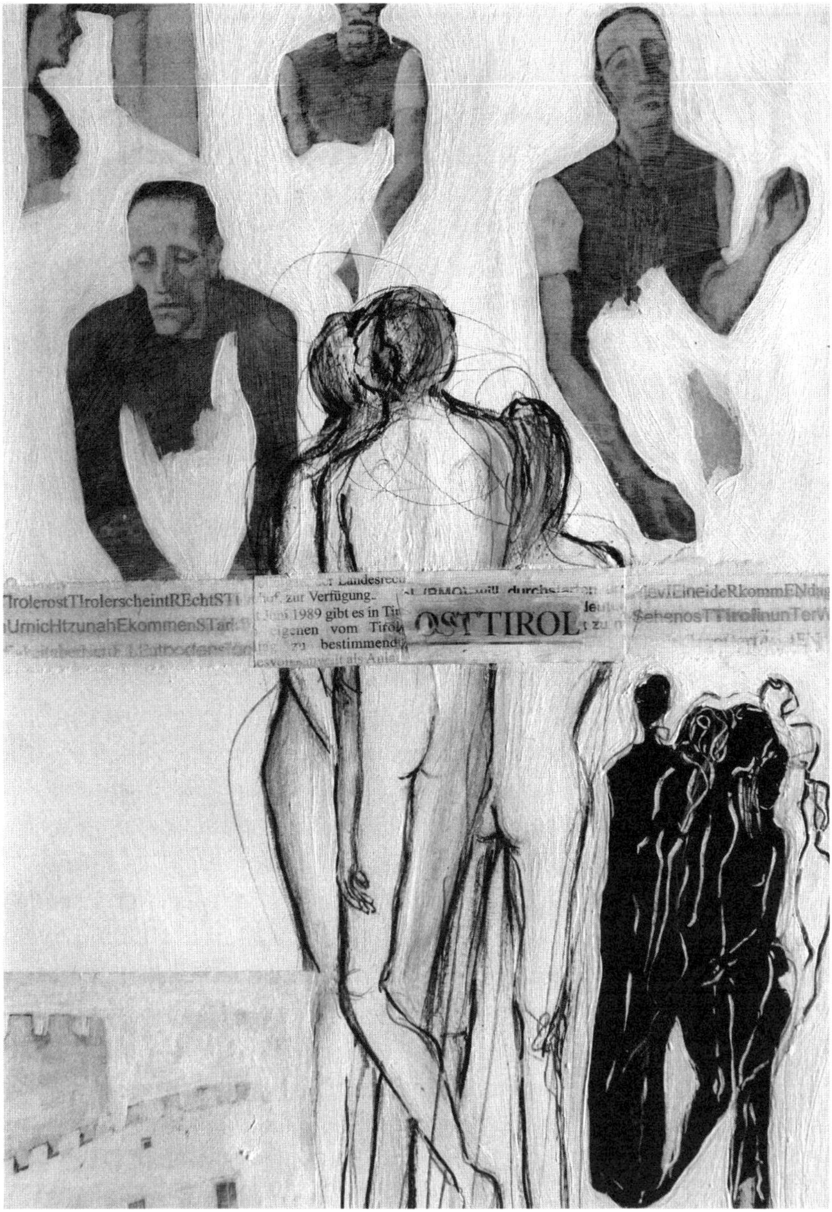
TirolerostTirolerscheintREchtST
UrnicHtzunahEkommenSTar
zur Verfügung.
1989 gibt es in Ti
eigenen vom Tirol
zu bestimmend
OSTTIROL
EineideRkommENd
SehenosTTirolnunTer

genannten Plastikperiode. Dazu gehört ein gut erhaltenes Auta, ein zu jener Zeit zur Fortbewegung verwendetes Gerät. Das damals in diesen Gegenden siedelnde Volk der Trioler zeichnete sich durch besondere Handwerkskenntnisse aus. Reichlich gefunden wurden Türklinken, Hosenknöpfe, Küchenporzellan. In Stein erhaltene Inschriften, wie sie reichlich aus der so genannten Römerzeit erhalten blieben sind unbekannt. Wahrscheinlich schrieb dieses Volk nichts mehr. Kunst und Kultur erlebten in dieser Zeit einen noch nie dagewesenen Niedergang.“ Bedrückende Gedanken, aber es dürfte so geschehen.

Das heutige Museum von Aguntum ist sehr sehenswert. Man findet dort die Plastikkopien verschiedener Grabsteine und einiger Reliefs, dazu Bronzekopien einiger Statuen, nochmals fein gearbeitete Kopien von Goldgehängen. Nur die Dame beim Eingang, welche einem den Eintritt abverlangt soll echt sein. Auf jeden Fall dürfte ein begnadeter Künstler am Werk gewesen sein, der all diese vortrefflichen Nachahmungen fertigte. Im Allgemeinen legt man immer weniger wert auf das Echte, in der Meinung, mit dem verführerischen Schein des Unechten bei den Interessierten größte Wirkung zu erzielen.

*

Anders Denkende und Unangepasste konnte man in diesem Land immer schon mit vierlerlei hilfreichen Werkzeugen dazu bringen, sich zu ändern.

So sei erlaubt, manch Beispiel dem Fremden der größeren Verständlichkeit wegen anzuführen: Der unbelehrbaren Emerenziana Pichler aus Lienz, Mutter von acht Kindern, habe man im 17. Jahrhundert soviel von ihrer Haut abgezogen und zur Würze Salz hinaufgestreut, bis sie sich plötzlich unter freudvoller Anrufung Gottes und der gütigen Mutter Maria als Zeugen erinnern konnte, dass sie mit dem Teufel getanzt habe. Zudem brachte man sie mit schicken Daumenschrauben und schönheitsfördernden Streckvorrichtungen dazu, von Dingen zu erzählen, von denen sie sich nicht einmal wusste, dass es sie gab. Mit ähnlichen Hilfen plapperte ihr sechsjähriges Töchterchen, dass sie beim Hexentanz in ein Mäuschen verwandelt gewesen sei. Die Protokolle vermerken wie wunderbar man plötzlich mit der Pichlerin reden konnte und wie die einzig wahre Religion es schaffte gute Menschen zu formen. Leider wurde die Frau, wie viele andere, die man mit gleichem pflegte, nicht sehr alt.

Mit Mathias Pergher, genannt „Lauterfresser" tat man im Eisacktal das gleiche und zudem kniff man ihm noch vorher mit rotglühenden Zangen – um ihn ein wenig vorzuwärmen – in die Haut und zwackte ihm die Hand weg. Obwohl sie ihn schon vorher mit zwei Zentner schweren Eisenmörsern aufzogen und ihn durch mit Nägeln gespickte Walzen quetschten, sahen es die Gottgläubigen als aussichtslos, dass er jemals Geistes genug sein werde, die einzig wahre Religion zu erlernen. Ähnlich verfuhren sie mit dem „Turn-Urban" und seiner „Konsortin Ursula" auf Schloss Heinfels. Da sie sich für den ihn zugedachten Glauben nicht würdig erwiesen, dokumentierte die Chroniken penibel, dass man diesen unachtsamen und schlechten Personen Büchsenpulver am Leib angehängt und mittels Feuer ihren „Corpus" zu Staub und Asche verwandelt hatte.

*

Die Villgrater sind sture und rohe Leute und wären sie nicht so, dann hätte die Natur schon längst jeden Gedanken an dieses Tal und seine Einwohner ausgelöscht. Ob mit Hochwasser, Lawinen oder Feuersbrünsten, die wilden unberechenbaren Urkräfte versuchten mit Gewalt den um diese Bergwüsten kämpfenden Menschen alles wieder wegzunehmen, was sie ihnen gestohlen hatten.

Von einigen Naturfanatikern wird das Villgratental noch als das letzte „Tal Gottes" bezeichnet. Nirgendwo rief die Eingeborenen den Allerhöchsten öfter, nirgendwo betete man inbrünstiger und geheuchelter. Und wie in kaum einem anderen Tal der Alpen ließen sich Bewohner, Gott und Pfaffen so inniglich ineinander verschlingen, dass niemand es mehr vermochte den Knoten zu öffnen. Die Geistlichkeit zeichnete sich in diesem Tal über Jahrhunderte durch eine solche leidenschaftliche Verehrung alles Weiblichen aus, dass selbst zum Papst erstattete Berichte kaum Wirkung zeigten. Und in ihrer Fruchtbarkeit wurden sie einzig und allein von den Kaninchen übertroffen.

Denn bis in die Jetztzeit, bis ins unmittelbarste Heute, lag die Ursache in einer unheilvollen Verquickung und Verkettung, dass Kirche und Widum nicht nur Haus Gottes, sondern genauso Wirtshaus waren. Endlos lang ließe sich die Liste der Verfehlungen der Geistlichkeit aufzählen, um eine genauso lange Kette von Raufhändeln der Bevölkerung gegenüber dem Klerus zu bilden. Wobei es leider keinem der von Gott gesandten Himmelsboten vergönnt war, als Märtyrer in die Chroniken einzugehen. Denn in vielen Jahrhunderten lebten die Villgrater insgesamt kaum ein Jahrzehnt lang mit ihren Pfarrern in vollem Einverständnis.

*

Die Tiroler glauben zwar, dass Gott die Landschaft erschaffen hat, doch sehen es die Touristiker als ihre heilige Pflicht, Gottes Werk noch einmal mit Worten zu verbessern. Sie bezeichnen sie als schön, oder sogar wunderschön oder bringen noch weitere Steigerungsformen an.

Den Villgratern ist solches Lügen fremd. Sie gelten als die ehrlichsten weit und breit. „Kommen Sie zu uns – wir haben nichts!“ schrieb der Dorflehrer Johannes E. Trojer und deswegen wählte man ihn zum Obmann des hiesigen Fremdenverkehrsverbandes. Wenn sie die Touristen für die Schönheiten dieser Gegend begeistern wollten, mussten sie von den Abartigkeiten, der Abgeschiedenheit und dem Abweisenden sprechen. Da die Einwohner dieses Tales bald bemerkten, dass die abnormste Werbung für sie eigentlich die ehrlichste sei, entschlossen sie sich, diesen Weg beizubehalten und sogar noch vertrauenswürdiger zu verfassen.

*

In Kalkstein, im hintersten Villgraten liegt das Grabmal von Wilderer Walder. Man muss es gesehen haben, weil hier mehr Leute hinpilgern, als zu allen anderen weit und breit.

„Ich wurde am 8. September 1982 in Kalkstein von zwei Jägern aus der Nachbarschaft kaltblütig und gezielt beschossen und vom 8. Schuss tödlich in den Hinterkopf getroffen," steht auf dem weißen Marmor und dazu sieht man das Porträt dieses schnauzbärtigen und wuchtigen Mannes. Deshalb wurde Pius Walder zur einzigen Sehenswürdigkeit im Tal.

Alle Besucher verweilen gedankenvoll vor diesem berühmten Grab, studieren den Text, einmal und immer wieder, und bekäme der Tote nur einen Cent von jedem Lesenden, er wäre ein steinreicher Mann. Einige Pilger nehmen löffelweise etwas Erde oder ein Steinchen vom Grab als Andenken mit, wie es ehrwürdiger Brauch aller Reliquienjäger ist. Schon wieder einer ihrer Helden muss man neidlos anerkennen. Er wurde immerhin von hinten getroffen, wie Siegfried der Nibelungenheld.

Die Jagd ist in diesen Gegenden heilig. Heiliger als Gott, Jesus Christus, Maria und alle anderen Heiligen zusammen. Dieses Tal ist so reich an Jagderinnerungen und arm wie die Wüste an allen anderem. Jeder Fremde wartet sehnsüchtig darauf, einen leibhaftigen und richtigen Gämsenjäger, von Gämsenblut und Gämsenschweiß übergossen, mit fettem Gämsenbock daherkriechen zu sehen. Die Wilden hier gelten als äußerst geschickte Jäger, welche die Stimmen der Tiere und Vögel so geschickt nachzuahmen vermögen, dass manch tölpelhafte Kreatur sogar darauf hereinfällt.

Hier ist es mehr Brauch als anderswo, in ihren Stuben die Schädel dieser Tiere auf Holztafeln über ihren Köpfen aufzuhängen. Wer am meisten und die schönsten hat, wird mehr geachtet als jeder andere und sei es der größte Politiker. Jeder Fremde der ihnen bei den ausschweifenden selbstgefälligen Erzählungen über ihre Jagdgänge aufmerksam zuhört, gilt als zu schätzender Freund, jeder andere als hinterwäldlerischer Wilder.

Bozen, dies Sauloch und andere kleine Fehler. Die durstigen Sarntaler. So viele Siegesdenkmäler. Die allgemeine Sprachverwirrung. Die heiligen Siebenschläfer, die heilige Plappermuttergottes und der heilige Wein im Bozner Dom. Hier erfreut sich der Tod dem Leben zu Hilfe zu eilen. Von Ötzi-Eis bis Ötzi-Speck. Der böse Fluch.

Bozen ist eine angsterfüllte abergläubische Stadt. Sie schmiegt sich im Norden an einen groben Bergrücken, an dem zwei starke Täler mit starken Straßen entlanglaufen: Das Eisacktal und das Burggrafenamt. Nur sieht man davon nichts. Die ganze Landschaft ist überreich mit Tunneln garniert. Gegen Süden breitet sich eine weite dunstige Ebene aus. Dort liegt Italien.

„Botzen, dies Sauloch" schrieb kein geringerer als Wolfgang Amadeus Mozart im Jahre 1772, und das als Sechzehnjähriger. Aber da dieser geniale Musiker immer dann besonders produktiv wurde, wenn es ihm am Schlechtesten ging, hat die Weltmusik Bozen Großes zu verdanken.

*

Bozen lag immer schon im Schatten der anderen: Die alten Römer vergnügten sich im nahen Tridentum oder verhalfen dem unbedeutenden Aguntum bei Lienz zu eigenartiger Blüte, während sich später das gierige Innsbruck zur kleinen Hauptstadt des Habsburgerreiches emporarbeitete. Bozen wäre weiterhin unbedeutend geblieben, hätte man nicht nach dem Ersten Weltkrieg das Land Tirol wie ein Schwein geschlachtet und seine wertvollen Seiten in Nordtirol, Südtirol, Trentino und Osttirol aufgeviertelt. Eigentlich nur deswegen wurde Bozen eine bedeutende

Stadt, welche sich von da an vor nichts und niemanden mehr zu verstecken brauchte.

*

Von Bozen zweigt eines der seltsamsten Täler dieses Landes ab: Das Sarntal. Weil sich die Eingeborenen dort selten in Ehebindung mit anderen Tälern mischen, bildete sich im Laufe der Zeit ein eigener Stamm heraus: Die Sarntaler. Für gewöhnlich haben sie starke Köpfe, stur wie Stein, derbe Arme und Beine, welche sie befähigen all die Plagen zu ertragen, als auch eine ungeheure Rauflustigkeit zu entwickeln. Zum Essen gereicht ihnen dürftige Kost, nur Durst können sie nicht aushalten. Hier ist ihnen Wein am liebsten und Wasser nur in Notfällen annehmbar. Sie lieben das Kartenspiel, manchmal Tag und Nacht. Bei Wein und Watten werden alle wichtigen Dinge des Lebens durchgesprochen wie Auswahl der Weiber, ihrer Führer und der Handel von Vieh und Holz. Sie tragen dabei ihre alten Trachten. Der Hut der Männer trägt eine rote Schleife, wenn sie ledig sind, eine grüne wenn sie ein Weib ihr Eigen nennen. Die Frauentracht ist bunt wie kaum ein Vogel und besteht aus vielerlei übereinander geschlagenen und geknoteten Tüchern, sodass man über Wohlgestalt der Körperbildung im Unklaren gelassen wird. Dies wird von allen als gut empfunden. Sonst achtet man das Wesen der Frau gering. Ihr Rat ist nicht geschätzt, ihr Dasein Mittel zum Zweck.

*

Auf Bozens nördlicher Seite, in Richtung Sarntal thront wie eine schreckliche Sage aus schwarzer Vorzeit auf rotbraunen Felsen das schaurige Schloss Runkelstein. König Ludwig I. von Bayern hat Runkelstein einmal als "schöne Ruine" bezeichnet, im Zeichen der Romantik eine treffende Aussage für alles, was furchterregend, schaurig und gespenstisch sein sollte. Im Innern findet sich eine Unzahl von lieblichen Fresken, deren bedeutendste das traurige Liebespaar Tristan und Isolde darstellen.

Vermarktet wird deshalb dies Schloss als „die Bilderburg“ schlechthin. All diese Lieblichkeiten sollen die Fremden dazu veranlassen, das Schloss zu besuchen, damit es Geld einspielte.

Auf Bozens südlicher Seite steht ebenfalls auf wilden Klippen das ehrwürdige Schloss Sigmundskron, auch Firmian genannt. Sigmund der Münzreiche, Landesfürst von Tirol, Liebhaber glanzvoller Burgen, und dauernd in Geldnot, baute diese Anlage nach seinen Träumen und verpfändete sie schnell, sodass sie verfiel bevor sie überhaupt aufgebaut war. So regierten über viele Jahrhunderte die Spatzen in den Mauern mit ihren zerrissenen Türmen. In diesem Schloss verbergen sich die sonderbarsten Geheimnisse, welche sich den darunter über die Autobahnen dahineilenden Fremden niemals offenbaren. Diese Mauern sahen wenig freies Leben und viel Niedertracht, Lust, Leid, Liebe und Last in tausend Abstufungen. Von diesen zerfallenen Zinnen und zahnlosen Türmen konnte man das Tal beherrschen. Davon unbekümmert stürmten immer schon Habsburger, Germanen, Franzosen, Bayern und Italiener in abwechselnder Folge vorbei.

Dazwischen steht Schloss Maretsch. Im Eckturm starren jeden sieben höchst geistige Frauengestalten an: Grammatica, Dialectica, Retorica, Arithmetica, Musica, Geometria und Astrologica. Dazu kommen noch die sieben Weisen des Alten Griechenlands, von Demokrit bis Epikur. Um all dies wieder in Frage zu stellen trifft man im Nebenraum einen Narren und eine nackte Frau mit Totenkopf. Es soll sich um Vanitas handeln, der leere Wahn.

*

Auf dem Schlern muss man gestanden haben. Schon wegen der Aussicht auf das unter einer Dunstglocke versinkende Tal und das kleine Spielzeugdorf Bozen, das sich weit unten in der Ferne wie Lilliput abzeichnet. Es scheint, als hätten unten unartige Kinder überall etwas zurückgelassen ohne es aufzuräumen. Man erkennt eine lange Autobahn, worauf Spielzeugautos sich bewegen, winzige Häuser, größere Bauklötze, ein Gewirr von Drähten, welche wie Spinnennetze alles durchziehen. Überall wohin man blickt schaut alles gleich hingeworfen und schlampig aus.

„Wie kann man nur solch eine Unordnung hinterlassen," überkommt es einem aus der Vogelperspektive. Aber man sollte sich hüten, dies laut zu rufen. Denn an solchen Punkten bildet sich das aufschlussreichste Echo der Welt. Womöglich könnte es einem noch zurückantworten.

*

Gleißend weiß, aus makellosem Zandobbiomarmor, reckt sich das "Monumento alla Vittoria", das „Siegesdenkmal" in den Himmel über Bozen. „HINC CETEROS EXCOLUIMUS LINGUA, LEGIBUS, ARTIBUS" prangt es weitum in erhabenen römischen Lettern. "Von hier brachten wir den anderen die Sprache, die Gesetze und die Künste bei". Der faschistische Diktator Benito Mussolini höchstpersönlich hatte 1922 seinen Lieblingsarchitekten Marcello Piacentini gebeten mit diesem Denkmal den Sieg der Romanen über die Germanen im Ersten Weltkrieg zu rühmen.

Sechs Jahre zuvor beauftragten die k.u.k. Imperatoren den Tiroler Stefan Zuech ein Siegesdenkmal in Bozen zur ewigen Erinnerung des noch nicht stattgefundenen Sieges der österreichischen Monarchie über Italien zu errichten. Einen Haflingersprung weiter, zwischen den Landhäusern am Bahnhofsplatz, steht ein anderes Denkmal: Es zeigt den Triumph der Germanen durch Dietrich von Bern über die Romanen. Selten gab es in der Geschichte der Menschheit so viele Sieger und so viele Verlierer.

*

Im Allgemeinen teilt man die Bozner in Italiener und in Südtiroler ein. In welcher Sprache Gedankenaustausche untereinander stattfinden, sollte jedermann geläufig sein. Im Prinzip unterhält man sich laut Gesetz in jener Sprache, mit welcher der

Erste sein Gespräch beginnt. Eine weitere Regel ist, dass man je nach Mehrheit der Anwesenden italienisch oder deutsch spricht. Grundsatz ist, dass man sich in der Sprache verständigt, die alle leidlich verstehen, unabhängig eines Mehrheitsgedankens. Schon allein eine Mehrheit darüber zu finden, welche der drei Richtlinien angewandt werden soll, bildet in dieser Stadt Grundlage für lang anhaltende Dispute, sodass eigentlich über den Gegenstand der Unterredung zumeist sehr wenig Zeit verwendet werden kann.

Alle Hügel, Berge, Felder, Straßen tragen zweierlei Namen, einen deutschen und italienischen. Dass dies überall zutrifft und keiner ausgelassen wurde, verdanken sie dem Werk eines fleißigen Mannes: dem großen Ettore Tolomei. 12.000 fehlende italienische Namen fügte er den bestehenden deutschen hinzu, damit jeder Sprache Recht geschähe.

So fährt heute der deutschsprachige nach Pfalzen oder Terenten, der Italiener nach Falzes oder Terento und beide sind überrascht, wieder zusammen zu treffen, nachdem doch jeder ein anderes Ziel hatte. Da Gerüchte umgehen, dass jeder Name etwas zu erklären hätte oder etwas bedeuten müsste, stürzten sich ihre Sprachforscher wie anderswo die Käfersammler in das Gewirr der Geschichte und kramten zwischen Rätern, Römern, Goten, Langobarden, Bajuwaren, Sueven und Wenden herum, wem es wohl als erstem eingefallen sein möge, jeden Hügel mit einer Bezeichnung zu beglücken. In den Büchern der Einheimischen steht geschrieben, dass Pfalzen von Phalanza käme und Terenten von Torrentis. Diese Bezeichnungen blieben, weil zwar die Völker untergingen nicht aber die Namen, und die nächstfolgenden auch keinen besseren fanden. Darin liegen die Ursachen, dass heute die Einheimischen unsterbliche Sprachkriege führen, welche trotz aller Heiligkeiten in diesem Land nicht einmal beim Jüngsten Gericht entschieden sein werden. Und dies alles nur, weil die ersten Wilden zumeist nichts anderes als Fluchnamen,

Schimpfworte oder Verächtliches für ihre unmittelbare Umgebung für sinnvoll hielten.

*

Das Überetsch ist mit Ausnahme der überall sich dahinziehenden Weinreben eine unfruchtbare, öde Landschaft. Voll Bewunderung muss man anerkennen, dass schon vor mehr als zwei Jahrtausenden die Eingeborenen herausfanden, dass hier nichts anderes gedieh als diese betörenden Beeren. Es erstaunt, dass die Menschheit mehr als eine Million Jahre brauchte, um vom Steinkeil loszukommen und wie rasch der menschliche Geist die Kombination dieser roter Beeren mit Saufen und Rausch gleichzusetzen imstande war. Die Überetscher essen viel, feiern noch mehr und trinken am allermeisten.

*

Nicht weit von Bozen entfernt liegt Eppan mit seinem Schloss Moos-Schulthaus. Hier kann sich der Interessierte an mittelalterlicher Pornographie laben. Nackte Mädchen sammeln Phallus-Früchte, dreschen sie, legen sie in die Körbe und entsorgen sie. Einige streiten sich sogar darum. Über Jahrhunderte blieben sie dick übertüncht den Blicken der Menschen entzogen. Sonst gäbe es sie wahrscheinlich nicht mehr. Genauso sehenswert sind die Fresken des „Katzen-Mäusekriegs" bei dem Mäuse die Katzen erfolgreich verjagen.

In der Nähe liegt dazu noch die Burgkapelle von Hocheppan, weltbekannt für die erstmalige Darstellung einer Knödelesserin. Schon bei Christi Geburt soll sich derartiges zugetragen haben. Bei der Hochzeit von Kanaan dagegen verspeiste man Würste.

*

Leifers, unterhalb von Bozen, ist eine junge Stadt. In den Vororten ist sie gleich dicht bebaut wie im Zentrum. Ziehst du Fremder die Reiseführer zur Hand, wirst du mit Genugtuung feststellen, dass es dort überhaupt keine Sehenswürdigkeiten gibt; in einem Land mit so vielen eine wohltuende Erscheinung, fast schon ein Grund dorthin zu fahren. Nur bei Sesselbrunn soll sich aus irgendwelchen Grund der „Eselsbrunnen" befunden haben, auch „Häselin Brunnen" genannt. Nach alter Volksüberlieferung schlugen sich hier in einer Schlacht vor Jahrhunderten die Bajuwaren und die Langobarden die Köpfe ein. Aber das ist alles nur eine Vermutung der Reiseführer.

*

Der Bozner Dom baut sich auf liebevoll zurechtgestutzte rote und gelbe Sandsteine. Der Kirchturm selbst bildet dadurch ein Meisterwerk, dass es ihn überhaupt noch gibt. Er sticht unendlich hoch in den blauen Himmel, dass man über Jahrzehnte aus Angst, der Turm könnte dadurch zu Fall gebracht werden, nicht wagte die Glocken zu läuten. Im Innern sieht man wie anderswo eine Modeschau der Heiligen. So entdeckt man die heiligen Siebenschläfer, welche von Häschern eingemauert, unglaubliche 195 Jahre schliefen, bis man sie wieder entdeckte. Schon allein dies rechtfertigte ihre Heiligsprechung. Friedrich Pacher malte in starken Farben die heilige Plappermuttergottes. Sie soll unartige Kinder zum Sprechen bringen. Von was lebte die Hohe Geistlichkeit in all den Jahrhunderten, wird mancher Uneingeweihte fragen? Dem sei angeraten im Dom das Weintürchen zu besuchen. Hier verkauften eifrige Diener Gottes ihren selbst gepanschten Wein, welchen sie hochpriesen, unterschied er sich von jenem des allgemeinen Volkes durch seine spürbare Heiligkeit.

*

Die Stadt Bozen ist berühmt wegen seines Speckfestes und seines Christkindlmarktes, die man den Kaufleuten zur Genugtuung, - der fortwährenden Geschäftstätigkeit als ihrer einzigen bedeutenden Beschäftigung - hier ansiedelte. Die von Geschäften übervollen Lauben sind eine Aneinanderreihung rechteckiger, schuhschachtelähnlicher Häuser welche sich lang genug dahinziehen, um jeden in einen Hauch von Melancholie fallen zu lassen. Sonne fällt dort nie hinein. Das enge Gässchen wird in der Mitte deswegen so schlecht gepflastert, um das schöne Geschlecht möglichst nahe an die vornehm ebenen Marmorflächen der gierig einladenden Geschäftsvitrinen vorbeizuführen.

Im Glauben der meisten Leute liegt der Reiz vieler dieser Orte nicht in ihrer glorreichen und erhabenen Geschichte, auch nicht in den modernen und lehrreich mit viel Plastik und Plüsch aufgebauten Museen, sondern tausendfach mehr darin, wie lüstern die Männer den vielen jungen und scheinbar mit ihren Telefonen viel beschäftigten Gören nachschmachten können, während die angehängten besseren Hälften sich an jedem Fetzen-Geschäft die Augen herausschauen und verzweifelt versuchen, ihre unaufmerksamen Begleiter in die Geheimnisse der Modewelt einzuweihen. Trotzdem schaffen sie es zumeist nicht, dem Geheirateten trotz milchmädchenhafter Augen klar zu machen, dass vieler dieser Kleidungsstücke, mit all den durchgestrichenen Preisen und horrenden Abschlägen fast gar nichts mehr kosteten und sofort zu kaufen wert wären. Übersteigt doch das Gewicht vieler dieser winzigen Nichts bei Weitem den Gegenwert des Goldes.

*

Als Kostbarstes in der beklemmend entzückenden Stadt Bozen gilt eine verschrumpelte vereiste Leiche, welche man pflegt und hegt, wie es sich keine Jungfrau und kein Politiker besser wünschte. Jeder muss ihm einen Besuch abzustatten, sonst ist er nicht dort gewesen.

Gemocht hätten ihn viele, aber durch einen geschickten Raubzug – wie oft in der Geschichte – kam „er", der „Mann aus dem Eis", von allen liebevoll „Ötzi" genannt, gerade hier zum Liegen.

„Interessiert es dich nicht, zu sehen wie „er" untergebracht ist?" scheint jeder dem anderen lüstern zuzuflüstern. Die Leute lassen dir keinen Zweifel, wie sehr sie davon überzeugt sind, welch ein Vergnügen, „Ötzi“ empfindet, von allen bewundert zu werden, glauben sie doch, dass es der Menschen ureigenster Trieb sei, nach Berühmtheit zu streben. In ihren Augen ist er nie hingegangen, lebt er doch in seiner Art und Weise zwischen den Lebenden. Wie viele aus ihrem Volke wünschten aus ganz schäbigen Herzen nach ihrem Ableben, einmal so ausgestellt zu werden wie er!

Eigens haben sie für ihn ein Haus in bester Bozner Stadtlage ausgesucht und prunkvoll und teuer, wie einem großen Herrscher gebührend, hergerichtet. Sie haben alles nur Erdenkliche für den Toten getan, um ihm Menschlichkeit einzuhauchen. Und nun zeigen sie sich so stolz auf ihn, als handle es sich um den idealen Schwiegermuttertypen. Oder den guten Onkel von nebenan, dem treuen Saufkumpanen in der Bar.

Es ist zwar kein mit hunderten Kilo Gold aufgewogener Pharao Tutenchamun, keine Goldmaske aus Schliemanns Trojaschätzen, kein funkelnder Schatz von El Dorado. Aber dieser Kerl ist trotzdem wie Gold. Er bringt Geld und Geschäft. Ein reichhaltiger Geldsegen - aufgebaut auf Leichengeruch und Todesgrinsen – verfolgt dich in dieser Stadt auf Schritt und Tritt.

„Hic gaudet mors succurere vitae“ zu Deutsch „Hier erfreut sich der Tod dem Leben zu Hilfe zu eilen“, wurde zu ihrem Leitspruch und sie scheinen recht zu behalten, berennen doch die Schaulustigen in Massen diese neue Attraktion. Eine eigenartige Verzauberung hat diese Stadt fest in der Hand: Sein toter Körper hat sich in lebendes Geld für die Nachgeborenen verwandelt. Das pralle Leben gewann den Toten schnell zum Freund.

*

Diese Stadt soll mittlerweile ein fürchterlicher Fluch erfasst haben. Die Einheimischen erzählen es allen mit tiefem Ernst und beträchtlicher Furcht. Ötzi schlug zurück wie es niemand erwartet hatte. Er tat es so geheimnisvoll und betörend wie ein duftendes Parfüm, das sich überall ausbreitete, sodass dessen Gefahr niemand auf Anhieb erkannte.

„Der Tod wird jeden auf lautlosen Schwingen ereilen, der die Ruhe des Pharaos stört!" Diesen Fluch hatte man, in Hieroglyphen geschrieben, in der Grabkammer von Tutenchamun gefunden. Und es hat sich als Wahrheit herausgestellt. Und nun passiere mit ihm das gleiche. Hier in Bozen vergleichen sie ihn schon mit den schlimmsten Massenmördern der Geschichte, stellen ihn auf eine Stufe mit Jack the Ripper oder den obskursten Gestalten, die je diese Welt betraten wie Grigori Jefimowitsch Rasputin. Wie ein böser Geist tollt dieser Eismensch in ihren abergläubischen Gehirnen herum und verdreht den vielfachsten Menschen den Kopf.

*

Ein findiger Bozner Gelati-Mann bietet „Ötzi-Eis", hergestellt aus Karamel und Pignoli an. Es ähnelt der Hautfarbe des Kadavers in allen Belangen. Andere locken wieder mit Ötzi-Bier und Ötzi-Pizza, übersüße Ötzi-Gelees gibt es in den Farben gelb, grün, orange und schwarz. Von Ötzi-Schlüsselanhängern grinst er als Konterfei herunter, er prostet auf Weinflaschen zu, sie heißen dich ötzibraunen Speck hinunterzuwürgen. Selbst ihre Künstler nehmen die Leiche in Beschlag und machen ihn zum Teil ihrer Kunst. Im Spekulantentum des Todes lassen sich leicht die Umsätze in glühend-gierige Atmosphären treiben. Die Leiche war zu einem Spiegel geworden, in dem die Lebenden sich ungeschminkt betrachten können.

*

Jeder muss diesen Untoten besichtigen. Im schmucklosen Gebäude, in der vorher schon so benannten Museumsstraße, stehen die Neugierigen manchmal stundenlang, um schlussendlich einen kurzen Blick auf die noch schmucklosere Leiche zu erhaschen. Sie zahlen gerne den Eintritt, um ihr Gewissen reinzuwaschen, dass alles rechtens sei. Dort wo man ihn untergebracht hat, haben findige Kuratoren mit höchstem Können erreicht, die normal Sterblichen behutsam in das Reich des Todes einzuführen. Zuerst kommt man an aufrecht stehenden Grabsteinen aus uralter Zeit vorbei, auch an allerhand anderem Krimskrams schon vor Jahrtausenden verstorbener Menschen, so als hätte jemand versucht einen lückenlosen Stammbaum bis nahe an Adam und Eva heranzuführen. Es handelt sich immer noch um Dinge, die man anderswo genauso zu sehen bekommt, vielleicht für weniger Geld noch mehr.

Eigentlich interessiert man sich für all dies nicht besonders. Das Herz pocht voll Erwartung so schnell wie möglich Augapfel an fehlendem Augapfel mit ihm zu stehen. Doch das geht nicht. Wie in heißer, öder und abstoßender Wüste quält man sich wieder und immer wieder an langweiligen Dingen vorbei, welche in den verschiedensten Vitrinen verstreut herumliegen.

*

Dann endlich steht man in der Menschenkolonne am Vorhof des Todes. Ihre besten Wissenschaftler und Architekten haben im Zentrum des Hauses einzig und allein für ihn einen eigenen Raum errichtet, so als gelte es dem Herren des Zaubers ein dauerhaftes Atelier zu verschaffen.

Die Palisaden verengen sich um jedermann peinigend durchzuschleusen. Es hat sich als offenkundig erwiesen, dass mehrere Menschen nicht gleichzeitig friedlich ihre fröstelnde Andacht an der Aufbewahrungsstätte dieses Leidenden zu vollbringen imstande sind. Der dumpfe Stahl verhindert einen ungezwungenen Blick auf das Innere und überbeansprucht das Gemüt. Voll Andacht und Ergriffenheit steht man nach stundenlanger Warterei vor einer notdürftig erhellten Kühlzelle aus nicht rostendem Stahl, die sie mit abschreckendem Geschmack errichtet haben und presst sein Gesicht gegen das allzu klein geratene Guckloch. Wie bei einer Peep-Show soll es erlaubt sein einen lüsternen Blick auf ihn zu werfen.

Einige Besucher schauen ihn nur flüchtig an. Vielleicht sind sie aus Filmen härtere Sachen gewöhnt. Andere verfallen wiederum in Zeichen offensichtlicher Bewunderung, so wie man einen großen Meister betrachtet, wie Leonardos Mona Lisa, oder die Venus von Milo:

„Welch ein Anblick!" „Wie schön!" „Welch erhabener Gesichtsausdruck!" „Welch ursprüngliche Würde!" rufen sie aus. Man kann diese Leute nur beneiden, an was sie sich alles begeistern können. Wahrscheinlich wirkte dieser Mann bei lebendigem Leibe bei weitem niemals so ausdrucksvoll als jetzt im Tod.

Wie eine Packung Tiefkühlstrudel liegt er da. Man hatte nach langwierigen Untersuchungen herausgefunden, dass angenehm klirrende sechs Grad Kälte und nahezu 100 Prozent Luftfeuchtigkeit für ihn augenblicklich am Zuträglichsten seien. Den Lichtern entziehen sie durch die modernsten Spezialfilter alle ultravioletten und infraroten Strahlen. Durch ein auf neueste Errungenschaften aufgebautes Thermosystem verhindern sie die Bildung einer Eisschicht. Darauf liegt er auf einen nüchternen, nicht rostenden Operationstisch, so als käme der erwartete Arzt nie. Dergestalt liegt er auf kaltem Präsentierblech mit seiner die Leute begeisternden Boxernase und kann sich von selbst nicht mehr erwehren.

Einige machen sich im Geist Mühe diese vertrocknete Gestalt zu beschreiben. Der dürre Körper, die glanzlose Glatze, die braun gepökelte Haut, welche sich eng über die Backenknochen spannt, die hohlen Augen, die eingedrückte Nasenspitze, die Hasenscharte an der Lippe als typisches Markenzeichen, das versteinerte Lachen, die witzige Armbewegung.

Viele der Besucher überkommt Trübsinn und Gedankenschwere, andere schluchzen und stöhnen, als stünden sie vor dem Grab des Erlösers. Einige scheinen sogar ein klein wenig Anteilnahme zu empfinden, dass sein Mörder noch immer irgendwo frei herumläuft. Liebevoll sorgende Familienväter bläuen ihren Zöglingen bedenkenlos ein:

„Schaut her, so schlimm ist es gar nicht mit dem Sterben. Der Mensch ist zwar tot, aber alles funktioniert noch."

All diese traurige Stimmung berührt den neugierigen Schaulustigen dergestalt, dass er ungebührlich und respektlos noch einmal hineinschauen will. Wieder und immer wieder, um seine überschäumende Neugierde zu bekämpfen, und das Wesen des Todes zu erfassen. Bis er Jedem wie ein alter Freund vorkommt, wie der verlotterte arme Kumpel von nebenan. Doch da stößt einem schon der nächste ungeduldig Wartende rüpelhaft weiter.

*

Zwar fallen jede Woche einige Personen in der stickigen Luft des Museums in Ohnmacht, aber es ist schwer, wenn nicht gar unmöglich, herauszufinden, ob es daran liegt, dass die Mumie die Menschen mit seinen eingetrockneten aber immerhin noch klar erkennbaren blaue Pupillen zu bös anstarrt oder, ob sie an jenen vorgeführten Filmsequenzen schaudern, bei denen hochrangige Experten den Leichnam aus dem Eis herausmalträtieren.

Von all dem Folgenden fühlen sich viele wieder wohltuend enttäuscht.

„Das ist der Köcher, dort liegt der abgebrochene Bogen, in diesem Kasten die Schuhe, in jener Box der Rest, alles ist vom Alter verfärbt und braun," hört man den Führer zum tausendsten Mal erklären. Dazwischen gibt er sich intensiv mit einer kitschige Nachbildung dieses Mannes ab. Überall haben sie in die Vitrinen Sehenswürdigkeiten und scheinbare Wunder hineingestopft. Für viele der Besucher wird es sehr schnell zuviel.

So steht er nun da und überdauert mit einem inneren Geist, der nun mächtiger geworden ist, als jener der meisten Menschen, die Zeit. Es war als würden die Menschen jenes Gespenst, das sie nichts ahnend erweckten nicht mehr los. Seine Augen glotzen nun jeden mit einem teuflischen Feuer an. Seine bösartigen Verfluchungen, der Hauch des Zaubers, der sich über alles zu legen scheint, möge Dich Fremder zum Nachdenken anregen, inwieweit in diesem Lande das Wahre wahr, das Dasein wirklich und der menschliche Verstand die einzige Richtschnur dieser Welt, in der sie leben, darstellt.

Dergestalt kann man die heilige Aufbahrungsstätte wieder verlassen und wie ein Buchhalter Bilanz ziehen. Das Konto gleicht sich aus, in Bozen gibt es nichts mehr zu sehen. Aber: Die erhabene Schönheit dieser Leiche muss man begutachten. Hier ist kein Werbespruch übertrieben.

Der Chronist beschreibt das Burggrafenamt. Das Heer der Apfelbäume. Die Armada der Blauschürzenträger. Der hundertjährige Lustgreis von Schloss Rundegg. Reisekataloge als einzige Literaturform. Das heiligste Tal Passeier. Die kranke Stadt Meran. Peter Mitterhofer, der Erfinder der Schreib- und Lachmaschine.

Von Meran über das Burggrafenamt bis hinunter ins Etschtal stehen wie stramme Soldaten tausende von Äpfelbäumen in Reih und Glied. Über viele Kilometer betört ein einziger Garten, mit Lot und Senkblei gesetzt, täglich begossen, geschnitten und kastriert. Hier waren unübertreffliche Künstler am Werk, welche es schafften, alle Bäume gleich hoch, gleich dick und mit gleich vielen Ästen wachsen zu lassen.

Die Bäume sind angepasst, die Äpfel pausbäckig, genauso die Bewohner dieses Tales. Alles strahlt Unterwürfigkeit aus, hündische Ergebenheit wohin man blickt. Wie die Menschen, so die Bäume. Nur die Hunde kläffen und stänkern, wenn man sich diesen Lustgärten nähert. Einst war hier alles versumpft und gehörte einem Königreich der Frösche. Diese Sehenswürdigkeit gibt es nicht mehr.

Das Klima ist mild, der Boden vulkanischen Ursprungs, das Wasser fließt reichlich, und die Gegend ist gezwungenermaßen deswegen sehr fruchtbar. Die Ernte wird in Wagonladungen gemessen und reicht an manchen Jahren durch halb Europa. Bei dem, wie alle Äpfel gleich schmecken, wäre sicherlich kein Adam mehr aus dem Paradies vertrieben worden.

*

Für gewöhnlich tragen die kleinen Bauern dieser Gegend blaue Schürze mit allerlei aufgedruckten geistreichen Sprüchen, wie „lustig und ledig!“ oder „mir sein stark!“ Allerdings gilt das nur daheim am eigenen Tisch. Kommen diese Herren jedoch zu anderen, bei denen sie annehmen, es handle sich um Höhergestellte oder gar Beamte, machen sie sich so winzig, als glaubten sie, man könnte sie damit übersehen und ducken sich noch dazu, als wollten sie sich ganz und gar unsichtbar machen. Meinen sie doch, dass Herren eben Herren sind und man diese schon deswegen anerkennen müsse.

*

Wer sich nach den Sehenswürdigkeiten des Burggrafenamtes erkundigt erhält die Antwort, dass diese folgende seien: Schloss Tirol, weil es ein totes Monument sei, das auf trügerischem Grund stünde. Die Landesfürstliche Burg in Meran, weil sie es heute nicht mehr sei. Schloss Rundegg, weil dort noch Hundertjährige zeugungsfähig blieben. Dazu Schloss Rametz wegen eines unbekannten Schriftstellers, Schloss Trautmannsdorf, wegen seiner Südseepalmen. Dazu nennen sie noch viele Ruinen, welche einst sehenswerte Schlösser oder Burgen waren. Der Burgen-Interessierte erfährt hier alles was er über Ritter und andere Haudegen wissen muss. Hier wird von vergangenen verängstigten Burgherren erzählt, die hinter kalten Gemäuer abgeschieden lebten. Die Dorfbewohner durften nicht hinauf, die Herrn wagten sich nicht herunter. Die Burgherren hatten sichere Wohnsitze dringend nötig, um Steuern einzutreiben

und ihre Untertanen zu drangsalieren. All dies macht unbeliebt und einsam. Derart einsame Geschichten verbreitet man heute noch. Der Bau all dieser Burgen wurde innerhalb weniger Jahrhunderte abgeschlossen. Danach kam nichts mehr. Hier lebte ein überheblicher Dinosaurier-Adel, welcher davon ausging, dass für alle Ewigkeit das Geschehen sich so abspielen musste, wie sie es in ihren Gehirnen erdachten. Als sie merkten, dass es nicht so war, waren sie schon ausgestorben.

*

Die Landesfürstliche Burg in Meran ist interessant, weil es hier dem leutseligen Erzherzog Sigmund mit den stärksten Männern der Umgebung seine Ringkämpfe auszutragen beliebte. Keine Chronik nennt wer wen versohlte, und wer überhaupt ohne Angst gewinnen durfte. Das „Kaiserzimmer" wird von den Fremdenführern gern gezeigt. Es stellt die berühmtesten Könige der Weltgeschichte in einem bunten Eintopf dar und zwar: König David, Hektor, König Artus, Gottfried von Bouillon, Kaiser Karl der Große, Julius Cäsar und Alexander der Große.

Schloss Rundegg bei Obermais verdankt seine Berühmtheit Baron Bernhard von Paravicini. Er wurde 104 Jahre alt, was an und für sich für das 18. Jahrhundert nicht schlecht war. Mit 82 verehelichte er sich zum vierten Male. Die Glückliche hieß Anna von Zinnenberg, war 18 Jahre alt und schenkte ihm in 22 glücklichen Jahren noch sieben Kinder. Das letzte kam 1770, einen Monat nach des Zeugungsfreudigen Tod zur Welt. Paravicinis älteste Tochter aus erster Ehe, junge 80 Jahre alt, soll Geburtshilfe geleistet haben. Kein Wunder, dass solch ein biologisches Wunder auf das gesunde Klima dieser Gegend zurückgeführt wurde und weidlich bis heute den Touristen schmackhaft gemacht wird.

*

Stolz über Meran thront Schloss Tirol, das ruhmreiche Herzstück des ganzen Landes. Hier bröckelten schon die Mauern, als Kolumbus 1492 den ersten Indianern die Schädel kürzte und Weltumsegler Ferdinand Magellan durch einen vergifteten Pfeil ums Leben gebracht wurde. Schon lange vorher, im 11. Jahrhundert, verpuppten sich die erfolglosen Grafen von Vinschgau zu Raupen und schwirrten als ausgewachsene Schmetterlinge unter dem Namen „Grafen von Tirol" plötzlich daher. Nur die Götter - nicht die Archäologen – mögen wissen ob der erste „Tirol" Gerung hieß, Bertold, oder bloß Sepp. Auf jeden Fall lehnten es die herrschenden Bischöfe ab, ihn für einen echten Gott oder gar für einen Heiligen zu halten.

Listig genug dürfte er gewesen sein, grub er ihnen doch bald das Wasser ab. Plötzlich hieß die Burg so, das Dorf so, das ganze Land nur mehr Tirol, durch ein Missgeschick der Geschichte nicht der ganze Kontinent. Die Grafen wurden zu vornehmen Leuten und einem noch vornehmeren Geschlecht, das nicht mehr arbeitete, sondern von den natürlichen Erträgen des Landes lebte. Das waren seine fruchtbar sprießenden Menschen.

Sie lebten weiterhin in einfachen Hütten, kleideten sich ärmlich und hungerten viel, damit die Grafen nicht darben, sondern fett blieben, und starb einmal einer dieser Armseligen ohne Kinder zu hinterlassen, gehörte der Besitz wieder dem Landesherren. Welch anderes Volk arbeitete nach harter Arbeit auf den Feldern und Äckern so oft und liebend gerne für die halsabschneiderischen Grafen umsonst? Wer ließ sich die Gämsen, Hirsche, Rehe so leicht abknöpfen, damit die Fürsten sie alleine jagen konnten, während die Untertanen hungerten? Und trotzdem: Wer war in all den Jahrhunderten so treu und schicksalsergeben ihren Herrschern gegenüber wie die Tiroler? Regte sich einmal einer der ihren Leute auf, gab es andere zuhauf welche ihm ohne Gewissensbisse den Schädel einschlugen. Die große Masse war immer schon blind und hörig – und daran wird sich niemals etwas ändern. Eines ihrer berühmtesten Lieder singt sich so: „Lästern uns die Feinde auch, Treue ist Tiroler Brauch."

Untrennbar verbunden ist dieses Schloss Tirol mit einer Gräfin, Margarethe Maultasch mit Namen. Sie ist in ihrem Land jedem Kinde geläufig, wurde sie doch so hässlich dargestellt, dass dies allein schon ausreichte, um sie in die Geschichte eingehen zu lassen. Ob sie eine der wenigen Lichtgestalten der Tiroler Geschichte war, ist nach so viel Vergangenheit für den Chronisten schwierig feststellbar - lebte sie doch im 14. Jahrhundert – aber bei soviel Hässlichkeit bei einer Frau kann angenommen werden, dass sie sehr weise gewesen sein muss.

*

Der botanische Garten bei Schloss Trautmannsdorf bei Meran ist einzigartig. Sogar mehr als das. Der schöne Palast schmiegt sich an das steile Gelände, als hätte er fortwährende Angst herunterzufallen. Die Gärten sind nach den modernsten Grundsätzen der Landschaftsplanung entworfen und voll von seltenen Pflanzen, die es hier in diesen kalten Bergregionen eigentlich gar niemals geben dürfte. Es wachsen Cycadeen und Palmen, Begonien und Betunien. Es gibt kleine Bäche und niedliche Sitzbänke. So könnte man sich das Paradies vorstellen. Überraschenderweise wurde es von Menschenhand geschaffen.

*

Die überragenden Reize des Burggrafenamts äußern sich dem Fremden erst richtig, wenn er zu Hause in die vielen Hochglanzprospekte versinkt. Schloss Rametz oberhalb von Meran wäre eigentlich berühmt als Wohnstätte des unbekannten Erzählers und Zeichners Fritz von Herzmanovsky-Orlando. Am 27. Mai 1954 segnete er hier das Zeitliche, erst einige Jahrzehnte später wagte man es, einige seiner phantastischen Erzählungen wie "Das Maskenspiel der Genien" zu veröffentlichen. Er erzählt, wie verruchte Reiseandenkenhändler in Venedig gutgläubigen Touristen Schnittmusterbögen als vermeintliche Stadtpläne verkaufen. Die Fremden irren herum auf der Suche nach ihren Absteigen, und werden Jahre später skelettiert und vermodert in irgendeiner unzugänglichen Straßenenge gefunden. Herzmanovsky-Orlando hätte hier wohl besser getan, einige Meter außerhalb sich von dem einen oder anderen Hotel einen ihrer verführerischen Glitterkataloge zu borgen. Ihre Kaschemmen verändern sich in den Prospekten plötzlich zu völlig unbekannten Traumbauten, die Landschaften zu nicht existierenden Spiegelbildern und die Beschreibungen zu Fantasieromanen. Für die Literatur dieser Gegenden sind diese Touristenprospekte in Wort und Bild unentbehrlich, für die zeitgenössische sogar die einzige Quelle.

*

Für dieses heilige Land Tirol heiliger als alles ist das Passeiertal. Hier lebt heute noch Andreas Hofer oder richtigerweise, der Mann ist tot, aber sein Dasein lebt in alle Zukunft weiter. Man fühlt sich wie in Mekka. Überall hängen die gleichen Bilder dieses furchtlosen Gotteskriegers. Seine grüne Joppe mitsamt seinem rotem Brustfleck und seinem langen Bart sind zu seinem Huldigungsbild geworden. In einer Erinnerungskapelle zeigen Fresken aus dem Befreiungskrieg anno 1809, mit hunderten von harmlos dreinschauenden kriegerischen Bauern im Sonntagsanzug, was für Helden sie alle waren. Sogar sein Gasthaus, den „Sandwirt" gibt es noch. Hier soll er gesoffen und sich seinen Schmerbauch herangezüchtet haben. Nicht viel davon hat sich geändert. Die Kneipe lädt heute noch ein: „Geeignet für Jubiläen, Familienfeiern, Firmenessen, Jahrgangessen, Törggelen."

Seine Devotionalien dagegen hat man im früheren Stall untergebracht und sie können dort gegen Entgelt besichtigt werden. Einige sind ergreifend, legen sie doch ein beredtes Zeugnis vom kriechenden Sinn vieler dieser großen Helden ab. Wie sie ihre Kaiser anbeteten, ihnen alles recht zu machen versuchten, hündisch ergeben mit ihren Schwänzen wedelten. Es gibt kein Volk, dem „Ehre und Treue bis in den Tod" und noch darüber, so viel bedeutete wie diesem. Mochte man ihm in den Hintern stoßen,

Versprechen und Verträge brechen, die österreichischen Kaiser hundertmal Verrat begehen, die Tiroler entdeckten ihrerseits immer eine Entschuldigung, warum das Versprochene nicht eingehalten zu werden brauchte. Und damit überwanden sie zufrieden die Zeit bis zum nächsten Treuebruch.

Ehrfürchtig verharrt man vor Andreas Hofers abgefegten Rosenkranz, seinem Schneuztuch, der Joppe, den Sporen, einem Silberring und allerhand anderem Krempel. Die Leute hatten immer schon einen besonderen Geschmack bei der Auswahl ihrer Reliquien.

*

Diese Täler waren eigentlich immer schon gegen alle Fremden. Deswegen schlugen Andreas Hofers Mannen ihnen die Köpfe ein. Nun allerdings haben diese Täler lernen müssen, von diesen Fremden zu leben. Das wäre sicherlich erschütternd und furchtbar, wenn es nicht gleichzeitig so lohnend und ertragreich wäre. Sie bieten unter dem trauernden Blick ihres aufgehängten Andreas Hofer jetzt bayrische Müsliriegel und Haferflocken und dazu noch französische Croissants zum Frühstück an und öffnen bereitwillig Haus und Hof für alle über sie herfallenden Bayern und Franzosen.

*

Die Trachten sind bis auf heute geblieben, besonders wenn Touristenzeit ist. Dann irren die Eingeborenen in fasanenhafter Pracht durch die Landschaft. Jedes Dorf ist stolz darauf eine eigene zu haben. Daran kann man die Menschen unterscheiden. Die riesenhaften Hüte wirken wie große Segelflächen, und genau das passiert, wenn wirklich ein laues Lüftchen aufkeimt. Dass darin ein zu kleiner Kopf steckt fällt einem erst bei näherem Hinsehen auf. Auf ihre fetten Lederhosen streichen sie sämtlich Dinge, derer sie sich entledigen wollen. Im Laufe der Zeit kommt einiges zusammen. Das machen sie solange, bis sich eine kunstvoll glänzende dicke Schicht auf ihrer Lederhose bildet. Für gewöhnlich wechseln die Einheimischen ab dem Zeitpunkt des Erwachsenseins bis zum Tod und manchmal noch in die Bahre nie mehr diese Kapotten.

*

Über allem thront die Stadt Meran, die selbst ernannte „Perle Tirols". Meran ist ein riesiges Krankenhaus, nur darf es keiner merken. Die meisten sind gezwungenermaßen hier. Es handelt sich zum größten Teil um Kranke und Invalide. Sie werden von verschiedensten Zivilisationskrankheiten geplagt, haben Gelenkschmerzen und Arthritis, Rheuma und anderes mehr. Wo selbst in solch hohem Norden, neben diesen hohen Bergen noch Palmen blühen, klammern sich die vom Leben gezeichneten und Abgerackerten wie an einen Strohhalm im Wasser.

Deshalb flanieren durch Merans Alleen und Promenaden übergewichtigkranke, fettgepolsterte Frauen mit ihren schweren wogenden Busen, welche so groß wie das Meer scheinen und schon von weitem die Unbeteiligten seekrank machen. Sind vielen dieser Retortendamen ihre geistigen Fähigkeiten abhanden gekommen, oder waren niemals vorhanden, dann glauben sie felsenfest, es genüge mit dem Hintern zu wackeln, um Bildung vorzuweisen. Wie viele dieser Matronen halten ihren überarbeiteten noch kränkeren Möchtegern-Millionär fest umklammert, als hätten sie Angst, er könnten jeden Augenblick davonlaufen. Wie viele dieser Männer täuschen noch letzten Reichtum vor und wissen nicht recht wie sie der Gattin ihre missliche Situation beibringen könnten. Haben manche noch ihre Tochter mit, kann man mit Grausen erahnen, dass das Schicksal des Lebens das junge Mädchen sich in ein paar Jahren ihren Eltern auf Haut und Haar anpassen lässt. Oder sogar im Zuge der Evolution ihre Erzeuger noch übertrifft. Zum Glück haben des Mägdleins Liebhaber nur den Augenblick im Auge und nicht die Zukunft.

Unzählige Künstler und Schriftsteller beglückten diese Stadt mit ihrer Anwesenheit.

"Dieser Aufenthalt in Meran ist für mich gleichbedeutend, das süßeste und traurigste, was mein Herz bisher ausgestanden", notierte der Schriftsteller Arthur Schnitzler.

„Mir geht es hier gut, wenn ich nicht schlaflos bin, aber ich bin es sehr oft und sehr arg. Vielleicht ist die Bergluft daran schuld, vielleicht anderes.“ Dermaßen erregte sich Franz Kafka im Frühjahr 1920. Schlaflos war er hier die meiste Zeit.

„Wann wird man endlich die verkehrte Welt ein wenig gerade richten? Bei Tage geht man mit ausgebranntem Kopf herum - es gibt hier überall so schöne Ruinen auf den Bergen und man glaubt, man müsse auch so schön werden“, ergründete er weiter und kam trotzdem wie immer zu keinem Ergebnis.

*

Lana hat eine berühmte Pfarrkirche und im Inneren noch einen berühmteren Altar. Wie bei einem Kasperltheater stehen fünfunddreißig aus Kastanienholz geschnitzte Gesellen herum und sind so lebendig, als könnten sie jederzeit aufstehen, um dich Störenden zur Ruhe zu mahnen. Alle tun irgendetwas. Die einen wollen kopfüber heruntertauchen, die anderen halten verbissen an ihrem Schwert fest, ein Jesu Kind lernt lesen, große Herden von Heiligen und Märtyrern umrahmen den Altar und überall herrscht Feierstimmung. Ein großer Künstler, Hans Schnatterbeck, erdachte sich diese heilige Gesellschaft.

*

Der Chronist würde es jetzt vorziehen einige Sterne dieses Landes zu nennen und zu rühmen. Eine Eigenheit dieses Volkes ist ihr zäher Glaube, alles erfunden haben, was die Menschheit nur irgendwo hervorgebracht hat. So erfand Peter Mitterhofer aus Partschings die Schreibmaschine und nicht der Amerikaner Henry Mill. Er erfand sie im Gefängnis. Weiters erfand er eine Schubkarre, die sich sehr einfach in eine Rückentrage umfunktionieren ließ, sowie eine hölzerne kurbelbare Waschmaschine und auch noch den Fleischwolf. Leider glaubte man es ihm nicht.

Weiters baute er als erster die „Lachmaschine“, sodass die Presse nur spotten konnte, jetzt fehle nur noch seine „Denkmaschine“. So sei erlaubt auf den Spruch auf seinem Grabstein hinzuweisen, wo man nach seinem Tod der Welten Ungerechtigkeit anprangerte:

„Die Anderen, die von ihm lernten, durften die Früchte seines Talentes ernten.“

Aber ihm ging es wie vielen anderen. Er bettelte um Brot und Anerkennung und am Ende gaben ihm die Menschen einen Stein und glaubten damit ihr Gewissen rein gewaschen zu haben.

Der Tiroler Simon Stampfer erfand die Filmkamera und nicht Jean Louis Lumiere, Johann Kravogl den Elektromotor, Max Valier die Weltraumrakete. Beim Basteln derselben beförderte er sich allerdings ins Jenseits. Alois von Negrelli erbaute den Suezkanal, Ferdinand Lesseps stahl ihm bloß den Ruhm. Und bei all dem, was sie nicht erfanden, rechtfertigten sie sich, dass dies nicht möglich gewesen wäre, weil es schon jemand früher entdeckt hätte.

Der Berichterstatter beschreibt, warum geistreiche Köpfe sich im Vinschgau gegenseitig fertig machen. Lügenkurse und Lügenlandtag. Wenn Narren lang leben, werden sie alt. Die letzte Stadt. Vom Mäuseprozess. Der heilige Schaukler. Ein vergessenes Bilderbuch. Endlich das Ende der Welt. Der Mäuseprozess von Glurns.

Der Vinschgau ist bekannt wegen des harten Laaser Marmors, eines zähnebrechenden, trockenen Schüttelbrotes und als Fundort einer zähen ausgetrockneten Mumie, dem Ötzi.

Er gilt als das trockenste Tal der Alpen. Die Vinschger halten sich für kreative Köpfe. Dass man trotzdem nicht viel davon sieht, liegt daran, dass sie ihren Ideenreichtum immer einsetzten, um sich gegenseitig fertig zu machen. Viele in das Tal Reisende stellten nach einiger Zeit fest: "Die lügen immer, die Vinschger". Was wiederum von den Fremdenverkehrsfachleuten gehörig ausgeschlachtet wird. Hier handelt es sich um eines der vielen Lügenmärchen über dieses Volk, weil das Lügen trotzdem zu den höchsten Geistesleistungen des menschlichen Verstandes gehört. Auf jeden Fall sollen in vergangener Zeit hier sogar Lügenkurse veranstaltet worden sein, und sogar einen Lügenlandtag soll es gegeben haben.

Hier ist es genauso wie in anderen Tälern: Die Menschen werden geboren, schlafen, trinken, essen, schnarchen, machen Liebe, weil es auch die anderen tun, Fernsehen, weil sie einen haben, kaufen Klamotten, weil es so viele Geschäfte gibt, die verkaufen wollen, lassen sich vom Friseur stylen, um aufzufallen. Dann endlich haben sie die Gelegenheit Gedanken darüber auszutauschen, und sich Gedanken über derartige Gedanken zu bilden. So erst entstehen hochgeistige Gespräche über diese Gedanken. Das zumindest bei den Frauen. Bei den Männern trifft dies nicht zu. Bei ihnen entstehen Gedanken erst beim Anblick eines prunkvollen Autos oder generell bei Dingen über Geld und Besitz. Der Weitergang der Gedanken ist allerdings der gleiche wie bei den Frauen.

Ihre Frauen verwelken wie die Blumen am trockenen Sonnenberg schnell oder erblühen überhaupt nur kurz. Die Männer ähnelten früher mehr oder weniger den Gämsen, welche ihre karge Kost unheimlich zäh macht. Da der Großteil der Zeit für Futtersuche aufgewendet werden musste, blieb den Leuten kaum Zeit, geistige Nahrung in erforderlicher Menge zu sich zu nehmen. Heute dagegen hat ein plötzlich hereinbrechender Wohlstand zu einer Veränderung geführt. Viele der Einheimischen bekamen Blähbäuche, die geistige Trägheit ist zum größten Teil geblieben. Nur wenige konnten sich dem entwinden. Diese allerdings kann man durchaus als Künstler bezeichnen.

*

Der Vinschgau ist für seine Kirchen berühmt, reichen sie doch in jene alte Zeit zurück, als viele der alten Heilslehren erst verjagt werden mussten. Du kannst hier keinen einzigen Blick tun, ohne dass dein Auge sich nicht an einer der tausend Kapellen oder Kirchen verheddert. Ihre Kirchen sind ein Gegenstück ihrer Seele. Je nach Jahreszeit hängen vor den Gotteshäusern Einladungen für das ganze Tal: „Faschingsball in Schlanders", „Preisschießen in Kastelbell", „Parteiabend in Plaus". Die Kirche wusste immer schon, mit was sich am besten Werbung machen ließ.

Bei Naturns steht eine derbe, auf altem Grund erbaute Kirche, St. Prokulus genannt. Eigentlich ist sie nur eine kleine Kirche, ein Kapellchen. Sie schaut sehr gebraucht und deswegen sehr hässlich aus. Das war nicht immer so, denn unterhalb der Kirche fand man ältere Mauerreste eines ganz gewöhnlichen Wohnhauses. Dem war kein langes Leben beschieden, denn um 600 n. Chr. brannte es mitsamt seiner Bewohnerin nieder. Das Gehöft wurde nie mehr wieder aufgebaut, dafür aber bestattete man nun hier allerlei andere Tote. Bis man es nahe liegend fand über soviel grauenhaftem Tod eine Kirche darüber zu errichten. Man versah sie mit Fresken – die ältesten im deutschen Sprachraum – wie alle Führer stolz vermerken. Besonders die Kinder bewundern sie heute sehr, wird doch, erstaunlicherweise für sie, ein Erwachsener auf einer Schaukel sitzend dargestellt, der „heilige Schaukler". Es soll sich um den heiligen Prokulus, Bischof von Verona, Viehpatron, Wasserheiliger und noch einiges mehr handeln. Seine Helfer schaukelten ihn auf seiner Flucht vor den Verfolgern einfach über die Stadtmauern herunter.

*

Über Jahrhunderte, wahrscheinlich Jahrtausende dümpelte das Schnalstal dahin. Der einzige Höhepunkt war, dass man tausende, bunt bemalter Schafe mit ihren Hirten zu Sommerbeginn über die höchsten Jöcher ins benachbarte Ötztal trieb. Und im Herbst wieder zurück. Die Schafe trödeln immer noch über die Jöcher, zu ihnen gesellen sich jetzt nicht weniger neugierige Gäste, welche gleichsam hinüber getrieben werden wollen.

*

Burgeis ist wegen seiner alten romanischen Nikolauskirche bekannt. Der Heilige befindet sich unübersehbar in zweifacher Ausführung, einmal über der Tür und nochmals an der Fassade. Dazu findet sich noch auf einem alten Fresko das Abbild eines Narren mit der sinnreichen Aufschrift: „Wenn Narren lang leben, werden sie alt.“ Manch einer soll bei der Auslegung dieses Gedankens schon der Narretei verfallen sein.

*

Im Vinschgau begegnen einem auf Schritt und Tritt die lebendigen Zeugnisse der alten Talfürsten. Graf Trapp, sein stolzer Name lässt sich in Wappen und Abstammung auf einen tölpelhaften flugunfähigen Vogel zurückführen, nennt heute noch die vornehm finstere Churburg sein Eigen. Anstatt der Untertanen herrscht er allerdings jetzt nur mehr über ein streitbares Volk von Hunden, Katzen und Ratten. Die Rüstkammer ist die größte der Welt, welche ein einzelner Mensch sein Eigen nennt. Über zwei Meter hoch und fünfundvierzig Kilos schwer war die Kampfrüstung eines seiner Vorfahren. Dessen herrische Würde tragen heute noch die Grafen stolz wie Don Quichotte einer heutigen Zeit zur Schau. Diese ehrwürdigen Mauern haben viele Kämpfe erlebt, man staunt sogar, dass in solch echte Rüstungen sich echte Menschen hineinstecken ließen, und auf Teufel komm raus versuchten sich die Schädel einzuschlagen. Aber die Modeströmungen änderten sich selbst im Laufe der Zeit beträchtlich. Wie ein Heiligtum verwahren sie das berühmte Trinkhorn „Greifenklau“, glauben sie doch, dass es sogar einen Gifttrank unschädlich zu machen vermag.

*

Sulden am Fuße des Ortlers kann eine besondere Sehenswürdigkeit ihr Eigen nennen. Im Jahr 1774 trug des

Landes allererster Kartograph Peter Anich verzweifelnd an diesem Punkt einfach „Im End´ der Welt“ ein, weil er ob dieses schauerlichen Platzes sich nicht mehr vorstellen konnte, dass es vor der Hölle noch etwas Elenderes gäbe. Wie man diesen Punkt am besten einzäunte und mit welchen Teleskopen der Neugierige noch einen Blick darüber werfen könnte, darüber hat sich niemand mehr den Kopf zerbrochen. Dieser Ort stellt ein vernichtendes Zeugnis für all jene Wissenschaftler aus, welche uns anschwindeln wollen, dass es von dieser Erde nicht möglich sei, darüber zu steigen.

Noch im Jahre 1802 pries eine Wochenzeitung das Kaff Sulden "allwo die Bauern mit den Bären aus einer Schüssel essen und die Kinder auf Wölfen daherreiten". Sehenswürdigkeiten über Sehenswürdigkeiten.

Der bergbegeisterte Erzherzog Johann war vom Anblick des Ortlers am Reschen so bezaubert, dass er den Befehl gab, einen Weg zum Gipfel zu finden. Einige Jäger bissen sich daran die Zähne aus, genauso ein Bergoffizier. Ein kleines unscheinbares Männlein, Psairer Josele mit Namen, erbot sich, ohne Seil und Pickel, nur mit einer simplen Holzstange, diesen höchsten Berg der Ostalpen zu erklimmen. Am 27. September 1804 stand er am Gipfel. Der Erzherzog ward zufrieden über seinen Untertanen und belohnte ihn mit viel Lob und wenig Geld. Die Größe von Staatsmännern maß sich immer schon daran, wie klug sie imstande waren Geld aus den Säckeln der armen Leute zu zurren und mit Lob zu vergelten. Und darin hat sich hier bis heute nichts geändert.

*

Trotzdem findet der Fremde das überwältigendste Fotomotiv nicht in den von uralten Sagen und Erzählungen durchfeuchteten Schlössern und Burgen, in den vielen romanischen Kirchen, sondern in dem wie ein sündiger Fingerzeig Gottes aus dem Reschensee aufragenden Kirchturm. Dergestalt verlor Gott den

Kampf gegen das Geld. Großartig und romantisch entspringt hier die Etsch, welche sich kleinlaut sammelt um Strom zu werden. Und das immer wieder. Am Reschen, am Eingang ins Schnalstal, bei Meran, bei Bozen. Bis die Etsch endlich unsagbar müde und träge als Strom in die Adria fließen kann.

*

Neben Matsch steht heute eine Kapelle, wo der heilige Florinus geboren sein soll. Die Vinschger wissen zu berichten, dass er es schaffte, gleich wie Jesus Wasser in Wein zu verwanden. Aufgrund dieser Leistung rechtfertigte sich seine Heiligsprechung auf jeden Fall.

*

Als „letzte Stadt" wird Glurns bezeichnet und das aus vielerlei Gründen. Hinter ihren Stadtmauern verstecken sich morsch gewordene Bauten, bei denen die in letzter Zeit überaus reich angewendeten Sanierungen ins Auge stechen, als hätte man sie zweimal erbaut. Die Stadt – gebraucht und gebrochen wankend - vermittelt soviel Abenteuerlichkeit wie ihre Menschen. Die Geschichte berichtet, dass Kaiser Maximilian I. weinte, als er die von den Schweizern 1499 zerstörte Stadt sah. Er weinte nicht wegen der fünftausend erschlagenen Landsknechte, oder der vieltausendköpfigen Viehherde, die sie geraubt hatten, er weinte einfach um die Stadt und seine Mauern, die er nun wieder aufbauen musste. So weinerlich konnten Kaiser sein.

Die Vinschger wurden in der Vergangenheit oft von Mäuseplagen heimgesucht. Sie richteten so großen Schaden an, dass sie sich genötigt sahen, ihr Verhalten vor ein ordentliches Gericht zu bringen. Die Interessen der Mäuse zu vertreten erkor man den unbescholtenen Glurnser Bürger Hans Grinebner aus. Vor den Richter traten am 2. Mai 1520 elf Geschworene, dazu drei Zeugen der Anklage, welche voll Angst zeugten, dass wegen ihrer die Menschen genötigt seien abzuwandern. Mäuseanwalt Grinebner gab allerdings zu bedenken, dass die Mäuse durchaus ihren Nutzen hätten. Am Ende einigte man sich darauf, den Mäusen gegen freies Geleit vor ihren Feinden wie Hunden und Katzen zu ermöglichen, in eine neue Wohnstätte abzuwandern. Besondere Härtefälle und schwangere Mäuse würde man mit Nachsicht behandeln und ihnen noch eine sichere Geburt ermöglichen. Mit diesem weisen Urteil endete der Glurnser Mäuseprozess.

*

Das Kloster St. Johann in Müstair ist ein Welterbe der Menschheit, gerade wegen seiner mannigfaltigen Mischung aus Verlottertem und Ansehnlichem. Karl der Große sei im Jahre 775 während eines Schneesturms hier auf die Idee gekommen, diese Bastion zu gründen.

Der Kirche Ruhm ist wesentlich kürzer ist als die Legende. Bis 1894 war sie eine Kirche gleich wie tausende anderer. Dann wühlten sich zwei Schweizer Forscher Josef Zemp und Robert Durrer durch den Schmutz und Dreck der Jahrhunderte bis sie unerwarteterweise den größten biblischen Heiligen auf du und du gegenüberstanden. Sie befanden sich plötzlich in karolingischer Zeit. Was oben mit Davids Sohn Absalom als Bilderbuch begann setzte sich unten mit der Geschichte Jesu Christi fort. Seine Jugend, die Zeit der Passion, die Auferstehung bis hin zur Kreuzigung der Apostel. Es war als erzählte jemand ein schönes, altes Märchen. Der lostrottende Esel, der die heilige Familie in den Urlaub bringen soll, die sündige Ehebrecherin, welche psychologisch betreut wird, der Taubstumme den der große Heilpraktiker Jesu wieder zum Sprechen bringt. Im Märchenbuch der Bibel ging es die Wände entlang und im Kreis herum.

Diese Fresken wirken durch ihre Dumpfheit und den Staub der Jahrhunderte. Es gibt nichts Grelles, Frohes, aber man könnte eine Woche verharren ohne sich zu langweilen und dabei selbst zu einem Denkmal zu verkommen.

Reise zum Vorhof der Hölle. Trient ist Schein-Italien, Bozen Halb-Italien. Knödel gegen Spaghetti. Ein Vogelkäfig für den Freiheitshelden Cesare Battisti. Der Chronist berichtet davon wie die Trientner unter ihrer Heiligkeit ächzen. Gottes letzte weiße Flecken. St. Vigilius Tod durch Holzschuhe. Noch einige Heilige. Der heilige Simon und die bösen Juden. Gott entschuldigt sich für das Vorgefallene.

Mit drohendem Blick stiert ein nie in Bozen gewesener Minnesänger Walther von der Vogelweide vierzig Kilometer weiter nach Trient zum niemals dort weilenden italienischen Dichterfürsten Dante Alighieri. Irgendwo dazwischen, glaubte Dante, liege die Grenze zur Hölle. Auf welcher Seite, darüber streiten sich die Experten. Heute liegen dazwischen Müllöfen und Abfalldeponien, wo all der Ramsch der Menschen entsorgt wird. Wer ihnen zu nahe kommt, verspürt den Hauch der Hölle und wird ausgeräuchert. Insofern hatte der alte Dante trotzdem wieder recht. Die Schreiberdenkmäler starren sich so widerborstig und querköpfig an, als hätte diese Zunft mehr Kriege entschieden als alle Feldherren und Generäle zusammen.

*

Fast ein Jahrtausend drückten die Romanen diesen Tälern ihren Stempel auf, ein darauf folgendes waren es die Germanen, seit 1918 wird wieder getauscht. Die Gründe hierfür liegen in einem vor hundert Millionen Jahren stattgefundenen Ereignis, als die afrikanische Kontinentalplatte auf die eurasische knallte und gerade hier sich die mächtigen Alpen aufbäumten. Was dann folgte, waren tausende menschlich-allzumenschliche Eitelkeiten: Aufstände, Feindschaften, Verschwörungen, Kriege und wenig Frieden. Viel Blut und kaum Liebe.

Die Bozner vertragen nicht die Trientner, die Trientner nicht die Bozner. Die Gründe der Zwistigkeiten ähneln sich: Wer ist besser.

Battisti Walter von der Vogelweide (Denkmal)
Reise zum Vorhof der Hölle - Ein Vogelkäfig für den Freiheitshelden
Cesare Battisti

Trient ist Schein-Italien, Bozen Halb-Italien. Alles wegen eines vor hundert Millionen stattgefunden Ereignisses, der zufälligen Hebung der Alpen.

Kakanien bezeichneten die Italiener die k. u k. Monarchie. Aber das ist Vergangenheit. Kakanien verschwand an seiner Gehaltlosigkeit.

*

Oben singen sie mit voller Inbrunst das Bergsteigerlied „Wohl ist die Welt so groß und weit", einige Kilometer weiter mit gleicher Leidenschaft „La Montanara". Der Sinn und Inhalt der Texte ist der gleiche: die Liebe der Leute zu ihren Bergen, ihrer Heimat und den Menschen. Nur versucht jeder mit ernst-stolzer Miene weiszumachen, es sei alles so verschieden, dass man es niemals vergleichen könne.

Oben ehren sie den großen Freiheitshelden Andreas Hofer, einige Kilometer weiter unten einen genauso großen Freiheitshelden: Cesare Battisti. In einem Scheinprozess verurteilten ihn die Kakanier im Jahr 1916 zum Tode. Es bedurfte eines staatlich geprüften Henkers aus Wien, um das fachgerechte Hinscheiden ins Jenseits des an der falschen Sprachenseite Kämpfenden zu erwirken. Ihm zu Ehren errichteten sie am Dos di Trento einen weitum sichtbaren Vogelkäfig als Denkmal. Andreas Hofer bleibt gleichfalls unvergessen. Helden hat man hier immer schon mit großer Schadenfreude umgebracht, um sie hernach zu ehren.

Trient war nie Italien, Tirol nie Österreich und auch nicht Bayern. Gemeinsam waren sie schon immer ein mysteriöses Land im Gebirg e, das niemand imstande war einem Volk zuzuordnen. Nicht einmal sie selbst vermochten es.

*

Hier grenzen Knödel, Würstchen und Sachertorte an Spaghetti, Pizza und Tiramisu. Schlutzkrapfen an Polenta, Strudel an Pannacotta. Speck an Ravioli. Wegen der Berge hätte man die Grenze nicht ziehen brauchen, wohl aber wegen des Essens.

*

Das heutige Trient trägt schwer einige Jahrtausende auf dem Rücken oder besser gesagt auf den Mauern. Sie ist eine böse, alte Stadt.

Den Kelten gefiel dieser Ort, den Römern noch besser. Deswegen vertrieben sie die Kelten. Auf Schritt und Tritt verfolgt dem Interessierten die Geschichte. Man hat über die großartige alte Stadt Tridentum das neue Trient übergestülpt. Überall starren den Fremden stolze Statuen entgegen. Manche ohne Arme, andere ohne Beine, viele Kopflose sind genauso darunter. Besonders diese schauen am Traurigsten aus. Die vielen Bruchstücke aus Marmor können am wenigsten erzählen. So wandert man unter der Stadt dahin, glaubt Menschenschritte zu hören, dann wieder Straßenlärm, bellende Hunde. Fluchen, Geschnatter und Getratsche. Aber es ist eine Stadt der Toten. Man wird einzig und allein vom Lärm getäuscht, der von oben nach unten dringt.

Genau zwischen 397 und 400 nach Christus muss hier plötzlich eine Hochblüte der Heiligkeit herübergebraust sein wie ein Tsunami. Dies ist die Geschichte der außerordentlichen Heiligen, wie sie ihre Gelehrten zu erzählen wissen:

„Um 380 kam ein Mann namens Vigilius, was zu deutsch der „Wachsame“ heißt mit der Absicht nach Trient den alten Göttern den Garaus zu machen. Er bekehrte viele Heiden, doch nicht alle waren damit einverstanden. Einmal musste ihn Gott retten, als er in einem Seitental vor der schrecklichen Gereiztheit des Volkes fliehen musste und bei einer Felsmauer nicht mehr weiterkam. In Vertrauen auf Gott begann er die Felsen auseinander zu schieben. Das gelang tatsächlich und er entwischte noch einmal nach Trient. Weniger Glück hatte er am 26. Juni 400 im Redenatal. Da zertrümmerte er vor Zorn eine wertvolle Saturnstatue und warf sie in den Fluss. Das ließen sich die Eingeborenen nicht gefallen und erschlugen ihn mit ihren Holzschuhen. Hierfür bekam er posthum das Gradabzeichen eines Heiligen. Das Firmenlogo von Vigilius ist vornehmlich ein Bischofsstab mit Holzschuhen.

Dies ist die Legende des Heiligen Sisinius, Martyrius und Alexander, welche am 29. Mai 397 grausam zu Tode gebracht wurden. Das geschah nämlich so: Das Nonstal, war damals noch für Gott ein weißer Flecken auf seiner Landkarte. Deswegen trug ihnen der heilige Vigilius auf dies zu ändern. Zehn Jahre befolgten sie dies mit großem Eifer. In einem Brief äußerte sich der heilige Vigilius, voll des Lobes, was sie alles als Erste taten:

„Sie waren die Ersten, die ein neues Lied sangen, sie waren die Ersten, die das Wort Gottes hier erklingen ließen, sie waren die Ersten, die eine Kirche errichteten, sie waren die Ersten, die das Wort der Dreieinigkeit verständlich zu machen versuchten.“ Allerdings waren sie sehr unvorsichtig, denn als die dortigen Bauern im Frühjahr wie jedes Jahr ihre „Ambarvalia“ begehen wollten, die so genannte Befreiung der Felder vor Sünde und Missernte, und dafür einen Ochsen, eine Sau und ein Schaf über die Felder trieben und opfern wollten, wurden die drei Missionäre zornig. Die Eingeborenen genauso. Da sie aber größer an Zahl waren fingen sie die drei wild zappelnden Männer, und fesselten sie aneinander. Dann schlugen sie die Männer mit Beil und Stock windelweich. Nur Alexander überlebte und musste mit eigenen Augen ansehen, wie sie ihn auf einen brennenden Scheiterhaufen warfen, den sie aus dem Holz des Kirchendaches errichteten. Erschrocken eilte Vigilius herbei, konnte aber nur mehr den Tod der drei Männer feststellen. Eiligst wurden sie heilig gesprochen. Da es sich sogar um drei Heilige auf einem Streich handelte war es leicht, die vielen Wünsche nach geheiligten Knochen und Skeletten zu erfüllen. Reliquien verhökerten die Trientner neben anderen nach Mailand, Konstantinopel, Brescia, Ravenna, Verona, Turin und andere mehr.

Dies ist die Legende vom Heiligen Romedius, was zu Deutsch „Ruhm und Besitz“ bedeutet. Er war der Sohn reicher Tiroler und lebte genauso in jener Zeit. Als ungezogenes Kind weigerte er sich Lesen und Schreiben zu lernen. Der Vater schickte ihn deswegen zu einem Geistlichen, doch dieser verführte ihn zum Christentum. Deswegen verschenkte er nach dem Tod seiner Eltern all seinen Besitz und begab sich auf eine Pilgerreise nach Rom zu den Gräbern der heiligen Apostel und anderer Heiliger. Als er in die Gegend von Trient kam, traf er auf den großen Bischof Vigilius. Dieser gab ihm den Auftrag nicht eher zu ruhen, bis er die Gebeine der Märtyrer Sisinus, Martyrus und Alexander gefunden hätte. Er suchte lange und fand sie endlich. Da es ihm in dieser sonnigen Gegend gut gefiel, baute er im Nonstal eine Einsiedelei, wo er zusammen mit seinen ebenfalls heilig gesprochenen Gefährten Abram und David ein gottseliges Leben führte.

Eine seiner großen Leistungen war, den Tempel des heidnischen Saturns in Cles in eine christliche Kirche umzuwandeln. Eines Tages ritt er auf einem alten Ackergaul nach Trient um seinen viel geliebten Bischof zu besuchen. Doch während einer Pause fraß ihm ein Bär das Rösslein unter den Füssen weg. Ohne Nachzudenken zäumte er den Bären und ritt auf ihm nach Trient. Man weiß nicht wann und wo er gestorben ist. Aber man zeigt ihn heute immer auf einem Bären reitend.“

So werden die Geschichten dieser bedeutend heiligen Männer erzählt. Heilige müssen in jener fernen Zeit einfach noch zahlreicher gewesen sein. Zudem war die Wahrscheinlichkeit groß, dass jeder Einsiedler zu einem Heiligen wurde, besonders wenn er in einer kalten Höhle lebte. Ihr freiwilliges törichtes Martyrum machte aus all diesen Männern wichtige Gestalten, welche unvergessen bleiben. Die Welt verdankt ihnen viel, schlussendlich putschten sie erfolgreich gegen einen Gott und ersetzten ihn durch einen neuen. Wo immer es nur gelang einen heidnischen Tempel zu berauben oder zu zerstören, taten sie es mit Eifer.

Daraus bauten sie ihre christlichen Bethäuser. Das war damals noch keine Sünde. Heute aber schon, wenn einer die gleichen Steine aus den Kirchen entfernte.

Die Eingeborenen wollen nicht, dass diese Heiligengeschichten anders erzählt werden. Da können sie sehr böse werden. Sind sie doch überzeugt, Gott im Himmel maunze vor lauter Freude über die Gottesgläubigkeit seiner Untertanen, welche im vierten Jahrhundert zum ersten Mal den rechten Weg Gottes fanden. Und die Jahrtausende zuvor eben nicht.

*

Noch immer halten sie in Tirol zwei kleine geheiligte Buben in Ehren, bei denen sie erst durch hilfreiche Winke Gottes die Juden als Mörder entlarvten. Wie sich die Geschichte zutrug, ist man zu fragen geneigt. Das wisse eigentlich niemand, so wenig man weiß, wieso manchmal Kinder übereinander herfallen. Aber selbst das Machtwort der Päpste und von Gelehrten, habe nicht ausgereicht, dies Volk von ihrem Aberglauben zu befreien. Folgendes habe sich zugetragen:

Am 26. März 1475, einem Ostersonntag, fand man im Haus des jüdischen Geldverleihers Samuel die Leiche eines Kindes. Es war Simon, ein schon seit zwei Tagen vermisstes Kind christlicher Trientner Bürger. Der jüdische Arzt Tobias untersuchte die Leiche und stellte fest, dass der Knabe ertrunken sei, die Leiche weise Schnittwunden und eine Verletzung am Penis auf, wahrscheinlich von scharfen Steinkanten oder von Ratten. Der nächste untersuchende Arzt, Giovanni Maria Tiberino, ein besonderer Freund des Trientner Bischofs Johann Hinderbach, konstruierte eine andere Version des Todes. Das Kindlein Simon sei von den Juden getötet worden, weil sie Ostern nach ihrem Brauch feiern wollten und dazu „christliches Blut" bräuchten. Sie hätten es entblößt, ihm ein Tuch um den Hals gebunden, um seine verzweifelten Schreie unhörbar zu machen, das Glied abgeschnitten und dazu noch ein Stück seiner Wange. Dann hätten sie seinen Körper mit scharfen und spitzen Nadeln zerstochen, das Blut gesammelt, aufs Brot geträufelt, gegessen, und feiernd das gemarterte Kind als Abbild Jesu herumgetragen. Anschließend sei der Leichnam in den Fluss geworfen worden. Im Eilverfahren begann ein Prozess. Man folterte die Juden. Koch Isaak war sich genauso wenig einer Schuld bewusst wie alle anderen.

„Man hängte ihn und ließ ihn sitzen und fragte. Er antwortete, ja wüsste ich, was ich sagen sollte, ich würde es gerne sagen. Als er so eine Weile saß und nichts sagte, befahl man, ihn wieder hochzuziehen," so berichten die Chroniken. Sie verschärften die Foltermethoden, zwei Menschen starben alsbald daran: Zuerst der achtzigjährige Moses, der Vater von Samuel, und dann noch der fromme, sich zufällig auf der Durchreise befindliche Moses von Bamberg. Dem Pfandleiher Samuel wurde gräßlicherweise sogar auf dem Weg zur Hinrichtungsstätte mit Zangen das Fleisch vom Leib gerissen, um den kleinen Simon zu sühnen. Mit den anderen hatte man ein klein wenig mehr Mitleid: Sie wurden nicht gerädert und ihnen qualvoll die Knochen gebrochen, sondern nur geköpft und verbrannt, wofür sie sich aber großzügigerweise taufen lassen mussten. Scheinbar bedankten sie sich für die Erleichterung. Nun geschah aber etwas Eigenartiges und für die Menschheit völlig Neues. Nicht viele Jahre zuvor hatte der deutsche Johannes Gutenberg den Buchdruck erfunden. Auf Veranlassung von Bischof Johann Hinderbach in Trient erschien ein erstes Buch. In dreizehn Kapiteln, versehen mit zwölf makabren Holzschnitten, wurde die traurige Geschichte des armen Simon erzählt. Die Trientner Bürger und nicht nur sie, sondern auch andere, gierten förmlich nach diesen Büchern. Die verängstigten anderen Juden der Stadt ihrerseits setzten alles daran, die Druckauflagen schnell zusammenzukaufen. Es folgt Nachdruck auf Nachdruck.

Ganz Europa kannte bald die Geschichte des kleinen Simon. In Frankfurt am Main wurde ein Standbild angebracht, das das gemarterte Kind zusammen mit den Juden und dem Teufel darstellt. Darunter ein Reim "Solange Trient und das Kind wird genannt, / der Juden Schelmstück wird bekannt." Die Leiche des Kindes wurde einbalsamiert, Simon heilig gesprochen und überall verehrt.

Hatten die Trientner ihren kleinen Simon, brauchten die Nordtiroler genauso einen. Sie fanden ihn in Anderl von Rinn. Im Jahre 1462 soll er als dreijähriger braver Junge ermordet worden sein. Hundertfünfzig Jahre bis 1620 regte sich überhaupt nichts. In diesem Jahr gelang es dem angesehenen Schriftsteller und Arzt Hyppolith Guarinoni aus Hall mit göttlicher Hilfe fündig zu werden, dass es Beispiele jüdischer Blutgier in diesem heiligen Lande zuhauf gäbe. In Rinn soll einst der kleine Anderl gelebt haben. Eines Tages kamen böse Juden vorbei und boten einem Bauern viel Geld, wenn sie ihn verkauften. Er tat es gerne, sie nahmen ihn mit sich und marterten ihn außerhalb des Dorfes an einem großen Stein, der später „Judenstein“ genannt wurde, auf entsetzlichste Weise zu Tode. Der schnöde Lohn soll dem Bauern anschließend zu Laub verfallen sein.

Zwar konnte sich niemand mehr in dieser Gegend an solch eine Geschichte erinnern, doch der Arzt zeigte sich den Bauern gegenüber sehr großzügig und bei seinen Nachforschungen hartnäckig, bis jeder sich erinnerte, dass es sich so zugetragen hatte müssen. Der kleine Bub Anderl wurde selbstverständlich heilig gesprochen, eine Wallfahrtskirche entstand und berühmte Künstler malten das Geschehene so phantasievoll, wie es sich zugetragen hätte.

Zwar entschuldigten sich im 20. Jahrhundert Päpste, Gelehrte und andere Denker zuhauf für das Vorgefallene und den unausrottbaren Aberglauben, doch die Leute wollen dem keinen Glauben schenken und pilgern wie eh und je zu diesen Orten.

*

Trient ist eine strapazierfähige, heilige Gebirgsstadt. Das Konzil von Trient machte diesen ungastlichen Ort berühmt. Von 1545 bis 1563 vergnügten sich dort Bischöfe und Kardinäle. Ein reicher Kindersegen soll ein Ergebnis gewesen sein, weltumwerfende Dogmen das zweite. Das Konzil von Trient wurde zu einem Meilenstein. Schon wegen folgender nie mehr anzuzweifelnden Lehrsätze: Erstens: Adam war der erste Mensch und verlor nach seinem Rauswurf aus dem Paradies seine Heiligkeit. Damit gingen alle Menschen auf diesem Erdenrund ihrer Unschuld verlustig. Zweitens: Alles was in der Bibel steht ist wahr und deswegen kreist die Sonne um die heilige Erde.

Dies heilige Land im Gebirge Tirol mag manchen Geistlichen wohl zu vielerlei solcher Ideen befruchtet haben. Deswegen verdankt die Welt Trient fürwahr Großes. Wer an solchen Lehrsätzen zweifelte, den bestrafte man bald schon mit dem Leben. Und viele verloren es auch.

Gesunde Unzucht beim Totentanz. Wenig geistige Nahrung. Die Kochtöpfe der Riesen. Gröhlende Deutsche, lärmende Italiener.

Trient und Rovereto gleichen sich, nur ist Rovereto ein wenig gebildeter. Die Stadt besitzt deswegen auch die größte Bibliothek, wobei besitzen noch nicht gelesen heißt. Die Roveretaner sind stolz auf ihre Bibliothek, wie sie sich auf ihr Museum für Moderne Kunst, dem MART etwas einbilden. Nicht etwa, dass sehr viele von ihnen jemals in seinem Inneren waren. Die Leute sind einfach nur stolz auf das, was sie besitzen und nicht das, was sie kennen. An einigen Stellen hat man dieser Stadt reizende Parks angehängt und wo sie nicht ihrem wild wuchernden Schicksal überlassen werden, bleiben sie im menschlichen Sinne reizend.

Die Burg von Rovereto ist schön und überragt die ganze Stadt. Der Interessierte kann hier das ganze Sammelsurium an verschiedensten Bauelementen studieren. Eine jede Generation restaurierte, baute um und verformte. Am Ende hatte die Burg viele Väter unbekannter Herkunft. Den „Großen Krieg“ wie ihn alle nennen, halten sie in dieser Stadt besonders in Ehren. Überall sieht man Reliquien, Museen und Devotionalien. Die Gefallenenglocke ist sehenswert und man hört sie weit genug. Ihre Schläge erinnern an die vielen Gefallenen des Ersten Weltkrieges. Sie wurde aus Kanonenrohren gegossen. Diese stellte man wieder aus eingeschmolzenen Kirchenglocken her. Beim nächsten Krieg wird man ähnliches machen. Ein Kreislauf darf nie unterbrochen werden. Als Roveretos größter Sohn gilt Antonio Rosmini. Er wäre sicher nicht so groß geworden, hätte er nicht als Lebender so viele Verfluchungen, Hasstiraden und Verleumdungen erdulden müssen.

*

Das Schloss Beseno wurde in der Vergangenheit willentlich der Zerstörung preisgegeben und abgedeckt. So ersparte man sich die Bezahlung der Steuern. Herrscher waren immer schon kreativ im Erfinden neuer Abgaben, nicht weniger erfinderisch allerdings die Untertanen. Und sei es auch auf Kosten ihrer Kultur.

In diesen Gegenden prallten schon immer sämtliche Starrköpfe zusammen. Besonders in Ehren halten alle Roberto di Sanseverino, Befehlshaber der Venezianer. Mit seinem großen Heer wollte er den Habsburgern den Besitz dieser nutzlosen Festungen aus Stein abspenstig machen. In stolzer Rüstung trat er an. Die Tiroler drängten ihn an die Etsch. Mit einem Sprung ins Wasser wollte er sich retten. Er ertrank dabei, war er doch Geistes nicht genug zu wissen, dass eine Rüstung kein Boot ist.

*

Das Fleimstal hingegen kann mit keinen schönen Burgen oder Schlössern aufwarten, fürwahr eine besondere Auszeichnung für das an solchen Sehenswürdigkeiten so reiche Land. Gewalttätige Gebieter verjagten das einfache Volk noch ehe sie ins Tal kamen und unterdrücken konnten. Dafür herrschten alle gemeinsam, und das über Jahrhunderte. So weise war man anderswo nur selten. Im Palazzo della Comunità in Cavalese traten sie alle zusammen und ehren dies Gebäude heute noch als ihr wichtigstes Bauwerk. Sie hatten keine Bauernkriege notwendig und keine anderen Aufstände. Nur wenn Herren von außen hereindrangen, wehrten sie sich verbissener als andere in diesem Land.

Die Leute in diesem Tal denken langsam aber geordnet. Das zeichnet sie von den anderen aus. Ihre Starrköpfigkeit ist gepflegter, ihr Eigensinn ehrlicher. Sie beeindruckten die anderen immer schon durch ein Auftreten als handelte es sich bei ihrer Gemeinschaft um eine große Nation. Zumeist ließen sich die Auswärtigen überzeugen, dass es so wäre.

*

Als Mutter aller Kirchen im Fassatal gilt jene zu Ehren der Heiligen Giuliana. Ihre Legende ist älter als jene des Gottes aus dem Heiligen Land. Aber davon will niemand mehr etwas wissen. Jedem Heiligen seine Kirche, bist du geneigt auszurufen, wenn du die vielen verwinkelten und ihr Alter stolz tragenden Kirchen und Kapellen siehst. In Vigo jene für den heiligen Johannes, in Penia eine für den heiligen Sebastian und den heiligen Rocco, in Alba jene für den heiligen Antonius, in Moena eine für den Heiligen Vigilius und eine für den Heiligen Volfango. Alte graue Fresken erzählen von ihren vermeintlichen Großtaten. Der einzige Unterschied liegt darin, dass jedes Tal das Wesen ihrer eigenen Menschen in diese Bildwerke hineindeutete: Die Fassaner malten ihre Heiligen nach Gesichtern aus dem Fassatal, die Fleimstaler solche mit Fleimstaler Köpfen, die Valsuganer mit dem typischen Aussehen aus der Val Sugana.

*

Pergine war einst berühmt wegen seines Narrenhauses und ist heute berüchtigt wegen seiner „piccoli frutti“ den „kleinen Früchtchen“. Durch eine Überlistung der Natur stammen von dort jene hoch gezüchteten Erdbeeren und Himbeeren, bei denen es die Bauern durch ein ausgeklügeltes Teufelswerk geschafft haben, sie an jenem vorbestimmten Tage reifen zu lassen, wenn die Nachfrage und damit der Preis am höchsten ist. Wundersamerweise schmecken sie alle gleich, haben die gleiche Farbe und Größe, während die Natur eigentlich nur unnütze Kulisse einer computerunterstützten Welt geworden ist.

Bei Pergine zweigt das Fersental ab. Vor einigen Jahrhunderten kamen deutschsprachige Knappen in diese gottverlassene Gegend. Die anderen nannten sie bald „Mocheni", weil sie ihr Leben nichts anderes taten als immerfort etwas zu „machen". Sie sind fleißige Leute. Arbeitskraft geht vor Höflichkeit, die in ihren Augen nichts anderes als eine unnütze Gepflogenheit darstellt.

*

Vor nicht einmal langer Zeit gaben in Tesino ein halbes Tausend Wanderhändler, welche nichts anderes taten als Heiligenbilder überall in Europa den Bauern und einfachen Leuten anzudrehen, mehreren tausend Heiligenbildermalern dort Brot und Einkommen. Es handelte sich um angepasste unauffällige Leute. Sie gaben den Protestanten ihre Heiligenbilder, den Katholiken wiederum andere und den Orthodoxen ihrem Geschmack entsprechende. Das Göttliche war immer schon wandelbar, Hauptsache es brachte Geld. Pieve Tesino und Castel Tesino sind deswegen zu schön gepflegte Dörfern geworden, an denen Gott seine Gefälligkeit haben kann.

*

Pinzolo in der Val Rendena ist stolz auf seinen Totentanz. Solche Bildergeschichten haben diese Leute immer schon ergötzt, deswegen bezahlte man die Künstler. Hier war erlaubt, was anderswo verboten war. Die Toten, die wollüstigen Weiber und die Unzucht. Man durfte alles darstellen, ohne gleich zu sündigen, während die Eingeborenen alles seelenruhig besehen konnten ohne gleich gesteinigt zu werden.

So viele Denkmäler für allen möglichen Krempel staunst du, aber so wenige für ihre Dichter, Philosophen, und Wissenschaftler. Dafür mache jeder dem Denkmal für die „Scherenschleifer" seine Aufwartung. Man findet es nur dort und sonst nirgendwo.

*

Madonna di Campiglio hat eine unvergleichlich schöne Lage, hat schöne Berge, schöne Wälder. Nur der Ort ist so unansehnlich wie selten eine vergewaltigte Gegend. Es ist ein schöner Schandfleck. Die Leute tun heute noch alles um diese Auszeichnung zu vervollständigen. Die Einheimischen, soweit man diese seltene Rasse hier noch findet, reden eigentlich nur von Geld und wie sie noch mehr davon machen können. Sie tun es mit solcher Überzeugung als glaubten sie, alles nach ihrem Tode mitnehmen zu dürfen.

Jeder nimmt sich von den Geschenken der Natur ohne zu fragen und zu danken. Die Nachgeborenen werden noch einst ihre helle Freude an den Taten ihrer Väter haben. In solchen Orten gibt es gar keine Eingeborene mehr. Man findet nur mehr Fremde, dazu noch auswärtige Kellner, fremdsprachige Abspüler und stumme Aufräumerinnen, weil der Sprache nicht mächtig. Manchmal entdeckt man noch einen fremden Polizisten oder sonst welche eingebürgerte Amtsperson.

*

Am Toblino-See schaudert jeder an den ihn umgebenden gigantischen Felswänden, an den gigantischen Bäumen und an einem hoch herausragenden Schloss. Die Leute hier wissen von dem zumeist nur zu erzählen, dass sich hier der Trientner Fürstbischof Carlo Emanuele Madruzzo mit seiner Claudia Particella zur Liebelei traf. Ohne das wären beide nicht in die Geschichte eingegangen. Alle erzählen es so ausschweifend und detailgetreu, als wären sie mit dabei gewesen. So verlieren sich viele große Bauten in der

Legende und sei sie auch noch so winzig klein und übertrieben.

*

Arco war einst bekannt für seine Literatenkreise. Selbst die Grafen und Gräfinnen von Arco verfassten Gedichte und schrieben Erbauliches. Ihren Palazzo Marchetti hat man heute in ein Restaurant verwandelt. Dort isst man gut. Die Leute haben Appetit auf verfeinerte Spaghetti und erlesenen Fisch. Sie verschmähen aber die geistige Nahrung und wollen gar nicht wissen, dass es diese als Zuspeise gäbe.

*

Bevor man den wilden Alpen entflieht, muss man sich noch durch die „Marmitte dei giganti" die „Kochtöpfe der Riesen" durchkämpfen. An einem Felsen bei Nago, den in ferner Zeit eine mächtige Burg schmückte, quellen diese haushohen Löcher aus dem Berg wie hohle Augen heraus. Sie zeigen das geschundene Aussehen dieser Berge nachdem Eiszeiten über sie hinwegfuhren und lassen erkennen, wie kurz die Erinnerung der Menschen zurückreicht. Dann erst kann man einen Blick auf den Gardasee werfen.

Und dann, nach so vielen Felsen und Bergen glaubt man endlich dem entflohen zu sein. Man sieht den Gardasee und der ist noch grauenhafter umrahmt von Klippen und Zinnen als die anderen wilden Alpen. Es scheint als hörten diese Berge niemals auf. Man sieht den Berg und die Berge und ist erstaunt, dass es hier die Menschen wagten solch einen jämmerlichen Platz für sich zu beanspruchen. Frei gedeihen können hier eigentlich nur die Fische. Trotzdem bewirken die natürlich und künstlich geschaffenen Schönheiten dieser Gegenden eine aufdringliche und zauberhafte Verbundenheit.

Aber all dies ist ein Trugschluss. Der Uneingeweihte staunt, wie es den Menschen hier gelang, so viele Bauwerke irgendwo zwischen die Felsen hinein zu zwängen. Wohin man sich wendet sieht man keine Häuser, nur Hotels. Hier wird alles an die Gäste vermietet, wahrscheinlich auch die Kirche und die Schule. Die hundert- und tausendfenstrigen Hotels schauen alle gleich aus, wie ineinander geworfene Schuhschachteln, manchmal höher wie breiter, oft auch umgekehrt. Über architektonische Formgebung hat man sich nie besonders den Kopf zerbrochen. Schönheit muss erst bezahlt werden, und das war den meisten zu teuer. Hier gilt jede Arbeit als gut, wenn sie Geld einbringt. Kunst und Bildung gelten deshalb als verwerflich und als körperliches Gebrechen, das den Armseligen hinderte Hotelier oder Surflehrer zu werden.

*

Die einheimischen Mädchen hier scheinen schöner zu sein, sie übertreffen die anderen ein wenig. Vielleicht erliegt man einem Trugschluss und glaubt nur sie seien schöner, weil es hier einfach wärmer ist und die Sonnenstrahlen wohltuend aufs Gemüt wirken. Sie sind gesellig, lachen und sprechen italienisch. Es ist leicht sich mit ihnen stundenlang zu unterhalten. Jeder tut es in der eigenen Sprache und obwohl keiner den anderen versteht fällt es trotzdem leichter als anderswo sich zu begreifen.

Das Beständigste am Gardasee ist der Wind. Das Dörfchen Torbole wurde nur wegen des immer wehenden Windes in Europa bekannt. Er bläst immer und verleitet viele Segler mit höllischer Geschwindigkeit über den See zu brausen. An manchen Tagen ist er davon so voll, dass man staunt, wie es alle Windbegeisterten schaffen noch eine Winzigkeit Wasser für ihr Vergnügen zu finden.

*

Die Stadt Riva ist eine alte greise Stadt. Sie ist ein Greis. Alles wirkt hinfällig und atmet schwer. Zudem ist sie so eng zusammengedrückt, die Häuser so hoch, die Gassen so eng, dass kein Raum für Nichts mehr bleibt. Die Stadtkirche ist Maria Himmelfahrt geweiht, es gibt eine wundervolle Rosenkranzmadonna, außerhalb der Stadtmauern liegt die

Inviolata-Kirche mit einem noch wunderschöneren Gnadenbild der Jungfrau Maria. In vergangenen Zeiten müssen die Maler alle untereinander abkopiert haben, ganz nach dem Grundsatz: Wer malt die schönere Madonna? Fantasie war nie verlangt, das Volk war schnell zufrieden gestellt.

*

Die Vorzüge des Gardasees liegen eindeutig darin, dass er deutsch ist, gleich wie Innsbruck und Lienz italienisch sind. In Riva, Torbole, Limone und wie sie alle heißen gibt es eine Unzahl von niedlich kleinen Hotels, wo „deutsche Küche und italienischer Kaffee“ angeboten werden.

Die deutschen Gästen laben sich an der in ihren Augen lieblichen Landschaft und dem herrlichen Wetter im Gegensatz zum regnerischen Norden und ihrem rauen Klima.

„Der Lärm der Italiener im Restaurant, auf den Zimmern und im Hotel ist unaushaltbar. Sie müssen immer im Gegensatz zu uns Deutschen bei allem was sie tun schreien, grölen und brüllen.“

Auch den italienischen Gästen gefällt das gleiche an der Landschaft wie den Deutschen.

„Der Lärm der Deutschen im Restaurant, auf den Zimmern und im Hotel allerdings ist unaushaltbar. Sie müssen im Gegensatz zu uns Italienern immer schreien, grölen und brüllen.“

Geteiltes Leid ist halbes Leid.

*

Die Fremden lassen sich in der Sonne stundenlang regungslos wie die Krebse einfärben bis sie braun gefärbt, zumeist aber rot, genug davon haben. Sie empfinden solche Negerähnlichkeit als anziehend, besonders für kurze Zeit. Haben sie doch nur den Augenblick im Kopf, wie die Blüte einer Blume. Wenn die Haut spröde und runzelig wird, denken sie schon längst von einem Liebhaber gepflückt geworden zu sein, sodass begehrenswerte Eigenschaften nicht mehr notwendig sind.

Nachwort

Nun Fremder, blicke noch einmal auf diese wilden Alpen zurück! Du siehst, dass es sich um nichts Anderes als um einen buckligen, runzligen Körper handelt, aus dem wie Warzen Berge eitern. Dies alles nur, weil die Kontinente gleichfalls anfingen sich zu bekriegen und nicht die Möglichkeit fanden, ihre Reibereien in Frieden zu lösen.

Es wäre mir als Verrat erschienen, die Taten dieses Landes nicht zu würdigen, wie sie sich mir zeigten. Der Uneingeweihte frage nie ob etwas sinnvoll oder unsinnig, gut oder schlecht gemeint sei, sondern nehme das Geschehene einfach so hin, wie es sich abspielte. Sollte der treue Leser aus unerfindlichen Gründen wirklich „Nachdenken über dieses Land", dann stellt sich der Chronist dem sicher nicht quer. Wer weiß ob manch ein genialer Gedankenblitz nicht trotzdem dort geboren wird, wo man es am wenigsten erwartete.

Drmaßen legt der biedere Chronist beruhigt seine Feder nieder, nichts Endgültiges geschaffen zu haben. Denn es wäre ein Trugschluss zu glauben, damit sei die Geschichte über dieses Land der Helden ausgiebig und erschöpfend erzählt.

Andreas Hofers heiles Land

Der Verfasser erzählt von der Lebensgeschichte eines ungebildeten Mannes mit heldenhaftem Mut. Von heiligen Orten, heiligen Tagen und heiligen Leuten. Die Karriereleiter Gottes und des Heeres. Eine siegreiche Schlacht wider den Fortschritt. Die Regentschaft von Pippi Langstrumpf und Don Quichotte. Ein ehrenvoller Tod zum ewigen Ruhm. Andreas Hofers heilige Auferstehung.

Überall wo ich hinkam sah ich an den Wänden ein grässliches Bild hängen: Ein bärtiger, wilder Mann mit rundem Gesicht, schwarzen Augen und wahrscheinlich vom zu vielen Saufen rötlicher und befleckter Gesichtsfarbe. Er war immer gleich bunt gekleidet und sah immer gleich ungebildet aus. Höchstens dass ich ihn manchmal wie ein ausgestopftes Kinderspielzeug auf einem Sockel stehend sah. Ich erkundigte mich nach diesem Wilden. Ehrfürchtig erklärte mir jeder:

„Dies ist unser berühmtester Mann, Andreas Hofer."

Nach und nach erfuhr ich welche Bewandtnis es mit diesem Menschen hatte. Er habe nicht schreiben gekonnt und trotzdem sei wie bei Jesus Christus jedes Wort überliefert worden. Er habe nichts von Politik und Kriegslist verstanden und gleichwohl habe man ihn zum Regenten erwählt. Er habe in jener kurzen Zeit in der er wirkte das Land wie ein gütiger Vater geführt und seine Gegner verdroschen wie ein Vater seine Kinder. Er glaubte an das Gute in der Welt und liebte unschuldige Freuden wie Suff, Spiel und Scherz. Im Rangeln, ihrer Raufsportart, habe er es zu großer Meisterschaft gebracht. Er dachte mit dem Herzen und in den seltensten Fällen mit dem Gehirn. Er sei ziemlich abergläubisch gewesen und habe geglaubt, dass Gott sich mit nichts anderem als den Marotten dieses Landes beschäftigte und ihr Kaiser göttlicher Herkunft sei. Und dass sein Volk als einzi-

Montag bunt & schön kleiden
Freitag
Samstag
Sonntag bia &
Montag ?
Andreas Hofers

ges im Erdenrund Gott und Kaiser duzen durfte. In allem besaß er mäßige Kenntnisse, vermehrte sie aber leidlich durch Erfahrung.

Es sei nicht gut über diesen Mann in diesem Land zu lästern gab man mir zu verstehen. Er sei heilig und Kritik an ihn, würde nur jeden Tiroler erbosen. Man könne ihn jederzeit rufen, wenn man in Not sei. Jeder Diktator oder sonst welcher politische Halunke hätte sich auf ihn berufen können, um dies Volk für sich zu vereinnahmen.

Wieder einer, der in eigenartiger Weise all das Wesen dieses Volkes in sich vereint, überkam es mich. Die Rauflust, das Saufen, das Kartenspiel, der Aberglaube, das Heldsein.

Man ehrt heute noch mit vielen Feiern seinen Todestag. Einige der Eingeborenen flüsterten mir zu:

„Die ganze Welt beneidet uns wegen dieses Mannes."

Je mehr ich mich herum sah, desto mehr erkannte ich wie wichtig der Bärtige war. Es war, als wäre er ein Untoter, ein nie Gestorbener. Altersmilde verfolgte mich sein vielfach kopiertes Konterfei. Mal erschien er mir wie ein zotteliger Strolch, dann wieder als vornehm drolliger Salonlöwe. Ich sah Denkmäler in Hülle und Fülle wo sich die Menschen mit ihm ablichten ließen, er stierte mir als Schießbudenfigur entgegen. Ich besuchte unzählige Andenkenläden und Würstelbuden, die durch ihn sein Auskommen fanden. Er grinste von Kaffeetassen, Aschenbechern und Schnupftabakdosen. Die Hymne dieses Landes erzählt vom Tod dieses Mannes, Theaterstücke verklären ihn, Straßennamen ehren ihn in fast jedem Dorf. Von seinem Andenken lebt das ganze Land, und das nicht schlecht.

*

Man führte mich zu einer grauenhaften Malerei. Riesenrundgemälde nennen sie es. Es zeigt die glorreichsten Bilder aus den Tiroler Freiheitskämpfen von 1809. Wenn du die Rotunde betrittst bist du schon auf ihrem heiligsten Berg, dem

Berg-Isel, und erlebst ihren heiligsten Tag, den 13. August 1809 und stehst Auge in Auge vor ihrem heiligsten Mann Andreas Hofer. Durch besonders überraschende Effekte bist du sofort mittendrin im wilden Schlachten gegen die üblen Feinde. Alle kämpfen fein herausgeputzt und gut gekleidet in drolliger Sonntagstracht. Augenblicklich erschauderst du vor ihren Mordwaffen, den Nagelkeulen, Gabeln, Beilen, Sensen. Du hörst förmlich aus ihren Mündern das wilde Kriegsgeschrei, den Lärm ihrer zerbeulten Trommeln und die wie toll läutenden Kirchenglocken. Es ist als liefest du selbst Gefahr verprügelt, oder erschlagen zu werden, dass die Eingeweide heraustreten und das Blut im sprudelnden Schwall herumspritzt. Dies alles ist so gewollt.

Jeder der dieses Land kennen lernen will, muss diesen heiligen Ort besuchen, wie die Moslems Mekka und die Christen Rom. Andächtig stehen die Menschenmassen vor Andreas Hofer.

„Seids beinand Tiroler? Nacher gehen mers an. Die Messe habts gheart, enkern Schnaps habts trunken, also auf in Gottes Nam!“ Derart glaubst du Andreas Hofer in seiner unverständlichen Mundart zu verstehen. Es scheint, als sähest du verschwommen im Hintergrund das Wirtshaus, aus dem er eben heraustorkelte, um seine Befehle zu geben, um nach getaner Arbeit so schnell wie möglich wieder darin zu verschwinden.

Eindringlich betrachtest du ihren großen Andreas Hofer, wie redlich er sich bemüht als großer Feldherr zu wirken, und wie wenig er es ist. Jungfräulich stehen zwei Geistliche in süßlich weißen Kleid wie bewachende Gottesboten neben ihm. Du schaust auf jeden nur möglichen Menschentyp und vergleichst sie mit den heutigen: Ihre Wilderer und Kneipenwirte, Bauern und Greise, Säufer und Raufer. Du staunst vor ihren wild gewordenen Weibern. Und jene Frauen, die du nicht siehst, glaubst du dass sie sich nur irgendwo versteckt halten, um im Geheimen für die Kämpfenden zu beten. Bedeutet doch Beten bei ihnen gleich viel wie gestritten. Alle kommen sie von den Bergen und Almen gelaufen, um zu kämpfen. Du siehst hier keine Städter. Nur Bergtiroler.

„Sobald ihr die Bayern trefft's, draufhauen und nicht auslassen!“ Aus solchen Bildern lernt man schnell, was dieses Volk von rohen Wilden so heldenhaft macht.

Es scheint als wollten alle in diesem Land helfen, den Geist dieses Mannes mit kindlicher Ehrfurcht zu begreifen.

Einen echten Bayern, Zeno Diemer, hatte man beauftragt dies Riesenrundgemälde zu malen. Er erledigte es ihnen in nur drei Monaten. Wer Helden tötet, darf sie auch darstellen, bist du geneigt auszurufen. Die Nachfahren der alten Römer, Leonardo, Raffael, Michelangelo, entwickelten sich gerade deswegen zu den einfühlsamsten Christusdarstellern.

Voran stürmt ihr rotbärtiger Pater Haspinger, sein Kreuz wie ein Schwert schwingend:

„Die Engel wollen unser Blut sehen, dann sind sie auf unserer Seite, dann schlagen wir mit ihrer Hilfe der ganzen Welt aufs Haupt,“ scheint der Gotteskämpfer die anderen anzufeuern.

Wie kein anderes Volk verbindet dies heilige Land Tirol die Karriereleiter Gottes mit jener des Heeres in verknoteter Eintracht. Kämpfende Priester erkennst du soweit das Auge reicht. Es ist, als erfreuten sich die Götter noch eifriger an diesem Gemetzel als die Menschen. Du spürst förmlich wie sie ihre Götter und Heiligen anhalten mit ihnen zu streiten. Wie sie ihnen so viele Dinge versprechen, welche sie niemals einzuhalten imstande sind.

„Wir wollen die Bayern mit der Hilfe der göttlichen Mutter fangen oder erschlagen und haben uns zum liebsten Herzen Jesu verlobt,“ hörst du Andreas Hofer beten.

Du siehst die allgegenwärtigen Weinfässer im heftigen Kampfgetümmel und merkst augenblicklich welche Kraft in solch einem Gottestrank steckt. Helden, alles Helden so weit das Auge reicht, lernst du unterscheiden. Jedes Kind in diesem Land muss sie heute noch in der Schule mit Ehrfurcht lernen, angefangen von Josef Speckbacher, über Peter Mayr, dem Wirt an der Mahr, Peter Thalguter, bis hin zum Götterboten Pater Joachim Haspinger.

„Seien Sie schrecklich," hatte Kaiser Napoleon seinen Oberkommandanten Marschall Lefébrve nach zwei verlorenen Schlachten beauftragt.

„Es sei also gesagt, dass ich meinen ersten Rückzug im Leben vor rasenden Bauern antreten musste ... Diese Wilden stiegen mit rasendem Geschrei ins Tal hernieder, das Kruzifix an der Spitze, mit ihren Priestern, rasend wie Tiger," entschuldigte sich der Marschall nach diesem dritten verlorenen Kampf.

Wie ein Geblendeter entfernst du dich vom Riesenrundgemälde und glaubst nun überall die gleich putzigen Leute in ihrer Tracht zu sehen. Du fasst deine Gedanken, wie du dich mit ihm unterhalten solltest, wenn der leibhaftige Andreas Hofer bald auf dich zutritt. So glaubwürdig haben sie alles dargestellt.

*

Innsbruck ist eine typische Tiroler Stadt mit untypischen Tiroler Menschen. Es gibt dort zu viele Beamte und zu wenig Prozessionen. Zu viele Verbildete und zu wenig Säufer. Die findest du gleich außerhalb in den Dörfern und Tälern. Bis in die Jetztzeit hat sich nichts geändert. Der Tiroler fühlt sich in Innsbruck nicht wohl. Hier wird ihm zu viel regiert und beamtet. Der Berg-Isel ist die Grenze. Die Täler und Steinwüsten rundherum sind ihr Freigehege, wo du sie heute noch wie in einem Tierpark zu sehen vermeinst, wie sie eifrig bei Weihrauch und Myrrhe ihre Rosenkränze plappern und noch eine Fülle abergläubischer Dinge tun. Du siehst sie wallfahren, hörst sie schießen und mit ihren grünroten Joppen, schwarzen Hosen, wilden Gämsbärten und noch wilderen Vollbärten an Sonntagen und besonderen Festtagen in die Kneipen rennen. Richtige Kranzjungfrauen glaubst du dort zur Genüge zu erkennen. Diese

Menschen gehen nicht gerne in die Stadt. Sie sind zufrieden, wenn sie die anderen weiterhin ein so weltabgekehrtes Volk bleiben lassen, das kriegerisch ist ohne kriegerischen Leidenschaften zu verfallen, das sich ihren Geisterwelten hingeben kann ohne zu denken, das glaubt, nicht zu dieser Welt zu gehören sondern zu einer anderen.

*

Ich las von diesen Heldenmenschen, in ihren Büchern. Viele davon wurden schon vor vielen Jahrzehnten geschrieben und immer wieder neu aufgelegt. Es schien so, als wären sie von Anfang an so tiefgründig gewesen, dass sie nie mehr einer Umarbeitung bedurften. Eine Heerschar von Dichtern befasste sich damit, das Andenken von Andreas Hofer so glanzvoll als möglich zu gestalten. Schon an die hundert Dramen wurden verfasst, und noch immer finden die Leute, es seien ihrer zu wenige. Schundliteratur armseliger Verlage wurde zu hochgeistigen Geschichtsbüchern erhoben, und je verklärter die Rebellenhäuptlinge wurden, desto lieber gewann sie das Volk. Deshalb ist es wert dem Interessierten Leben, Taten und Sterben dieses Mannes und dieser Menschen näher zu bringen, wie ich es aus ihren Büchern las.

Im 19. Jahrhundert gab es im Herzen Europas ein Volk voller unbezähmbares hinterwäldlerischer Wilder, ähnlich den Aborigines in Australien oder den Pygmäen in Afrika: Die Tiroler. Sie lebten in Horden und Stammesgemeinschaften. Dazu glaubten sie stier an ihre alten Mythen und an ihre dauernörgelnden Götter, Göttersöhne und Heiligen, zudem an einen gütigen weltlichen Herrscher, aber von Gottes Gnaden, Kaiser genannt. Dieser regierte weit entfernt und war froh sich so wenig mit den schrulligen Launen dieses wilden Volk abgeben zu müssen. Sie waren auf ihr Vaterland stolz wie kaum ein anderes auf dieser Welt. Angeführt wurden sie von blindwütigen Priestern. Schreiben und Lesen konnten die wenigsten, erachteten sie aber nicht als notwendig. Der Stellenwert der Schulen war gering, ihre einzige Universität hatte einen schlechten Ruf. Ihre Ärzte waren nichts anderes als Quacksalber, während Krankheit und Tod, so glaubten sie, von Gott gewollt und unbeeinflussbar seien.

Sie ernährten sich von dem wenigen, was der Boden abwarf, und zeichneten sich durch besondere Fähigkeiten im Umgang mit der Natur aus. Fälle von Menschenfresserei soll es nie gegeben haben, wohl aber sei es Sitte gewesen, Ungläubige oder Andersdenkende zu verfolgen oder zu töten.

Der Großteil von ihnen waren Bauern und Jäger. Am dürftigen Gewerbe befassten sie sich mit jenem, der ihrem Geist am besten entsprach. So waren sie zu den größten Kanarienvogel- und Seidenraupenzüchtern Europas geworden und zudem waren sie als Händler von Heiligenbildern geschätzt.

Ihre eigenartigen Ansichten von Freiheit verstanden die Völker rundherum gleich wenig wie ihre bizarren abergläubischen Kulthandlungen. Wann immer die Eingeborenen sich untereinander trafen, begrüßten sie sich mit einem „Gelobt sei Jesus Christus“ oder „Grüß Gott“ und sie dankten ihrem Gott so oft am Tage wie nur möglich und an den unvorstellbarsten Orten.

Vorzugsweise beschäftigte sich dies Land im Gebirge mit der Anbetung ihrer vielen Heiligen, und die Menschen verwendeten viel Zeit für die unsinnigsten Wallfahrten. Mit dem Läuten der Kirchenglocken glaubten sie die Unwetter zu vertreiben. An gewissen Festtagen stellten sie bunte Glaskugeln in den Kirchen auf und beteten sie an, als seien sie der leibhaftige Gott oder ließen normale Haustauben in der Kirche herumflattern, während die Priester behaupteten, dies sei der Heilige Geist. Mit solchen Dingen und viel mehr ließen sich von einer Unmenge von Geistlichen aufhetzen. Einzig und allein der Bau ihrer teuren Klöster und Kirchen, die vielen Malereien darin, die teuren Gewänder der Priester zehrten die Menschen aus und brachten sie in Armut.

Sie verschlossen den Geist für die neu anbrechenden Veränderungen mit sonderbarem Starrsinn und waren um nichts in der Welt zu bewegen ihre Eigenheit zu verändern.

*

In dieser Zeit kam es in Europa zu einer Fülle von Auflehnungen, bei denen die Völker um ihre Rechte auf Freiheit, Geist und Gelehrtheit kämpften. Im Jahr 1805 zogen bayrische Nachbarsfreunde in dieses heilige Land im Gebirge, um es von all diesen Rückständigkeiten zu befreien. Sie gingen davon aus, dass Tirol, welches bisher so duldsam die schlechtesten und abergläubigsten Regenten und Geistlichen weit und breit ertragen hatte, wohl freudig den Geist der Neuerung, des Verstandes und eines höheren Menschseins aufnehmen werde.

Ein Hauptübel erkannten sie in der Verbohrtheit ihrer gehässigen und rohen Priestern und Kuraten. Deshalb schlossen sie als erstes ihre Klöster, verjagten die Patres, entließen die leidenschaftlichsten Priester. Menschen unterschiedlicher Religionen sollten hinfort in diesem Land friedlich zusammenleben. Dergestalt glaubten sie, die Tiroler von ihren vielen und ausgeprägten Formen des Obskurantismus zu befreien und sie zu einem echten und reineren Glauben hinzuführen.

Die bayrischen Bruderkameraden vereinheitlichen die höchst unterschiedlichen Maße, Gewichte und Währungen und beseitigten die überall hindernden Wegegelder und Brückenzölle im Innern des Landes. Sie bemühten sich redlich Impfungen einzuführen und legten Wert auf eine allgemeine Gesundheitsfürsorge. Ärztliche Behandlungen sollten nicht mehr von Scharlatanen durchgeführt werden können und der Beruf ihrer handwerklichen Bader und Wundärzte sollte zum Aussterben gebracht werden.

Alle Menschen sollten gleich und frei sein. Die Folter wurde abgeschafft. Könige und Regenten sollten nur mehr bloße Staatsorgane sein und sich der Verfassung unterwerfen.

In Tirol darbte die Schule und bot ein jämmerliches Bild. Das änderten sie und führten sechsjährige Grundschulen mit Lehrplänen ein und setzten höhere Schulen in Innsbruck, Bozen, Trient und Meran durch. Die Lehrer sollten anständig bezahlt werden, damit sie die Schüler gut vorbereiteten. An der Universität in Innsbruck ließen sie geistige Freiheit zu, die keiner Zensur unterworfen werden sollte und untersagten den Geistlichen sich in die Belange der Studenten und den Inhalt der Schulbücher einmischen. Gute und intelligente Beamte sollten in Zukunft ein einig Tirol und Bayern leiten.

Da es zum Sinnvollsten gehört, niemals von besseren oder schlechteren Dingen des Lebens zu sprechen, sondern höchstens von dem was ist, fiel all das gut Gemeinte im Land Tirol auf keinen fruchtbaren Boden. Mehr denn je wurde das Land von Horden sklavischer und verschmutzter Mönche überzogen, welche predigend herumrannten, zwar manchmal aufgescheucht wurden, aber als bemitleidete Almosenempfänger nicht schlecht lebten und in der Bevölkerung deswegen außerordentliche geschätzt wurden. Die große Stunde der Priester kam, als Papst Pius VII. verkündete „dass die katholischen Fürsten nur die Aufgabe haben, die heiligen Gesetze der Kirche durch weltliche Gesetze zu bekräftigen".

Durch solche Redensarten und andere wurde das allgemeine Volk überzeugt, Gott im Himmel dulde keinen Aufschub um ihr Land von all diesen neuen Missbräuchen zu befreien.

*

Zu ihrem allergrößten Polterer stieg der Sandwirt aus dem Passeier, Andreas Hofer auf. Am 22. November 1767 erblickte er um die Mitternachtsstunde im Passeiertal das Licht der Welt. Seine Hebamme hätte einen Stern in Form eines Säbels oder Gewehrs als Himmelszeichen gesehen, doch konnte sie sich daran erst viele Jahre später erinnern. Die anderen Eingeborenen glaubten es, und so wurde es zur Legende. Früh verlor er seine

Mutter und seinen Vater. Notgedrungen war er auf Entwicklung seiner Muskelkräfte angewiesen, was sich darin äußerte, dass wie bei fast allen dieser Männer Stärke vor Gelehrtheit und Streitsucht vor Bildung ging. Schon in jungen Jahren übernahm er das elterliche Gasthaus, den Sandwirt und wurde zudem noch Schnaps-, Wein- und Rosshändler. Die Frauen beschrieben ihn als schönen Mann mit kräftigen Waden, starken Knochen, gewölbter Brust, stumpfer Nase und Kulleraugen. Trotzdem ist dies nicht überzubewerten, weil berüchtigt zur Schau gestellte Wildheit schon immer die Damenwelt faszinierte. Er verlobte sich früh und trug bald, einen langen glänzendschwarzen Bart, der bis zur Brust reichte, um seine Frau zu ärgern, wie er seinen Freunden kundtat.

Er soff wie kein zweiter, war um keinen markigen Spruch verlegen, sah in den Gelehrten seine Feinde und war der Überzeugung die Weiber wären mit ihren alten vier K zufrieden: Küche, Kleider, Kinder, Kirche. Er zeigte trotz geringem Geist einen gesunden Hausverstand und liebte das in Tirol überaus verbreitete Kartenspiel aufs Herzlichste. Er war ein Feind alles Neuem und ein Freund gutmütiger Neckereien und Scherze. Dazu legte er Bedacht auf Ruhe und Gemächlichkeit. Er war im Denken langsam und für Schmeicheleien empfänglich. Zudem fühlte er sich im Universum der Heiligen und im Aberglauben weit besser geborgen als in einer Welt des Intellekts und der Geisteskraft. Kurzum: Es handelte sich um einen guten Naturmenschen, der die Nachbarschaftshilfe großschrieb, und seine seltsamsten Gedanken als die einzig Richtigen erkannte.

*

Jeder übertrifft sich dir heute in Innsbruck die geheiligten Stätten des Wirkens dieses großen Andreas Hofer zu zeigen. Hier ist Jerusalem, bist du von Neuem geneigt auszurufen. Der Kalvarienberg, das heilige Grab, die Via Dolorosa, – der Berg-

Isel, die Grabeskirche und die Hofburg, überkommt es dich zu vergleichen. Gedenktafeln hängen an allen Ecken, dazu seine Bilder, echte und kopierte. Du gehst durch die Andreas-Hofer-Straße und voll Stolz zeigen sie dir das Hofer-Zimmer in den Prunkräumen der Hofburg.

Überall wohin dein Auge blickt siehst du Andreas Hofer, mal sterbend, mal kämpfend, zumeist als lausbübisches Porträt. An dem messen sie noch heute ihre Volksführer und Politiker. Ähneln die heutigen ihm nicht äußerlich, so wollen sie ihn nach seinem Wesen. Die Natur des Tirolers erfordert einen Statthalter, bullig wie ein Stier, mit bildungslosem Gemüt, dem Alkohol nicht abgeneigt und das Kartenspiel beherrschend. Mit schlichter Geisteskraft soll er das Land wie ein Bauer seine Herden führen und an Festtagen in Tracht herumlatschen. Zudem sollte er durch keine anstudierten Fähigkeiten auffallen. Dann erst ist er ihr guter Landeshauptmann. Den Wenigsten gelang dies und keiner kam je an Andreas Hofer heran. War es doch der Anderen ihr Unglück, dass man keinen der Nachfolgenden mehr erschoss.

*

So sei dem Interessierten die Geschichte seiner kurzen Herrschaft näher beschrieben, auf dass er mehr über den Geist dieses Volkes und die Statthalterschaft dieses Mannes kennen lernen möge.

Am 15. August 1809 fuhr der einfache Bauer Andreas Hofer in einer Kalesche wie ein Faschingsprinz in die Hauptstadt Innsbruck, nicht bevor er einem Gottesdienst fromm beigewohnt hatte. Er fühlte sich nicht als Machthaber, sondern höchstens als einer, der im Namen dessen ab nun regierte. Selbst gescheite Leute fanden an diesem Mann nichts Bedeutendes, außer seinem Bart. Und doch gafften alle auf ihn, als käme der wahrhafte Messias.

„Grüess enk Gott, meine liabn Sprucker, weil ös mi zum Oberkommadanten derwöhlt habts, so bin i halt da.“

Wie immer trug er seine grüne Jacke mit rotem Brustfleck, einen schwarzledernen Bauchgurt mit Pfauenfedernkielen, bestickt mit den Anfangsbuchstaben seines Namens. Dazu noch schwarzlederne Kniehosen, blaue Strümpfe, und schwarze, weit ausgeschnittene Schuhe. Ein mächtiger breitkrempiger Hut mit frischen Alpenblumen, Vogelfedern und einem Muttergottesbild gaben zur Beklemmung Anlass, dass hier wohl bald die eigenartigste Regierung der Welt eingesetzt würde. Als einziges Zeichen seiner Würde trug er einen von Feldmarschallleutnant Chasteler geschenkten Säbel.

Schnell verabschiedete er sich von der Menge mit den Worten: „I wear enk a nit verlassn, so wahr i Andre Hofer hoass. Gsagt hab i enks, gsöchn habts mi, Pfiat enk Gott."

Die verjagten Bayern dagegen schauderten ob dieses Heeres von rückständigen Gotteskriegern und seinem obersten Rebellen und taten kopfschüttelnd ihren Vorgesetzten kund:

„Er hat sein Ansehen vorzüglich seinem Barte zu danken, sonst hätte er es schwerlich bekommen, denn er ist ein Mann ohne Kopf und Charakter. In Hinsicht seines Herzens ist er wenigstens nicht hart; ihn einen gutartigen Fanatiker zu nennen, heißt ihn vielleicht am besten charakterisieren. Persönlichen Muth hat er nicht viel gezeigt, denn immer war er hinter seinen Horden."

Hunderte Gefangene wurden im Siegeszug dahingeführt. Voraus ritten die Bauern auf den erbeuteten Pferden, soweit sie sich nicht schon längst verzogen hatten, um ihre Kühe zu melken und zu heuen. Dazwischen folgte eine Menge verdreckter Burschen bewehrt mit Gabeln und Sensen, dahinter ihre Weiber. Die Glocken läuteten und die gesamte Einwohnerschaft erging sich in gekünstelten Freundesbekundungen.

Die wilden Streiter zeigten sich stolz, zu welch militärischen, staatsmännischen und planmäßigen Leistungen ein Heer von ungebildeten Bauern fähig sein konnte. Viele trugen ihre riesigen

Kreuze vor sich, und die Gewehre und Essenstornister am Rücken. Die anderen hielten noch Rosenkränze in der Hand. War irgendwo Wein zu haben, ließen sie alles liegen und stehen und rannten um seiner schnell habhaft zu werden, damit ihnen nicht eine wildere Horde zuvorkäme. Dergestalt zog alles zum Goldenen Dachl und zur Hofburg.

*

So begann am 15. August 1809, dem heiligen Himmelfahrtstag, mit Glockengeläute, Gottesdank und wunderlichen Förmlichkeiten Andreas Hofers Statthalterschaft. Wahrscheinlich plagte ihn grenzenloses Heimweh bevor er überhaupt in Innsbruck seinen Fuß setzte. Viele nannten ihn „Exzellenz“, doch das war ihm schnell zuwider.

“Ich heiß Ander, ich bin nicht besser als die andern, mir alles sind Bauern und keine Herren.“

Seine Anwesenheit war wirklich erforderlich. Das Volk hatte sich des Finanzdirektors Senger bemächtigt und schleppte ihn durch die Straßen. Totenbleich flehte er zu Andreas Hofer geführt zu werden. Wieder trat dieser ans Fenster und brüllte zur Masse:

„Was soll denn das! Heißt dies das Land verteidigen. Geht`s auseinander. Wollt ihr nicht folgen! Muss ich es nochmals wiederholen!“

So ging es in einem fort. Es wurde gebrandschatzt und geplündert. Zwielichtige Typen liefen wie losgelassene Kettenhunde herum. Sie leerten die Kneipen, jauchzten und schossen durch die Straßen. Das Abwerfen von Brücken und die handwerkliche einwandfreie Erstellung der Steinlawinen kam diesem Volk mehr entgegen, als die Sitten der Großstadt. Andreas Hofer brüllte herum wie ein grimmiger Knecht:

„Ihr Sauschwänze, Wieso treibt Ihr Euch umher? Zum Leuteplagen und Stehlen! ... Schämt Ihr Euch nicht! Was habt ihr in der Stadt zu suchen! ... Macht´s Euch fort, aber schnell. Ich kann Euch nicht mehr sehen!“

Er forderte sie auf die Feinde zu verfolgen, aber indessen waren die meisten schon so stockbesoffen, dass sie dazu nicht mehr imstande waren. Zu leicht und zu viel Wein fand sich in der Stadt.

*

Es ist für jeden Geschichtsschreiber schwer, die schönste Stelle im Sagenbuch eines Landes auszuwählen, gerade eines solchen, das wie einen Ochsenschwanz unzählige heldenhafte Begebenheiten sein eigen nennt. Die berühmtesten Dichter der Welt haben versucht unvergängliche literarische Werke zu schaffen, um die Menschen zu bilden. Cervantes schuf den guten Don Quichotte und ließ Sancho Pansa eine kurze Zeit ein kleines Land regieren. Selbst Pippi Langstrumpf ist uns allgegenwärtig. Wir bewundern die Trefflichkeit ihrer Phantasie und bedauern außerordentlich die fehlende Wirklichkeit. Andreas Hofer vereint Don Quichotte und Pippi Langstrumpf in einem, ist erlebte Geschichte und von keinem Schriftsteller erfunden.

*

So stehst du, Interessierter, in den Prunkräumen der Innsbruck Hofburg. Du siehst die großartigen Marmorböden, die edlen Hölzer, Fresken, Malereien. Die vornehmen Stühle und Tische. Die Franzosen und Bayern verjagten sie mit dem eigenen Blut, nun mussten die Bauern mit dem eigenen Geist regieren. Es war als hätten bedeutende Wissenschaftler in einem Feldversuch experimentiert, welche Folgen der Menschheit daraus entwuchsen.

*

Vorerst wählte der Sandwirt einen viel kleineren Saal der Hofburg als seine Vorgänger als Kanzlei, Beratungsraum und Saal zum Empfang seiner Bürger. Das Essen ließ er sich jeden Tag aus einem bescheidenen Gasthaus von Nebenan holen. Für sich selbst nahm er keine Entschädigung und Gehalt und selbst die lächerliche Anzahl von fünfzehn Geheimen Räten und Helfern verschlang am Ende so eine geringe Summe, dass sich die Nachfolgenden wunderten, wie wenig Geld es eigentlich bedurfte, um ein Land zu regieren. Als erstes schaffte er viele der von seinem Geist nicht durchzublickenden Gesetze und vielfachen Reglementierungen ab.

Als einzigen Luxus leistete er sich vier von der bayrischen Gräfin Spaur beschlagnahmte Schimmel, mit denen er sich bei seinen Ausfahrten mit seiner Droschke wie ein großer Dorfbauer bewundern ließ. Vom Fenster seines Regierungszimmers aus beobachtete er wann immer er konnte - und er ließ dabei alles liegen und stehen - wenn unter ihm Kühe durch die Straße getrieben wurden.

Bald schon ging es zu wie auf einem Jahrmarkt, und manch einer zeigte sich überrascht, dass Andreas Hofer nicht gleich von Anfang an verrückt wurde. Einfache Leute und Bauern konnten stets unangemeldet eintreten. Herren mussten sich ankündigen und warten. Höflichkeitsformen wurden abgeschafft, derbe Sprüche und Witze standen an der Tagesordnung. Wer durstig war, trank Wasser oder zumeist Wein aus der gleichen Flasche wie der Regent. Sacktücher waren nicht erforderlich, Pfeife rauchen war erlaubt, ebenso Gähnen, Furzen und Füße ausstrecken. Das Kartenspiel beanspruchte viel Zeit. Die Tischdecken blieben fast immer verschmutzt, Weinflaschen lagen vielfach herum, das genagelte Schuhwerk der Bauern tat auf dem politischen Parkett genauso seinen Dienst. Andreas Hofer ließ sich mit „Herr Vater“ anreden. Er stand für gewöhnlich um fünf Uhr morgens auf und begab sich zur Messe. Dort betete er höchstpersönlich so an die hundert Vaterunser zur Ehre verschiedener Heiliger. Wer um diese Zeit kam, musste mitbeten, dafür bekamen die sich in seiner Nähe Befindlichen während der Messe eine Prise Schnupftabak angeboten.

Nach einem einfachen Frühstück ging er ans Tageswerk, das er hemdsärmelig und mit der Sorgfalt und Zähigkeit eines guten Familienvaters ausübte. Alle Räume ließ er mit einer Vielzahl von

Kreuzen und Heiligenfiguren ausschmücken. Kajethan Sweth, einen entlaufenen Grazer Studenten, ernannte er zum Schreiber, dazu noch einige Lehrer und Pfarrer als Berater.

Abends erzählte man sich Geister- und Hexengeschichten oder sie sangen zusammen besinnliche Tiroler Lieder. Für gewöhnlich um elf Uhr ging alles zu Bett. Einen vom Kaiser geschickten Blumenstrauß hielten sie so in Ehren, wie es keine Braut besser täte. Als er eingetrocknet war, verwandelten sie ihn zur Reliquie.

Entschieden wurde nicht im Namen des Gesetzes - er kannte es nicht einmal in seinen Grundzügen - sondern mit Hausverstand und natürlichem Rechtsempfinden, das den Gedanken der breiten Masse näher stand, als die meisten Gesetze. Vor Kontakten mit anderen Politikern hütete man sich oder fand es der Höhe ihrer Geisterwelt nicht entsprechend, ebenso den Umgang mit Künstlern und Schriftstellern. Die Kunst der Diplomatie erschien allen zu verwickelt und gefährlich. Massenhaft Gedanken entsprossen ihren Geistern, ohne geistig Hochstehendes anzupeilen.

So gingen die Tage dahin. Ein Zillertaler Bursche trat zögernd mit seiner Liebsten vor ihm und beklagte sich über den dortigen Pfarrer, der ihnen Heirat verweigerte. Es befand der Oberkommandant von Tirol:

„Was soll das für Anstand sein? Beide haben Geld, man weiß von ihnen nichts Ungleiches, und da es nun schon einmal so weit gekommen, wird das Beste sein, man macht die Sache vorwärts." Und wenn der dortige Pfarrer dies verweigerte, würde er einen befreundeten Pfarrer empfehlen.

Ein Wilderer, welcher sich durch Flucht seiner Haft entzogen hatte, suchte kniefällig und flehentlich um seine Begnadigung an. Er gewährte sie ihm mit dem schroffen Verweis „sich nicht mehr in solche Händel einzulassen und sich in jeder Beziehung als rechtschaffener Mensch zu betätigen."

Eines Tages erschienen mit schrecklichem Gekreische ein Bauer zusammen mit seiner Ehehälfte, sowie Magd und Knecht.

Der Bauer zeterte über die verdächtigen Anspielungen seiner Angetrauten zum Dienstboten, die Bäuerin über die gefühlskalte Unempfänglichkeit des Mannes und seine unziemliche Offenheit zum liederlichen Frauenzimmer. Andreas Hofer ließ sie einige Zeit lärmen und zetern, bis er mit seiner wuchtigen Stimme, alle unterbrechend, Urteil sprach:

„Schämt`s Ihr Euch nicht Ihr Schweine? Was streitet Ihr doch! Seid Ihr Christen? Ein Lumpengesindel seid ihr! Wie könnt ihr beichten? Marschiert´s weg von hier und wenn ihr noch einmal mit solchen Ferkeleien kommt`s, lasse ich Euch alle vier einsperren. Marsch und fort von meinem Gesicht, ihr Saumägen!" Ungehalten wurde er, wenn man ihm Amtschriften brachte, deren Sinn sein bescheidener Geist nicht verstehen konnte. Wie dankte er es Pater Josef Danei als dieser ihm eine Fülle von Eingaben und Dokumente in eine leicht fassliche Abhandlung brachte:

„Das ist ein braver Pater, Sie sind ein Mann! Sie haben jetzt eine Schrift gemacht, welche ich voll und ganz verstehe. Die Herren von der Administration schicken mir oft Sachen zum unterschreiben, wo ich nicht die Hälfte davon verstehe." Der Pater tat geschmeichelt und entgegnete, er schreibe eben keinen Beamtenstil. Da fuhr der Regent ihm in die Rede:

„Ach was Beamtenstil, die Herren sollen ein Deutsch schreiben, welches auch die Bauern verstehen." Und zum Lohn für seine Arbeit forderte er ihn auf:

„Kommen Sie geistlicher Herr, jetzt gehen wir eine halbe trinken!"

Er ging gegen lässige Beamte vor und ichsüchtige Bauern. Es besserte sich, dass Väter unehelicher Kinder der Obrigkeit gemeldet werden mussten, um sie zur Erfüllung der Unterhaltspflicht anzuhalten.

Die Professoren beschäftigen ihn am Anfang nur insofern, als dass sie redlich Gottes Wort verbreiten sollten. Doch dann erkannte er, dass es eine Menge schlechter Professoren gab, worüber er sich ereifern konnte.

„So schlechte Schulen soll man niederreißen und andere aufmachen, die für das Seelenheil besser wären." Sie wurden entlassen und durch Gottergebene ersetzt.

Dann nahm er Anstoß an der unzüchtigen Kleiderordnung der Frauen. Eine Frau verwies er aus seinem Empfangszimmer, weil sie eine zu liederliche und offene Kleidung trug. Überhaupt befahl er ihnen einen züchtigen und frommeren Lebenswandel an und trug ihnen strengstens auf weniger Dekoltierung, sichtbaren Busen und Armfleisch zu zeigen oder Anlass zu „sündhaften Reizungen" zu geben, ansonsten sie es „sich selbst zuschreiben werden, wenn sie auf eine unbeliebige Art mit ... bedeckt würden." Er führte das Verbot der Tanzfeste und anderer sündigen Geselligkeiten ein. Die Wirte hatten während der Gottesdienste ihre Gasthäuser geschlossen zu halten.

Pater Haspinger erzählte ihm von einem Nachtgedanken und beeindruckte damit Andreas Hofer über alles: „Ich habe einen Traum: Mir Tiroler ganz allein. Über uns der Herrgott, kein Kaiser, kein König, nur das heilige Land Tirol."

Bald schon schickte er seinen treuen Pater Joachim Haspinger, der ihm alsbald zum liebsten Mittler zwischen Gott und den Menschen geworden war, nach Werfen ins Salzburgerische, um auch ihnen ihre neuen Freiheitsgedanken schmackhaft zu machen. So ritt dieser auf seinem alten Klepper, über der Kutte den Kommandosäbel, auf dem Kopf einen Hut wie eine Blechdose mit stattlichem Gemsbart in der Stadt Werfen ein und versuchte die Leute für ihre Ideen zu begeistern. Der dortige Kommandant ließ seine Kompanie vor dem Kapuzinerpater in Parade aufstellen und alle staunten mit welch bewaffneten Wundermann sie es zu tun hatten. Berichteten doch vorauseilende Botschaften, dass sich bei ihm die Hostien vergrößerten und schöner wurden, als bei jedem anderen Priester.

Wie glücklich zeigte sich Andreas Hofer, als man ihm mitteilte, der Kaiser höchstpersönlich habe ihm einen hohen Orden zugestanden. Er pries vieltausendmal den gütigen Regenten und beschloss den 4. Oktober 1809 als Nationalfesttag zu begehen. In seiner Gutmütigkeit merkte ernicht, dass diese Geste vor Gift und Hohn nur so spottete. Voll Freude ließ er die Hofkirche bunt schmücken, karrte zur Feier des Augenblicks seine treuesten Schützen heran, kaufte sich eine neue Montur, tauschte auf seinem neuen Hut das Marienbild aus und nahm mit vielerlei umgehängter Zierart auf den rot überzogenen Stühlen vor dem Hauptaltar Platz. Die Chroniken vermelden, dass die Messe endlos lang gewesen sei, welche Andreas Hofer als einziger ohne Ermüdung und Langeweile ertrug. Unter dem vielkehligen Gesang von „Großer Gott" hängten sie dem ergebenen Kommandanten Medaille und Kette um. Anschließend lud Andreas Hofer die höchsten Bauernvertreter und Geistlichen zum Festmahl. Für alle anderen, außer zweier kaiserlicher Offiziere, gab es keine Einladungen. Andreas Hofer beschied den ausgeladenen Würdenvertretern, Bürgermeistern und anderen Honorationen, dies würde nachgeholt, wenn mehr Geld vorhanden sei. Hinfort zeigte er sich mit der kaiserlichen Gnadenkette wie ein aufgeplusterter Hahn immer in der Öffentlichkeit und küsste sie unzählige Mal am Tag. Je schwerer die Stunden, desto öfter. Abends ging er an diesem Tag ins Theater, wo eigens für ihn die Stücke von Iffland: „Liebe zum besten der Fürsten" und einem Nachspiel „Der Fürst hilft gewiss, wenn er´s nur weiß" gespielt wurden.

Trotzdem zehrte das Regieren über alle Maßen an den Kräften dieses Mannes. Er hoffte, dass der Kaiser bald einen neuen Kommandanten ernennen möge, „der zu unserem Volke Zutrauen hat und der das Vertrauen des Landes besitzt, welcher mehr für das allgemeine Beste als auf eitlen Ruhm besorgt ist, der mit militärischen Kenntnissen und besonnenem Mut auch Rechtlichkeit des Charakters und tirolischen Biedersinn verbindet."

Unter tausenderlei Mühen und Plagen gingen so seine Tage auf der Hofburg weiter. Er erfuhr, dass im Trentino bei der Bevölkerung Unmut über das Treiben eines ausbeuterischen Kommandanten namens Sebastian Garbini herrschte. Auch zu Frau und Kindern trieb es Andreas Hofer. Eines Tages brach er auf, nicht ohne einen rechtschaffenen Verwalter in Innsbruck bestellt zu haben. Nicht oft gab es einen seltsameren Auszug. Eigentlich wollte Andreas Hofer mit seinen vier Schimmeln ausreiten, aber seine Freunde bestanden darauf, dass er es tat wie es sich für einen Regenten geziemte. So ritt ein Landsmann mit gezogenem Schwert voraus, gefolgt von Reitern in Uniform, einer weiteren Eskorte und endlich Hofers Kutsche. Und hinterher, das hatte er sich nicht nehmen lassen, folgte ein Leiterwagen mit einem großen Weinfass. Er befahl die Verhaftung von Garbini und ließ ihn einsperren.

Er kehrte bei seiner Frau und seinen Kindern ein, riss sich aber wieder los. Seine Sorge galt dem Lande, wenn auch sein Gasthaus mittlerweile zu darben begann und die Geschäfte mehr als schlecht liefen. Zwei Monate dauerte die Regentschaft von Andreas Hofer. Und mit jedem Tag ging es ihm schlechter. Es gab kaum mehr gute Nachrichten. Am 28. Oktober brachte man ihm eine schriftliche Mitteilung von Erzherzog Johann, welche Andreas Hofer zum Ausruf veranlasste:

„Gott, unsere liebe Frau und die Armen Seelen wollten es nun einmal so."

Der Himmel erhörte nicht sein Flehen und die gütigen Götter blieben fern. Es dauerte nicht lange, da belog man den gutgläubigen Andreas Hofer wo es nur ging, weil er ehrlich von der anderen Treue überzeugt, war. Bald beschwindelte man ihn mit der Nachricht, der ersehnte Nachschub sei schon im Pustertal. Man flüsterte ihm zu, sein hoch verehrter Erzherzog Johann käme durchs Unterinntal zu Hilfe. Andreas Hofer glaubte. Dann verbreitete man die Nachricht, der Regent sei schon im Lande, und er glaubte alles.

Da das menschliche Leben nicht von ewiger Dauer ist, und die Träume noch viel kürzer sind, kam Andreas Hofers Ende schneller als er jemals glaubte. Am 31. Oktober und 1. November 1809 kam es zum nächsten Kampf, zur vierten Berg-Isel-Schlacht. Sie endete mit einer vernichtenden Niederlage der Tiroler.

Andreas Hofer rettete sich unter vielerlei Gefahren zurück in sein Passeiertal, zu seinem Sandhof, wo ihn ein zechendes und lärmendes Gastgesindels schon als Haupttäter für all ihre Übel ausmachte. Sie sagten ihm, er habe den Handel angefangen und nun solle er weitermachen, ansonsten verdiene er erschlagen zu werden. Das zusammengelaufene Volk zechte auf seine Kosten und weigerte sich hartnäckig zu bezahlen. Sie waren zur Überzeugung gelangt, dass ihr Leben, auch ohne Revolte gegen ihre Brudernachbarn weitergegangen wäre. Ihr Wein wäre gewachsen, ihr Weizen genauso und auch die Kartoffeln.

Andreas Hofer hatte sich verändert: Die Haare standen ihm zu Berge, der Bart, sonst sorgsam gepflegt, war zerrauft, seine Stimme kreischte. In den gutmütigen Vater Hofer war Verzweiflung eingekehrt. Er wurde ungerecht und launisch. Die wenigen Freunde empfahlen ihm zur Flucht nach Österreich. Sie rieten ihm den Bart abzuschneiden, um sich unkenntlich zu machen, doch das wollte er nicht. Dafür war er zu stolz.

Nur vom Erzherzog Johann erwartete er noch Unterstützung, nachdem er „es mit seinen Leuten nimmer aushalten“ könne. Es war ein jammernder Ruf des „in Herz betrübtesten Andre Hofer von Passeier“.

Immer noch stand er geschmückt wie ein Pfau mit der kaiserlichen Gnadenkette, die er noch inbrünstiger küsste als je zuvor. Er musste sich vorwerfen lassen, „als Lügner vor meinen Brüdern stehen, zu Schanden vor allen werden, und nichts anderes wartet mir, als die Fluchreden in das kühle Grab: „Du bist die Ursache unseres Unglücks. Aber auch dieses wollte ich gerne ertragen, nur das strenge Gericht Gottes, wo ich Rechenschaft über meine Untergebenen werde ablegen müsse, befürchte ich." Den Brief unterzeichnete er als „armer verlassener Sünder".

*

Endlich kamen seine letzten Stunden wie es sich in einer Heldensage geziemt. Im Hochwinter musste Andreas Hofer zusammen mit seinem letzten Getreuen Kajethan Sweth auf die Pfaundleralm fliehen, um seinen Häschern zu entkommen. Ein Futtertrog bildete das einzige Möbelstück, und es war bitterkalt. Noch öfter versank der stolze Kommandant ins Gebet. Er lebte wie ein aufgescheuchtes Reh. Schlussendlich kamen noch seine Frau Anna und sein Sohn Johann hinzu, um ihn in seinen Leiden nicht allein zu lassen. Zudem erschien eines Tages Franz Raffl ein notorischer Trunkenbold und dauernd in Geldnöten. Eine hohe Geldsumme war inzwischen auf Andreas Hofer ausgesetzt.

Am 28. Jänner 1810 war es soweit. Ein großes Aufgebot umstellte die armselige Hütte. Sie trieben die Schar heraus. Die Meute starrte auf den gefallenen Helden, einen jeden drängte es eines seiner Barthaare als Andenken mit nach Hause zu nehmen. Militärmusik begrüßte unten im Tal den gefesselten Anführer, den man mit zerschlagenem und zerrauftem Gesichte und Bart hinschleifte wie ein Häuflein Elend. Plakate wurden angeschlagen, um den Erfolg überall zu verkünden.

Im Eilmarsch ging es ins italienische Mantua. In Ala nächtigten sie. Die anderen feierten, Andreas Hofer betete. Nachts brach ein Feuer aus. Er hätte fliehen können, doch zog er es vor die anderen zu wecken und beim Löschen mitzuhelfen. Ein Schreiben von Napoleon war schon unterwegs.

„Eine Kommission soll urteilen und ihn an Ort und Stelle innerhalb von 24 Stunden erschießen." Dies war deutlich genug. Das Verfahren ging in Windeseile vonstatten:

Sie würden richten „über Hofer, genannt „barbone“, 5 Schuh, 8 Zoll groß, von länglich rundem Gesicht, rötlicher und befleckter Gesichtsfarbe, offener Stirn, schwarzen Augen und langem schwarzen Bart.“

Obwohl die Tiroler sonst jeden Juden in ihrem Lande verjagt und geächtet hatten, fand einzig der jüdische Rechtsanwalt Doktor Gioacchino Basevi den Mut Andreas Hofer zu verteidigen. Fünfhundert Abdrücke des Verhandlungsprotokolls sollten aller Welt kundtun, was sich zugetragen hatte. Am 20. Februar 1810 war es soweit. Wie ein treu besorgter Vater ordnete Andreas Hofer seine Dinge um Zeitliches mit Ewigem zu vertauschen. Er dankte seinem Weib, seinen Kindern, rief die Mutter Gottes an, ihn nicht im Stich zu lassen. Dann traf er die letzten Anordnungen:

„Der göttliche Wille ist es gewesen, dass ich hab müssen hier in Mantua mein Zeitliches mit dem Ewigen verwechseln,“ schrieb er seinem Bruder.

„Ich habe als ein ehrlicher Mann in allen Stücken gehandelt und folglich fürchte ich nichts. Bitte also alle, dass Gott mich und alle unterstütze!“ schrieb er seiner Frau.

Er bat seine Freunde und Verwandten für ihn zu beten, wenn er trotz allem im Fegefeuer schmorte und das wenige übrig gebliebene Geld gerecht zu verteilen.

„Adieu du schnöde Welt, so leicht kommt mir das Sterben vor, dass mir nicht einmal die Augen nass werden.“ So verabschiedete er sich vom Leben und fügte dem hinzu „um 9 Uhr reis ich mit Hilf aller Heiligen zu Gott.“

Er wies eine Augenbinde ab, gab selbst wie es sich für einen Kommandanten geziemte das Wort zum Losfeuern. Zwölf schlecht gezielte Schüsse warfen ihn zu Boden, ein dreizehnter aus unmittelbarer Nähe nahm ihm das Leben. Alle Anwesenden bewunderten wie er hinging.

*

Andreas Hofer starb und lebte weiter. Viele im Lande erkannten, dass er klug und weise regiert habe. Selbst die bayrischen Statthalter spendeten ihm wegen der Ehrlichkeit seines Handelns Lob. Niemand fand sein Wirken treulos oder verschlagen. Sie rechneten ihm an, dass er sich beim Gang zum Tode noch besser bewährte als im Leben. Und dass um Unsterblichkeit zu erlangen, ein Mann bereitwillig sein Leben hingeben müsse. Andreas Hofer überlebte alle. Napoleon verlor, die Bayern wurden verjagt, Österreich kam und Tirol wurde wieder zu seinem Schwanz, das hündisch treu und ergeben wie kein anderes Land unter den vielen Völkern wedelte. Das Haus Habsburg verschwand. Andreas Hofer blieb in den Gedanken des Volkes wie eine Heldensage aus dunkler Zeit. Zu den Göttern gesellten sich die neuen Halbgötter. Andreas Hofer wurde zum höchsten unter allen, blieb aber nicht der einzige. Dazu kamen noch seine verwegensten Mitkämpfer. Der listige Josef Speckbacher, der kriegerische Rotbart Pater Joachim Haspinger, der treue Schreiber Kajethan Sweth. Zum neuen Judas wurde Franz Raffl und damit hatte das Heilige Land seinen Verräter.

*

Viele absonderliche Ereignisse, die gar nie stattfanden, wurden im Laufe der Zeit aufgeschrieben und als Heldentum verbreitet, andere getilgt. Erinnerungen wurden zu alter Legende, Wahres zur Lüge, Alltägliches zu Gottgelenkten, Menschliches zu Übermenschlichen.

Die Eingeborenen gaben sich mit noch größerer Hingabe den Prozessionen hin, girrten zum Himmel um besseres Wetter zu erflehen, gackerten das Vater Unser, vergaßen niemals mehr ihren Bund mit dem Herzen Jesu und stellten zu Ostern die färbigen Christkugeln noch schöner auf. Kapellen und Kirchen wurden färbiger und frömmer bemalt, in die Gotteswinkel ihrer Stuben hängten sie zum Christus noch einen Andreas Hofer. Gegen ihre Dichter und Denker, Freigeister und Künstler gingen sie noch bösartiger vor. Bald führten sie ein, dass die Namen der Käufer von Büchern und Zeitschriften aufgeschrieben und gemeldet wurden. Lehrbücher wurden verboten, wenn Wörter wie Revolution oder Fortschritt vorkamen.

Das Volk war froh sich des Alptraums neuer Fortschrittsgedanken versagt zu haben. Sie waren stolz darauf, durchgehalten zu haben, als es keinen Sinn mehr hatte, einen Tod ohne Zagen hingenommen, die ehrenvollsten Waffenstillstände ausgeschlagen und vereint mit ihren Priestern einen Pakt mit dem Herzen Jesu gegründet zu haben, den zwar niemand hautnah zu Gesicht bekam, trotzdem irgendwo vorhanden sein sollte. Sie wendeten ihren verewigten Hofer so vielseitig wie möglich an. So begingen sie alle nur möglichen Gedenkjahre mit trauriger Fruchtlosigkeit und zerrten die Helden, wo immer es sich anbot, mit.

*

Das wahrhafte Grab Andreas Hofers! Voll Ehrfurcht musst du dich diesem nähern, nicht ohne vorher den nötigen Obolus entrichtet zu haben. Tote müssen den Nachgeborenen Zinsen tragen, um erst richtig gute Tote zu sein, denkst du dir insgeheim. Die Innsbrucker Hofkirche haben sie sich als Ausstellungshort des wahrhaftigen Knochengerüstes von Andreas Hofer auserkoren. Selbst die anderen großen Helden, Josef Speckbacher und Pater Joachim Haspinger haben sich um ihn ehrerbietig versammelt und liegen eingelassen unter Bodenplatten.

Lange Zeit gammelten des Helden Knochen in Mantua. Erst im Jahr 1823 besann sich eine wilde Soldatentruppe rund um den Kaiserjägerleutnant Georg Hauger dieses Frevels. Sie scharrten das Beingerüst aus dem winterharten Boden, jeder nahm sich zum Andenken noch ein Knöchelchen mit, und entführten das übrig Gebliebene, in einer Munitionskiste nach Tirol, nicht ohne sich vom dortigen Pfarrer Bianchi eine Echtheitsbestätigung zu holen. In Trient verdrahtete Arzt Dr. Murko das Skelett vorsorglich, damit es nicht weiter auseinander fiele. Mit der Zwangsbeglückung dieser Leiche wusste man längere Zeit nichts anzufangen, bis sie versteckt auf einem Leiterwagen, unter Heu und Stroh, nach Innsbruck versandt wurde. Die Urheber dieser Aktion bestrafte man - wie es in diesem Land bei jeder unerwarteten Umänderung der Brauch ist - mit Arrest.

*

Stolz steht Andreas Hofers versteinerte Figur in Tracht mit umgehängten Stutzen und Fahne in der Hand und lugt halb traurig auf das leere Grab des Habsburgerkaisers Maximilian I., halb mit treuem Blick zum Himmel. Unter den Leuten scheint Streit zu herrschen ob er nun gestorben sei oder nicht. Die meisten sagen, er sei nicht tot, sondern nur an die Felsen angewachsen und harre einer Wiederkehr.

Zuweilen redet Andreas Hofer mit den Leuten, die von den Bergen kommen, aber nur mit den einfachen und Bauern. Gewöhnlich schläft er altersmüde und zwinkert, wenn ihn niemand sieht, manchmal mit den Augen. Der Bart ist weiß, das Gesicht genauso, alles ist ihm ergraut und verweißt.

*

Sie zerren den Helden, wo immer er sich anbietet, mit trauriger Furchtlosigkeit heraus und verrichten mit ihm, was sie gerade brauchen. Sie verrichten immer etwas mit ihm. Sie lassen ihn zu den Untertanen sprechen, stänkern, schreien, schimpfen, wann immer es irgendein Statthalter notwendig hat. Sie erinnern sich mit ihm seiner heiligen Kriege und feiern alle nur möglichen und nicht möglichen Gedenkjahre, dass die umliegenden Völker sich ehrfurchtsvoll erheitern. Ist es doch in ihren Augen nicht annehmbar, dass der höchste Held dieses Landes von minderer Qualität sein soll, und sich ein ganzes Volk wegen seiner Größe zu irren vermag.

Kurzer Bericht von einem Land, in der man der Natur keinem Platz ließ

Der Verfasser erzählt von den Paznaunern welche meinten ein Märchenland aufzubauen. Häuser aus Leichenteilen. Allerlei Sklavenumschlag. Wie die Ischgler den Schnee anbinden wollten. Eine marschierenden Lawine von Galtür und warum diese die anderen betraf. Die Toten zur Steigerung des Fremdenverkehrs. Geschichte eines Mannes dessen „Leben heißt genießen" zum Tode führte. Die Träume des jungen Leo Gurschler. Erklärung warum Respekt nichts ist, Geld alles.

Es sei mir als sorgfältigen Erforscher der Eigenheiten dieser Menschen erlaubt, den Lesern von einigen merkwürdigen Tälern zu berichten, dessen Einwohner beschlossen, jeden Zentimeter Grund und Boden den Gästen zu opfern. Mochte in vielen Gebieten Ähnliches passiert sein, fand ich trotzdem vieles verwunderlich und erstaunlich. Lieber Fremde! Wie wünschte ich mir, von einem Tal zu erzählen, das als das geistreichste genannt werden kann, oder jenes, wo die Menschen den Frieden mit sich selbst und der Natur gefunden haben. Wo große Geister, Künstler, Schriftsteller und Bildhauer in großer Masse zusammen lebten. Von alledem kann ich nichts schildern und so bleibt mir nur traurigerweise die Pflicht mitzuteilen, was unlängst ihrem großen Schauspieler Tobias Moretti, an Ischgl denkend herausquoll:

„Ob man diesen Affenzirkus nicht drüberbetonieren und dann das ganze zuscheißen solle."

Vielleicht können Leben und Gedanken dieser Menschen Lehre und Mahnmal für spätere Generationen sein. Dass kaum jemals in der Weltgeschichte große Denker und Geister die Aufmerksamkeit und Achtung der Menschen fanden, sondern immer nur die banalsten und trivialsten Dinge aufgebaut auf Spaß, Sünde und Sauferei.

*

Im Kuhdorf Ischgl wohnten die Aloys auf der windschiefen Heidelberger Hütte auf über 2.000 Metern. Vater Erwin Aloys brachte durch Schmuggel und dem Ausschank von kärglichen Speisen an die wenigen sich dorthin verirrenden Touristen die Familie mehr recht als schlecht weiter. Das ganze Paznauntal war rückständig und von aller Welt vergessen, doch wenn Günther, der Sohn, ins Tal kam, freuten sich die anderen Kinder füchsisch, war er doch der Rückständigste von allen. Er wusste überhaupt nichts von den verspätet das Kaff erreichenden Modeströmungen, noch von den Hipp-Hopp-Sängern, die modern waren oder den Filmen, welche die Leute zu Diskussionen veranlassten.

Wie oft geschieht es, dass ein Mann in ein Dorf hinein geboren wird, das aller Wohlgestalt und Harmonie gänzlich ohne scheint und er wie Schuppen vor den Augen die Missgestalt nicht sieht, sondern vielmehr noch all die Bedauerlichkeiten wohlmeinend als lieblich und ansehnlich erachtet! Kurzum für Erwin Aloys gab es kein schöneres Tal auf dieser Welt als das Paznauntal und kein lieblicheres Dorf als das einige Seelen zählende Ischgl. Als er zufällig dorthin sich verirrende Leute sah, wie sie mit ihren Skiern in tollkühner Fahrt über die stillen Hänge herunterschossen, wurde er von ihrem Getue so verzaubert, dass er von nichts anderem mehr träumte, als seinen Ort zu einem Pilgerort dieser Meuten zu machen.

Im Jahr 1963 waren die Ischgler am Ziel ihrer Träume. Die Silvretta Seilbahn wurde fertig gestellt, doch schon beim Probelauf riss das Zugseil. Mehr denn je glaubten sie, dass alles, was sie taten rechtens sei und Gott sie durch solche Prüfungen zum Himmel bringen wollte. Die Bahn ging in Betrieb und seltsamerweise strömten Menschen in Massen nach Ischgl. Erwin Aloys war nun vollends überzeugt, es allen Missgünstlingen und

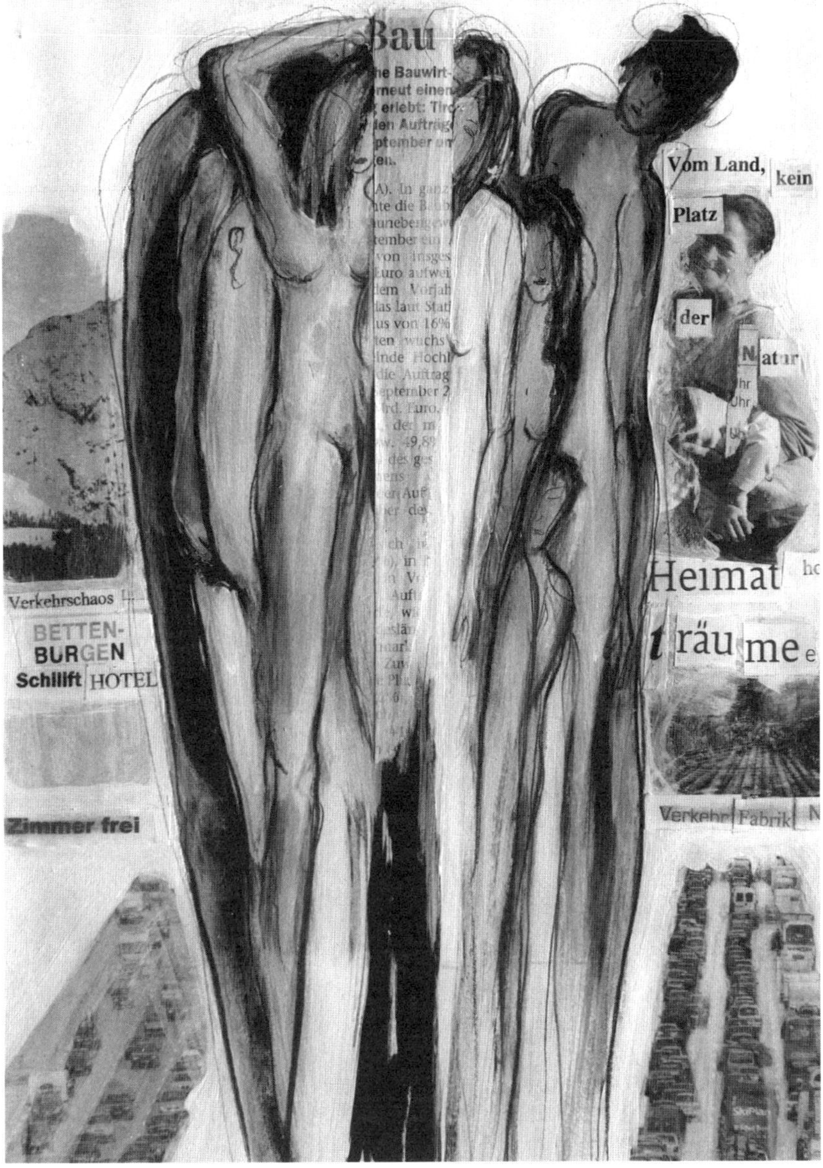
Bau
Vom Land,
kein
Platz
der
Natur
Heimat
träume
Verkehrschaos
BETTEN-
BURGEN
Schilift
HOTEL
Zimmer frei
Verkehr
Fabrik

Neidhammeln bewiesen zu haben, und ließ sich zum Bürgermeister dieses Nests krönen. In aller Zukunft sollten die Menschen ehrfurchtsvoll von den Aloys reden, wie sie diese herrische und gebieterische Natur besiegten und sich jeden Quadratmeter dieser Felshügel untertan machten.

Leute aus aller Welt pilgerten in der Folge nach Ischgl um zu erspähen, was der menschliche Erfindungsgeist bewirken konnte. Sohn Günther Aloys, bisher so arg gedemütigt, stand in den Visionen und Verrücktheiten seines Erzeugers in nichts nach. Es schien sogar, als füllte sich sein jugendlicher Geist mit einer ungleich größeren Zahl an Narreteien als jene des Vaters. Schon in jungen Jahren träumte er davon, sein Dorf zum Tempel der Lust und des Vergnügens zu machen. Er zog in die Welt hinaus, um sich überall dort niederzulassen, wo Menschen es geschafft hatten, jenseits hehrer Gedanken und Geisteskraft die anspruchslosesten Bedürfnisse der Völker zu befriedigen. Las Vegas, die Stadt der Lustbarkeit und des Lasters gefiel ihm besonders und als er heimkam, begann er das kleine elterliche Hotel umzukrempeln.

„Der Berg ist zum Kotzen langweilig“ wurde zu seinem Leitspruch. Als erstes fiel ihm die Herde jener Leute auf, welche gemütlich und geruhsam durch die Landschaft spazierten und eigentlich nichts Anderes im Sinne hatten, als die tiefen Geheimnisse der Natur zu ergründen.

„Rotweißkarierte Wanderschweine“ beschimpfte er sie und ihm graute davor, in welch großer Überzahl sie noch in den Berggegenden des Paznauntales herumtrappelten. Schnell wurde ihm bewusst, dass er diese Art von Menschen nicht weiter locken durfte, sonst kämen sie das nächste Mal wieder. Was er brauchte waren „globale Naschkatzen“ und „turbogeile Häschen“.

*

„Man muss die Natur inszenieren“, posaunten alsbald die Ischgler lauthals heraus, weil sie zur Überzeugung gekommen waren, dass sie allein zu schwach dazu sei. In düsteren

Herbstzeiten oder im Frühjahr begannen die Ischgler die Landschaft zurechtzubauen wie sie sich ausmalten, dass sie ihren Visionen am besten entsprach. Wie eine vierspurige Autobahn zog bald eine Schneise aus Schotter und niemals ruhen wollendem weichen Lehm vom Idjoch zur Idalpe. Darunter verliefen wie menschliche Adern, die Drainagegräben der Beschneiungsanlagen, denen man immer wieder schwere Betondeckel übergestülpt hatte. Wollte man von all den Verheerungen, Mordtaten und Grausamkeiten berichten, wäre dies ein schwieriges Unterfangen. Sie taten alles mit den von ihnen ausgestellten Rechtstiteln, und sie beriefen sich darauf, dass die Menschen die weisesten Wesen auf der Erde seien. Oft riefen sie Gott zum Zeugen ihres Tuns, auch wenn sie mit teuflischer Absicht und Habgier über alles herfielen, was die Natur ihnen großzügigerweise bot.

Sie sortierten die Materialen, und stachelten Beton und Eisen in jene Felsen, auf dem das Dorf seit alters her stand. Alsbald verbanden unterirdische Treppen die Hotels direkt mit dem pulsierenden Ungeheuer dieser zusammengestückelten Welt: Die Seilbahn. Sie war zu einem unbezwingbaren Riesen im Ort herangewachsen. Sie scheffelte die Menschen im Winter in die Höhe und die Ischgler setzten alles daran, dass sie niemals stille stand. Wie von Zauberhand gesteuert tröpfelten unaufhörlich millionenfach klingende Münzen heraus. Alsbald wurde sie zum Gebieter über Ischgl. Sie diktierte und herrschte, gab großzügig Brosamen den Vereinen, dass sie ihr Recht und ihre Macht anerkannte.

Wie erschraken doch viele der alten Leute, als sie sich diese riesenhaften Gebilde anschauten. Hatten sie zwei Weltkriege einigermaßen heil überlebt, gingen nun die Rotzbuben daran, alles kaputt zu machen, dachten sich nicht wenige. Doch nicht nur das. Niederträchtige Riesenskelette wuchsen als Mahnmale der Sinnlosigkeit alle paar Meter über die kargen Wälder in den Himmel. Manchen Leuten kamen sie vor wie ein unbezwingbares Heer. Die Vollkommenheit dieser Maschinen und Anlagen trug Unheimliches in sich. Fast leidenschaftlich bewegten sich die Räder und Seile, neckisch schaukelten die Sesseln und Gondeln, wimmerten die Zähnchen und Schrauben, turtelten die Gewinde und Spiralen, feixten die Spindeln. Wie unnatürliche Arme renkten sich Arme aus Eisenrohren heraus, welche in Winterszeiten unaufhörlich Schnee herausspukten. Alle freuten sich diebisch darüber, wie es ihnen gelungen war, der Natur ein Schnippchen zu schlagen. Mochte sie sich zieren, regelmäßig und geplant, Schnee nieder rieseln zu lassen, so erledigten diese Ungetüme menschlichen Erfindungsgeistes rastlos alles zur vollsten Zufriedenheit.

Nirgendwo anders wurde das Gebaute so schnell dem Erdboden gleichgemacht und schneller und ungeheuerlicher aufgebaut. Die armseligen Einheimischen wurden geldfett wie nie zuvor und rangen, obwohl sie weit mehr als genug hatten ein ewig sorgenfreies Leben zu führen, der Natur Meter um Meter ab. Wenn der Schnee weg schmolz und bis er kam, wurden die Täler zu einer riesigen Baustelle auf der Dutzende von Baggern schöpften, während weitum leuchtende Kräne Lasten in die Höhe hievten und sich die Dörfer wie bei einer Kulissenschieberei veränderten. Vereint saßen die Hoteliers, wie sie sich nannten, welche eben noch Bauern waren, mit den Handwerkern und Architekten und werkelten an neuen Luftschlössern herum. Dann verunstaltete Bauschutt die Täler, roch es nach Holzleim und Malerfarben, lagen die Eingeweide früherer Einrichtungen herum und warteten darauf, irgendwo in den Wäldern und Tälern niedergebracht zu werden.

Was wollen wir den Eingeborenen verübeln, wenn es alsbald zuging wie in einem Tollhaus. Die betagten Bauernhäuser wurden niedergerissen, die uralten Holzplanken sortiert und in rastloser Energie wieder zusammengesetzt bis am Ende neue Häuser entwuchsen, welche in jenem richtigen Verhältnis zueinander standen, wie Viktor Frankensteins Geschöpf aus unterschiedlichsten Leichenteilen. Drinnen sollten sich ab nun Fremde aus aller Herren Länder wohl fühlen.

*

Zu guter letzt musste jedes Jahr auf den großen Sklaven-Märkten Europas die neue Ernte angeschafft werden. Es war ein sonderbares Gefeilsche wie in einem Bazar:

„Junge rumänische Kellnerinnen, zwei Dutzend, und einen stämmigen Ober dazu für das „Hotel Adler“. Drei bulgarische Abspüler, trinkfest, ungefähr 1,70 Meter groß für das „Hotel Post“. Wenn zu wenig Rohware bitte einen Ukrainer, aber keinen Marokkaner. Und als letztes bitte zwei vollbusige, schlanke Tschechinnen zum Table-Dance und weiterem.“

Dann warteten alle sehnsuchtsvoll auf jenen magischen Tag, an dem die leicht gekleideten auswärtigen Kellnerinnen ihre Schürzen umbanden, die sündigen Meilen wieder erwachten und eine nie enden wollende Seilbahn-Maschinerie wie auf Knopfdruck sich in Bewegung setzte. Dann dröhnte es aus den Discos, und endlich durfte wieder hemmungslos gejodelt und gesoffen werden.

Allmählich setzte sich die Meinung durch, dass nicht mehr das getan werden musste, was vernünftig war, sondern was die größten Reichtümer und das meiste Geld brachte. Allerdings wurde im Laufe der Zeit die Zahl der massig fleischigen einheimischen Bürger größer, welche mit ihren glänzendfetten Gesichtern herumrannten und tagein, tagaus nur über Aktien, Geldverdienen und Immobilienhandel mit jedem redeten. Dem proportional nahm die Zahl der Neugeborenen immer mehr ab. Am Ende gab es viele Erwachsene und wenige Kinder. So wurde das Land reicher, ohne die Menschen reicher zu machen. Außer natürlich die Katzen und Mäuse. Es gab jetzt deswegen so viele wohlgenährte und so vielen Nachwuchs, weil sie früher darben mussten.

*

„The snow must go on“ erfanden die Ischgler und sie zeigten sich zufrieden mit ihren Sprüchen, welche bei den meisten Zeitungen auf offene Ohren stießen. Die absurdesten Geistesfunken waren ihnen recht genug, dass gar mancher an ihrem Geisteszustand zu zweifeln begann. Sie wollten mit 25 Kilometern die längste Achterbahn der Welt von den Silvrettagipfeln bis ins Paznauntal errichten. Es waren die lästigen Umweltschützer, welche sie daran hinderten. Dann dachten sie daran eine gigantische Stahltreppe mit 8.000 Stufen zum 2.650 Meter hohen Lattenkopf errichten. Dazwischen sollte es futuristisch anmutende Erholungsinseln und Hubschrauberlandeplätze für die Reichen geben. Nach unten sollte es auf einem Heliumkissen schwebend gehen. Noch zu erfindende Magnetschuhe, die auf Eisenplatten hafteten, fassten sie ins Auge. Mit einem Universitätsprofessor entwarf Günther Aloys seine Kinder-Schneespielwelten. Er nannte sie „Snow Bubble Tyrols“. Er würde sogar die „Snow Slope Tyrol“ bauen, wo er dem Berg den Schnee das ganze Jahr über anschnallen wollte, damit man selbst im Sommer problemlos Schifahren konnte. Er würde die lästigen Jahreszeiten ein für allemal überlistent. Er plante eine 25 Meter breite Piste auf 2,5 Kilometer Länge mit einem riesigen Glashaus zu ummanteln und eingebunden in Lifteffekte, künstliche Projektionen und wilde Naturgeräusche die Skifahrer herunterrasen zu lassen. Kühe wollte er als Kunstwerke bemalen, damit sie wie ein lebendiges Museum herumspazierten und nicht mit ihrem Gekacke die Landschaft verunstalteten. Er verwarf allerdings den Gedanken, als er bemerkte, dass die Farbe nach dem ersten Regenguss heruntertropfen würde. In den meisten Fällen schafften es nicht einmal die Ischgler, seinen Plänen zu folgen, aber immerhin hielten sie ihm zugute, mit seinen absurden Gedanken eine Menge Leute anzulocken, welche wahrhaft all die vermeintlichen Sonderlichkeiten schauen wollten.

*

Die Ischgler hatten mittlerweile die kleine Barockkirche aus der Mitte des 18. Jahrhunderts mit ihren Hotels umzingelt. Solange der Kirchturm noch immer an Höhe jedes Hotel überragt, würde Gottes Segen schon das Dorf beschützen, dachten sie fromm. Wenigstens einmal pro Woche gingen die meisten in die Kirche. Zwar fehlte es der immer klammen Gemeinde am nötigen Geld für die Friedhofserweiterung, doch das löste der Bürgermeister in einem öffentlichen Aufruf, sich mit dem Sterben Zeit zu lassen, weil „höchstens noch zehn Gräber frei“ wären.

*

Da gab es noch den alten Hotelier Emil Zangerle. Er war ein bettelarmer Schmuggler, Wilderer und Hirte gewesen. Kaffee, Tabak und schicke Strümpfe hatte er aus der nahen Schweiz geschmuggelt, als es in Tirol nichts als bloße Not gab. Dann hatte man ihn mitgerissen Hotelier zu werden. Sein Leben lang diente er den Gästen, wie sie es befahlen. Bis er von alleine merkte, dass selbst die Schafe klüger waren als die Menschen und sich ihrem tierischen Herdentrieb folgend des Sprechens enthielten, um nicht als Menschen erkannt und zum Arbeiten gezwungen zu werden. Eines Tages kehrte Emil Zangerle wieder zu seinen Schafen zurück. Dreihundert Stück folgten alsbald seiner Stimme, fraßen ihm begehrlich das Salz aus der Hand, wie er es als kleiner Junge gewohnt war. Wenn es hätte sein müssen, wäre er ein Leben lang Hirte in der Freiheit geblieben. Aber es waren halt die vielen Gäste, welche ihn so wollten.

*

Was taten die Ischgler nicht alles gedankenlos, um die Wünsche der Gäste zu erfüllen auch wenn sie manchmal über sich selbst den Kopf schütteln mussten, welch Hanswurste ihrer selbst sie geworden waren? Wie viel schwerer war doch ihr Tagesablauf im Gegensatz zu früher, wo sie auf den Wiesen bei einer Brettljause die Landschaft betrachteten und am Abend am Ofenherd lagen. Genug zu essen hatten sie damals und hatten sie jetzt, wenn man ihnen heute überhaupt die Zeit zum Essen ließ. Denn die Spaßtouristen verlangten ihnen einiges ab. Tagsüber sollten sie mit ihnen auf den Pisten herumtanzen oder Skilehrer spielen, am späten Nachmittag opferten sie sich in den Après-Skilokalen als volkstümelnde und mit Lederhosen bewehrte Kampftrinker, um abends schnell in ihr Hotel zu hetzen, wo sie das Essen ausgaben, um nachts bis zum Morgengrauen auf Teufel komm raus in den Tanzlokalen herumzuhopsen.

Auf ihre umgebauten ehemaligen kitschigschönen Schafhütten zeigten sie sich stolz. Nicki Ganahl, Sänger, Bienenzüchter, Hotelier und Skilehrer wie er majestätisch von sich gab, hatte sich „Nikis Stadl" zusammengezimmert. Da bedurfte es keines Architekten. Das schufen sie schon allein, in dem sie Hänsel und Gretels Lebkuchenhaus oder den Schuppen der bösen Hexe nachahmten. Unzählige dieser windschiefen Hütten säumten eine sündige Meile. Es gab den „Kuhstall", die „Wildererhütte" und die „Trofana-Alm".

Hier sollten junge Maiden turteln, für welche sich der Ausdruck „Luder" eingebürgert hatte. Mit ihren umgehängten Designertäschchen tranken sie kübelweise Champagner, Wodka und Red Bull und rauchten wie ein Schlot. Wahrscheinlich lag es an der Hitze des Lokals, dass die Püppchen zumeist einen bunten Hauch aus fast gar Nichts trugen. Die Spaghettiträger auf ihren Körpern schienen mehr die Variante eines Ratespieles zu sein, ganz nach der Frage: „Wer sieht am tiefsten hinein. Und wer zum Allerheiligsten."

Sehnlichst warteten sie auf die Möchtegernstars, wobei manch einer das Publikum teilte wie Moses das Meer. Denen machten sie große Augen und für manchen wären sie wohl leicht und locker bereit gewesen nicht nur sämtliche Hüllen und Höschen fallen zu lassen, sondern ihre eigene Oma mit zu verscherbeln.

Dann gab es die „Schatzi-Bar" mit ihren „Hiatamadln", ein Ausdruck im Dorf für die hübschen Hirtenmädchen, wobei nicht nachgefragt werden soll, ob es diese überhaupt jemals gab. Die „Schatzi-Bar" sollte das ultimative Erlebnis sein, mit der größten geheizten Eisbar der Alpen. Wo sich Männlein und Weiblein kennen und lieben lernten, und wo es schien, als kämpfte jeder eine Meisterschaft im schlechten Benehmen. Trinken, Tanzen und Turteln sollten sie hier alle. Solange, bis selbst der stärkste Hengst wackelige Füße bekam. Denn war eine gewisse Füllhöhe erreicht, verschwanden die Sinne und fielen aus unerfindlichen Gründen die Hüllen. War das Bier eimerweise ausgesoffen, bestand die Hauptaufgabe der Kellnerinnen im mühevollen Aufsammeln von Alkoholleichen. Die glichen zumeist nichts anderem als starken Wehrmachtspanzern.

Bald erkannte Günther Aloys voll Entsetzen, dass den Fremden etwas vom Wichtigsten verloren gegangen war: Eine eigenartige Zeit war mittlerweile angebrochen. Technische Errungenschaften, wie der Fernseher und der Computer hatten dazu geführt, dass ein Großteil der Menschen wirklich glaubte, diese Welt sei die wirkliche. Deswegen hockten sie Tag und Nacht vor der Glotze. Den meisten floss das schwer verdiente Geld durch eine Unzahl von Bedeutungslosigkeiten des täglichen Lebens, von denen sie aber überzeugt waren, dass sie derer unbedingt bedurften dahin wie das Wasser ins Meer.

*

Wenige Kilometer von Ischgl entfernt liegt der kleine Ort Galtür. Als „Cultura“ gründeten die ersten romanischen Siedler diesen Flecken, und meinten, dass sie diese starre, großartige Einöde erst „kultivieren“ mussten. Für die Ischgler galten die unüberzeugbaren „Kulturmenschen“ immer als die Unfügsamen. Wie oft zog der jeweilige Bürgermeister zu den störrischen Galtürern, um sie von ihrer Heilslehre zu überzeugen. Um so vieles würden sie glücklicher, versprachen sie ihnen, wenn sie so würden wie die Ischgler.

Einen schönen Winter brachte das Jahr 1999. Zwar hatte es im Paznauntal weniger geschneit, aber die Gäste kamen trotzdem. Am 17. Februar 1999 setzte im Paznauntal starker Schneefall ein,

Sturm mischte sich dazwischen. Unentwegt, wie seit Menschengedenken nicht mehr, schneite es weiter. Die Berge vermochten nicht die schwere Last dieses unberechenbaren gefrorenen Wassers standzuhalten.

Der Pfannknecht verschaffte sich Luft, indem er die Jamtalhütten mit sich riss. Zehn Meter darunter lagen nun die zerstörten Hütten. Die Gäste und der Hüttenwirt kamen an diesem Tag noch mit dem Leben davon. Die Bewohner wussten bald nicht mehr ein noch aus und wandten sich an den Bürgermeister Hilfe suchend um Rat. Sollten womöglich die Galtürer und mit ihnen die Fremden als nächstes an die Reihe kommen und sterben wie die Ratten. Der konnte beruhigen: Sie hatten niemals Böses getan, hatten die Natur nicht zerstört wie die Ischgler und Gott würde dem richtigerweise Rechnung tragen.

Der Wetterdienst schwatzte an diesem Februartag den schrecklichsten Wetterbericht, den es jemals gab. Wenn die Berechnungen zuträfen, würde es nie da gewesene Schneemengen in diesen Alpentälern geben. Aber ein Meteorologe ist kein Notarzt, und die Fachleute beruhigten und mäßigten den Trottel. Es war alles unter Kontrolle. Wie sollten sie wissen, dass es für viele der letzte Tag sein würde. Die Frauen marschierten geschlossen in die Kirche und suchten Zuflucht bei einem gerechten Gott, die Gäste ärgerten sich, weil sie nicht Skifahren konnten und die Straßen gesperrt wurden.

Es kam der 23. Februar 1999, 16.00 Uhr. Was niemand sich vorstellen konnte, trat plötzlich ein. Der letzte Garn, der Schnee und Berg verband, kappte. War es der Schlag eines Schmetterlings in Südamerika, ein Husten, ein Lachen oder ein Fluch? Der Berg marschierte geschlossen gegen das Dorf, nein er rannte mit furchtbarem Getöse. Was half es, dass man den Leuten einbläute zu Laufen, wenn der Berg mit seiner unerträglich gewordenen Last einherstürmte, einen toll gewordenen Wind vor sich hertreibend. Und überhaupt: Konnte ein ganzes Dorf davonlaufen? Es war eine riesige und wahnsinnig breite Lawine. Sie begrub uralte Bauernhäuser.

Die Menschen glaubten sich an einen Krieg erinnert. Wie überlebt man im Epizentrum von Atombomben, welche den Himmel minutenlang verdunkeln? Dreiundfünfzig Menschen wurden von den Schneemassen begraben, einunddreißig nur mehr tot geborgen, elf Häuser nahm sich der Berg, vier davon zerstörte er vollkommen. Am nächsten Tag traf es nochmals den Weiler Valzur, sieben weitere Menschen segneten das Zeitliche.

Die Menschen brauchten nur eine Nacht um sich zu fassen. Ein Tourist rannte mit hochrotem Kopf zum Bürgermeister um ihm seine Meinung zu sagen. Die anderen wollten den Ort so schnell wie möglich verlassen. Presseleute versuchten, den Schuldigen auszumachen. Dem weissagenden Meteorologen beschied man, keine unnötigen Spekulationen im Angesicht der Toten aufzustellen. Konnte jemand zugeben einen Fehler gemacht zu haben?

Einige tausende Touristen teilte man in fünf Kategorien ein. Die fünfte schaffte es schnell mit allerlei Ausreden und wedelnden Geldscheinen einen Hubschrauber zu ergattern und zu flüchten. Dringende Herzoperationen, unaufschiebbare Amputationen, hoch ansteckende Krankheiten legte sich die Schickeria als Grund zurecht. Die Kategorien vier bis zwei waren jene, welche das nötige Geld besaßen, um in nicht lawinengefährdeten Häusern untergebracht zu werden. Kategorie eins waren die ärmsten Schlucker. Man stellte ihnen großzügigerweise ein Matratzenlager gratis in der Gemeinde bei Wasser, Wurst und Kraut zur Verfügung.

Gab es je auf dieser Welt einen gerechten Gott? Warum gerade Galtür und nicht Ischgl? Aber: Fragt der Jäger wenn er auf die Gämse zielt, ob es sich um eine brave oder eine sündige handelte? Nimmt der Mensch Rücksicht beim Schlachten von Kuh und Schwein, ob es sich um, dem Menschen zutraulichere oder bockige handelt? Wurden Skipisten nur dorthin geschlagen, wo sie keinen Schaden anrichteten?

Den Ischglern war ob der Schneemassen nicht bange. Durch diese Toten hatten sie jenen Trumpf in der Hand, die darbende Tourismussaison wieder in Schwung zu bringen. Günther Aloys zeigte sich mit dem Abgang dieser Lawine sehr zufrieden.

„Wenn am Ende in den Köpfen übrig bleibt, dass es in Ischgl bebt und kracht, dann ist das doch toll“, trommelte er durch die Münchner „Abendzeitung“ in die Augen tausender Leser. Der Winter zog ins Land, der richtige Winter, mit viel Schnee und einem Hauch von mordenden Abenteuern.

„In die Hölle“ drängt es die Menschen, davon war Günther Aloys überzeugt. Hinein in den Kampf, dorthin wo die Toten rufen. Jeder Tote stellte eine unbezahlbare Möglichkeit dar, das Tal und sich selbst bekannt zu machen, jede Träne der Hinterbliebenen eine nicht zu vernachlässigende Werbebotschaft. Es krachte in diesen Tage gewaltig in den Alpen und kalter Leichengeruch breitete sich überall aus.

*

Wenn schon alle Täler rundherum beschlossen hatten, sich die Natur mit ihrem eigenen und der Gäste Irrsinn untertan zu machen, dann wollten die Ötztaler nicht zurückstehen. Sie taten es nicht mutwillig, sondern gingen vor wie die griechischen Krieger zu Troja. Sie lockten und schenkten ihr allerorten verheißungsvolle Holzpferde. Betonte doch jeder, wie viele Kompromisse sie mit der Natur hatten abschließen müssen. Sie schworen sich naselang, dass sie die Wunden, welche sie ihr zufügten, möglichst unauffällig hielten.

Mit einem Riesenplanschbecken erhoffte sich das Ötztal Schnee, Sonne und See in einzigartiger Weise miteinander zu vereinen. Stolz bauten sie ein Ungetüm aus nachgebauter Südsee und hofften den Gästen die Reise ans Meer zu ersparen. Endlich konnten Skihäschen an kalten Wintertagen ins heiße Wasser plätschern, sich gleichzeitig über die Aufmotzung ihres Busens beraten lassen, oder an der „Druidenwand“ mit ihrer Mauer aus blauen Kunstkristallen in ferne Welten hinab gleiten und später noch im „Raum der glückhaften Segnung“ geheimes Urwissen schnappen. Sie hatten sogar daran gedacht, Fünfsterne-Gäste vom allgemeinen Pöbel zu trennen, und Knirpse und Fratzen von den anderen abzusondern, damit nicht Kindergekreische die entkräftet Überarbeiteten in Verlegenheit brächte.

Zwar lästerten einige der unverbesserlichen Naturliebhaber, doch diese ließen sich prompt besänftigen, als die Touristiker hoch und heilig versprachen, dass nun endgültig die „Natur in der Architektur Einzug“ halte. Ihre Therme bauten sie mächtig wie ein Bergmassiv aus grauem Stein und Zirbenholz, sogar „einem Bergkristall nachgeahmt“ wie sie stolz zum Besten gaben. Und als das Monstrum fertig war, taten sie vor versammelter Runde kund: „In das Ötztal passt er nicht, aber zu uns schon.“

Die Bergler fanden es erstaunlich, dass es bei allen Verrücktheiten genügend Leute gab, welche sie in ihrem Wahnsinn begriffen, oder dies wenigstens versuchten.

*

Da bleiben den anderen nur die Brosamen verrückter Ideen, auch wenn die Summe all dessen, was hier geschaffen wurde, jede menschliche Vorstellungskraft übertraf. Die Zillertaler erfanden eine besondere Skipiste, welche sie „Harakiri“ nannten. Sie sprengten sie kurzerhand in den Felsen, pflockten ein Totenkopf-Schild „Achtung – Harakiri – Nur für geübte Skifahrer!“ weitum sichtbar hinein, und waren sich sicher, dass jene, welche sich nach hunderte Meter langen Stürzen die Knochen sortierten, die besten Werbebotschafter für ihr Tal seien. Macht doch nichts neugieriger als dem anderen sein Schaden. Als ein findiger Krämer sogar Mützen und Armbinden mit der Aufschrift „I survived it“ anbot und ein Skihersteller teure Ski mit dem Namen „Harakiri“ auf den Markt warf, waren die Zillertaler zufrieden, hatten sie es doch geschafft etwas zu erfinden, von dem sie sich einbildeten, den anderen voraus zu sein.

*

Im Schnalstal, am sonnenüberladenen Südabhang der Ötztaler Alpen, lebte in dieser Zeit ein junger Mann, Leo Gurschler mit Namen, dem man eine schwere Last aufbürdete. Seit Jahrhunderten beherrschten die Gurschlers dieses Tal, wo es nichts gab außer Bergen, Schafen und Gletschern. Rund um die wenigen Weiler schossen die felsigen Flanken der gewaltigen Bergspitzen bis zum Horizont in die Höhe. Zumeist lag es daran, dass sich seit Jahrmillionen ein halsstarriger Bach dort sein Bett grub. Nur an mancher Seite gab es an steilen Abhängen hinauf manch kärgliche Wiese. Es war ein abweisendes Tal mit ungebildeten Bauersleuten, welche sich untereinander fortpflanzten. In der Jugend pausbäckig, brauchte es nicht lange und sie hätten bei jedem Hexen- oder Teufellaufen ohne Maske mittun können. Im Großen und Ganzen handelte es sich um unbeirrbare und genügsame Menschen, die sich in ihrem Trott in nichts von ihren Bergschafen unterschieden. Zwar verirrte sich manchmal ein auswärtiger Liebhaber alter Bräuche in dieses Tal, um kopfschüttelnd zuzuschauen, wie man im frühen Sommer bei schockfrostigen Temperaturen tausende Schafe über die 3.000 m hoch gelegenen Jöcher ins Ötztal trieb, und im Herbst wieder zurück. Viele Schafe verendeten zwischen den Felsen, gleich viele kamen unerlaubterweise zur Welt, am Ende hielten sich die Verluste die Waage. Nannte der Bauer eine Kuh sein eigen, konnte er darben, mit zwei war er schon wohlhabend, was aber bedeutete, dass er das Heu überall zusammenkratzen musste, um die Tiere durch den Winter zu füttern. Die Bauernhöfe protzten so windschief, dass jeder Tierschützer sich einer weiteren Benützung verschlossen hätte.

*

Als Leo Gurschler klein war, träumte er von Dingen, von denen die meisten Kinder normalerweise nicht träumen. So schlug er als Dreizehnjähriger seinem Vater vor, eine Seilbahn auf die Grawand zu bauen. Dieser allerdings tat solche Gedanken als

Hirngespinst und Dummheit ab. Aber überall, wo der junge Leo bald hinblickte, sah er den steingsten Boden zu platt gewalzten Skipisten und die Felsen zu prächtigen Hallen, wo Menschen aus- und eingingen, verändern. Er sprudelte von tausend glänzenden Ideen und glaubte daran, weil er meinte, damit eine bessere Welt zu schaffen. Am 9. Jänner 1965 starb sein Vater.

Endlich war Leo Gurschler ein freier Mensch. Gemeinsam mit seiner Mutter betrieb er den Bauernhof und seinen kleinen Gastbetrieb ohne fließendem Wasser in den Zimmern und keiner Spülmaschine in der Küche. Er ließ sich nicht beirren. Bald schon stand das Haus wie neu da, und Leo fuhr nach Europa, um Flugblätter und Prospekte zu verteilen. Sie zeigten eine schöne Landschaft mit vielen Gletschern, Bergen und Wiesen. Er versprach allen, dass bald überall Lifte dort hinaufgingen und selbst auf den höchsten Bergen, Restaurants für nobles Essen sorgten. Und die Natur nur Kulisse für Besseres sei. Im Herzen blieb Leo ein träumerischer Naturbursche. Mit seinem Traktor fuhr er herum und mähte das karge Heu der Wiesen oder schlägerte Brennholz für den Winter. Wie es die alten immer taten. Eigentlich liebte er seine Heimat, so wie sie war und wünschte sich für die Menschen im Tal nur das Beste, um ihre Familien zu ernähren. Wenn die Gäste eintrafen, mimte er den Skilehrer, spielte am Abend den Hampelmann, tat alles, damit sie ein nächstes Jahr wiederkämen. Allen im Dorf impfte er ein, so zu tun wie er. Denn je mehr sie für die Gäste taten, desto lieber strömten sie ins Tal und desto besser erging es den Menschen im Dorf.

*

Bald schon dachten viele im Dorf wie er. Voll Unterwürfigkeit lachten sie mit, wenn die Fremden lachten und erzählten ihnen Geschichten, die sie schon hundertmal anderen Gästen zum Besten gegeben hatten. Sie gelobten den Gästen niemals zu widersprechen und alles zu tun, damit sie wieder kämen. Mit ihrem Geld würden sie ihre Häuser erneuern. Damit könnten sie noch größere Hotels bauen mit noch mehr Betten und die Wälder rundherum roden, um daraus Tennisplätze, Schwimmbäder und Golfplätze zu machen. Dann würden noch mehr und noch reichere Leute kommen. Am Ende wären sie so reich, dass sie andere Häuser kaufen oder bauen könnten.

Musikkapelle, Tanzgruppen und alle anderen Vereine mussten sich alsbald in den Dienst der Sache stellen. In Masse schlüpften die Talbewohner in die alten Gewänder der Vorfahren und hüpften in Tiroler Trachten oder als Hexen und Teufel verkleidet mit den tollsten Masken herum, während die Musikkapelle begleitet von appetitlich hergerichteten Marketenderinnen irgendwelche Lieder trällerte. Söhne jagten ihre weißbärtigen Großväter von ihren Bauernöfen herunter, um sie wie Hofnarren ungelenkig herumzualbern zu lassen. Wie mit Tollheit geschlagen mussten sie alles tun die Zuschauer bei Laune zu halten, während die Wirtsleute derweil allerlei ungelenkig verfeinerte Gerichte aus früheren Tagen zum Besten gaben. Den Einheimischen gefiel, wie die Touristen sich erheiterten und denen genauso, weil sie glaubten, urtümliche, bald aussterbende Bräuche zu sehen.

Dann kam die Zeit, in der Leo Gurschler beschloss eine noch bessere Welt für sein Tal zu bauen. War er doch der größte Bauer, der größte Hotelier, waren doch die Gurschlers ein weit herum geachtetes Geschlecht. Es sollte alles Bisherige in den Schatten stellen. Auf der unberührten Grawand, 3.215 m hoch, sollten sich Skifahrer tummeln und eine stolze Betonburg zum pochenden Herzen all dessen werden. Dazu benötigten sie Bagger. Niemand wagte es, das Ungetüm in die Höhe zu bringen, Leo Gurschler nahm es in die Hand. Er folgte einer schmalen Trasse, zum Teil über fast senkrecht abfallende Strecken, die das Gefährt zum Abrutschen oder Kippen bringen konnten. Felsrippen mussten gesprengt, der Bagger mit Stahlseilen an den Wänden gesichert werden. Wenn die Raupen es nicht mehr schafften, den Koloss aufwärts zu bewegen, zog er ihn mit dem ins Gestein verkrallten

Löffel Zentimeter für Zentimeter weiter. Auf dem Gletscher fanden selbst die Raupenketten keinen Halt mehr und das Gerät drohte in die Tiefe zu rutschen. Er ließ eigene Steigeisen anfertigen, welche so ulkig aussahen, um ihn noch mehr zum Gespött der Leute zu machen. Bei eisigspröden Temperaturen arbeiteten sie bis zum Umfallen. Leo Gurschler fühlte sich nicht als Herr. Er war Knecht unter einer Horde voller Sklaven. Treibstoff ließ er sich literweise von den Helfern hinterher tragen.

Doch damit war sein Leiden lange nicht zu Ende. Tagtäglich gab es tausende von Schwierigkeiten. Schnals war eine der rückständigsten Gemeinden der Alpen. Es gab keine einigermaßen befahrbare Straße ins Tal; nicht einmal die Brücken hielten. Eines Tages kam das Tragseil der Seilbahn. Vier Stück und jedes einzelne 45 Tonnen schwer. Dort wo die Straße ins Schnalstal mündet stand groß und deutlich lesbar ein Schild, dass sie nicht mehr als 1,5 Tonnen hielt. Leo Gurschler borgte sich zwei Lastwagen und fuhr damit zu einem Schmied. Den ließ er alle Traggestelle verstärken, die Federung der Hinterachse blockieren und in das Getriebe Kriechgänge einbauen. Dann zogen sie los, Leo Gurschler und ein Freund, während die anderen Wetten abschlossen, dass sie es niemals schaffen würden. Mit Vollgas mussten sie die erste gewaltige Steigung schaffen. Einer fuhr rückwärts, der andere zog von vorne. Hätte nur einer seine Füße vom Gaspedal genommen, wären sie in die Schlucht gestürzt. Dann fand sich das nächste Hindernis. Ein Tunnel, nur fünf Meter hoch. Um ihn herum führte eine schmale ausgesetzte Straße. Das Vorderrad lief frei über den Abgrund, das Hinterrad schmirgelte sich an der Felswand entlang. Auch dies schafften sie und Leo Gurschler glaubte in den Blicken der Einwohner Respekt zu spüren. Frohen Mutes erreichten sie den Stausee, da gab plötzlich die Straße nach. Der ganze Lastwagen drohte in den See zu stürzen, die Räder hoben sich vom Boden ab. Noch immer lief keine Seilbahn und die Kosten stiegen ins Uferlose. Die Experten hatten nicht richtig kalkuliert. Leo Gurschler und die wenigen Getreuen hatten kein Geld mehr und mussten betteln gehen. Aber voll Selbstsicherheit machten sie allen glaubhaft, dass bald glücklicher Zeiten anbrechen würden.

Im März 1974, stand die Seilbahn. Zum ersten Mal fuhren sie in die Höhe: Leo Gurschler stand wie ein Kapitän in der Kommandozentrale. Dann eine Vollbremsung. Der Abstand zwischen Felsen und Laufwerk betrug an einer Stelle nicht einmal einen halben Meter. Die Experten hatten einen Berechnungsfehler gemacht. Im Juni kamen die Techniker. Sie fanden tausend Mängel und viele Gesetzesübertretungen. Endlich, am 12. Juli 1975, gingen die Schnalstaler Gletscherbahnen in Betrieb.

Leo Gurschler war überzeugt, eine bessere Welt für das Tal geschaffen zu haben. Er hatte den Berg besiegt und ihn dazu gebracht Reichtum und Vermögen zu schaffen. Eine großartige Leistung, wie er glaubte. Er hätte sich zwar sämtliche Knochen brechen können, aber was zählte das schon. Ab nun würden sie auf dem Rücken der Gletscher Geld scheffeln. Und bald schon würden noch mehr Touristen kommen. Zu Tausenden.

*

Leo Gurschler zog alsbald mit einem den Felsmassen seines Tales ähnelnden Starrsinn zu neuen Ufern aus. Im stillen Tal sollte ein neues aufgedonnertes Hoteldorf entstehen. Für die Menschen, dass sie Arbeit fänden und nicht auswandern müssten. Wieder kamen die Experten und befanden, dass alles viel zu klein gedacht sei. Ein Planungsteam entwarf ein gewaltiges Bauwerk, um die Großartigkeit dieser reizlosen Berglandschaft sinnvoll zu betonen. Wenn es die hoch studierten Sachkenner als richtig erachteten, dann sollte es geschehen, und sein Tal ein betriebsamer Hort des Wohlbefindens werden. Wie die Schnalstaler Bauern immer ehrlich und gerecht den Schafen gegenüber waren, mit ihnen Fressen und Nachtlager teilten, oder für den

Kopfschmuck ihrer Kranzkuh mehr Liebe und Goldflitter verwendeten, als für ihre armseligen Lumpen nicht in mehreren Jahren, so charakterfest würden sie den Fachleuten zu Diensten sein. Leo Gurschler rackerte wie ein Berserker. Die „guten Freunde“ standen ihm mit Rat und Tat zur Seite. Der Bau begann sich ins astronomische zu verteuern. Endlich standen die drei Betonbauten und konnten eingeweiht werden.

Der Löwe macht sich niemals Gewissensbisse, ob er der Gazelle ehrlich und rechtmäßig die Kehle durchbeißt. Auch die Gazelle verschwendet keine Gedanken, wenn sie durch eine List entkommt, und damit den Löwen vielleicht den Hungertod weiht.

Soviel Pläne Leo Gurschler schmiedete, war ihm ein eigenartiges Schicksal bestimmt. Es gelang ihm nicht mehr seinen Trübsinn abzuschütteln, so sehr ihn die Familie aufzumuntern versuchte. Bald schon schlug Leo Gurschlers letztes Stündlein. Er verwünschte noch einmal all seine guten und schlechten Freunde. Am 28. Oktober 1983 zog er sich in seine kleine Wohnung zurück. Seine Frau und seine vier Kinder warteten, dass er zum Essen käme. Aber er kam nicht. Er nahm eine Schrotflinte in die Hand und drückte zur Sicherheit zweimal in kurzem Abstand ab, wobei sich die Experten nachträglich wunderten, wie er dies schaffte. So blieb nicht einmal die Ahnung eines Gesichtes den Nachkommen übrig. So starb Leo Gurschler. Viele Leute haben diesen Mann gekannt, aber die, die ihn Freund nannten, vergaßen ihn schnell wieder.

„Leben heißt genießen“ protzte es auf dem Prospekt des „Piccolo Hotel Gurschler“ der anschließend gedruckt wurde. Im übergroßen Hotel hängt ein Bild von Leo Gurschler, schwarz umrahmt. Freunde und Bekannte beweinten seinen Tod und trösteten sich, welcher junge Mensch soviel Bürde auf einmal zu tragen imstande wäre? Leo Gurschler hatte es geschafft, das Hoteldorf fertig zu stellen. Und das war für die Nachkommenden sehr wichtig.

Die Taten und Toten von Reinhold Messner, dem Helden der Schmerzen

Der Werdegang eines jungen Rabauken. Wie Günther Messner stirbt und trotzdem weiter lebt. Von der Dame des Herzens. Wie Reinhold Messner lernt vor versammelter Schar Worte ohne Sinn zu sprechen. Von den Geistern der Berge. Wie er stolzer Besitzer eines zerfallenen Schlosses wird. Eine Reise ins Reich der Toten. Reinhold Messner im Kampf mit den Yetis. Warum in diesem Land der klügste Mann ein Lump ist. Wie er beschließt Politiker zu werden und was dabei herauskommt. Ein Museum der Taten und Toten. Ein überraschender Schluss.

Ich interessierte mich näher für das Leben eines Mannes, Reinhold Messner mit Namen, von dem man kundtat, er vereine in furchtbarer Art das Wesen dieses Bergvolkes: die Bösartigkeiten wie die Verstocktheit, die verzauberten Traumwelten als auch das Heldenhafte. Die wilden Kämpfe dieses Mannes um die Besteigung der Berge, seine unmöglichen Tollheiten und Verzauberungen, die beachtliche Sogwirkung alle Narrheiten seiner Zeit wie ein Füllhorn in sich aufzunehmen mögen einem staunenden Publikum ungeschminkt zum Besten gegeben werden.

*

Am 17. September 1944 wurde in Brixen Reinhold Messner geboren und wuchs im düsteren engen Villnosstal, das mit nichts anderem als der abscheulichen Schönheit seiner Berge prahlen konnte, auf. Sehr schnell fürchteten alle den jähzornigen Kerl wegen seiner überbrandenden Rauflust und hassten ihn aufgrund der außergewöhnlichen Unfähigkeit sein Maul zu halten. Einmal schlug er einen Nachbarsjungen so windelweich, dass ein Arzt

W
ILLE
und
W
AHN
STEN MIT BART. Reinhold Messner,
itglied im Europaparlament. Rech

alles daransetzen musste um ihn wieder leidlich zusammenzuflicken.

Die Leute im Tal bekamen es mit der Angst zu tun, dass er zuviel des Blutes von seinem Urgroßvater, „Verginer-Krumpe" genannt, in sich trüge, einem Riesen von zwei Metern Größe, von dem man berichtete, dass er an seinen besten Sonntagen zwölf Liter Wein getrunken hätte. Kein Wunder dass es nicht lange dauerte, dass sich des „Krumpen" gesamte Habe, Hof und Feld, im Alkohol verflüchtigte. Das schien ihn nicht weiter zu bekümmern, hauste er ab nun allein wie ein Wilder in irgendeiner Berghöhle weiter.

In diese Welt, umgeben von den scheinbar jede Aussicht und alle Träume auf eine andere Welt versperrenden Felsen, wuchs Reinhold Messner mit seinen vielen Brüdern und der einzigen Schwester hinein. Vater Josef trug immer noch die Brutalität des Weltkrieges in seinem Herzen, hatte doch das ungenügende Vergessen nicht ausgereicht, um seine Gedanken davon zu befreien. Vielleicht lag gerade darin der Grund, dass es Schläge für alles gab, was nur irgendwie vorstellbar war. Grausamkeit herrschte in der Familie, auf dass die jungen Messners bessere Menschen würden. So geschah es, dass manchmal Reinholds Bruder Günther brutal geschlagen und wimmernd vor Schmerzen in der Hundehütte vor dem Haus kauerte, mit scheinbar gebrochenen Knochen, unfähig nur einen Schritt zu tun. Der Vater hatte ihn wieder einmal mit der Hundepeitsche geprügelt, in der Art wie er seinen Schäferhund zu züchtigen pflegte.

Reinhold Messner langweilte sich alsbald unselig während der Schulstunden und in der Kirche. In seiner überbordernden Phantasie verwandelten sich die Brüstungen und glatten Marmorsäulen, die barocken Überhänge des Altars und die feinen Absätze der Stukkoarbeiten in die tollsten Kletterrouten.

Dafür war er bald schon bereit jede Minute zu opfern, und darum vernachlässigte er die Schule. Denn um besser klettern zu können als jedes Tier musste er alles andere verdrängen, sodass in seinem Gehirn kein anderer Gedanke mehr Platz fand. Er durfte sich durch nichts ablenken lassen und nur mehr für seine Leidenschaft leben, denn immer mehr machte sich in ihm die Überzeugung breit, dass er damit Bedeutsames für die Menschheit vollbringen konnte.

Zwar drängte ihn Mutter Maria, die einzige welche ihn in seinen Augen verstand, einen ordentlichen Handwerksberuf zu erlernen, aber all das wollte Reinold Messner partout nicht. Von allen Berufen dieser Welt gab es für ihn nur einen einzigen: Er wollte zum Vagabunden geraten und nichts anderes mehr tun als auf die Berge zu steigen. Bald schon verglich er das Klettern mit den alten deutschen Heldensagen und sah darin den bedeutungsvollen Sinn seines Lebens.

Hinaufklettern wollte er über die abweisendsten Felsen, wie ein „Neandertaler, der sich affenartig den Berg hochhangelt," wie er eines Tages niederschrieb.

Da diese Bergbewohner immer schon die eigenartige Gewohnheit hatten, dass bei allem was sie dachten, auch meinten, es sei hohe Weisheit, wollte er sich in Zukunft von nichts mehr abbringen lassen. Schnell setzte sich bei Reinhold Messner jedoch die Erkenntnis durch, dass wahre Abenteurer ihre Taten nicht nur vor ihrer eigenen Haustür vollbringen durften, sondern in die Fremde ziehen mussten, um dort ihr Können unter Beweis zu stellen.

*

Mit fünfundzwanzig Jahren fühlte sich Reinhold Messner reif genug um sein altes Leben, das immer nutzloser geworden war, zurücklassen wie eine Schlangenhülle. Als erstes wollte er einen der berüchtigsten Berge dieser Welt, den Nanga Parbat bezwingen. Im April 1970 zog eine planlos durchorganisierte Truppe verschiedener Don Quichottes, in denen sich gleichzeitig beim einen oder anderen Pinocchios Nase unsichtbar tarnte, gemeinsam los. Wäre ihnen nach jeder Hinterhältigkeit, Heuchelei und Unaufrichtigkeit die Nase gewachsen, hätte sie wohl jeder einige Mal zerhacken müssen. Bruder Günther begleitete ihn.

Viel Geld hatten sie eingesammelt, um diesen Berg zu bezwingen. Viele Unternehmen erachteten es als Ehre ihre Produkte und Lebensmittel vor diesem Riesen ablichten zu lassen um die Kraft des Berges mit der Qualität ihrer Produkte in Verbindung zu bringen.

Unter Qualen erreichten alsbald beide, Reinhold und Günther den Gipfel, doch die Erstarrung kältete sie aus und raubte ihnen die letzten Gedanken. Fantastereien setzten sich in ihnen fest und ließen sie etwas ausführen, was bisher noch niemand für möglich gehalten hatte. Als Haufen ungezogener Jungen waren sie aufgebrochen. Aber nicht anders als die Griechen nach Troja, wie Kolumbus nach Indien, um Amerika zu entdecken, und wie bei vielen anderen Entdeckungen, die einfach und plötzlich stattfanden. Wir sprechen immer nur von den Siegern und wer spricht von denen, die in ihrem Wahnwitz umkamen. Sie waren einfach weniger glücklich. Was hilft es schon über das Unglück zu philosophieren. Den Glücklichen gehört die Welt.

So begannen sie den Abstieg über jene unbefleckte Wand, Diamirflanke genannt, von der man sich Wunderdinge erzählte. Die Chroniken berichten, dass es nicht lange dauerte, bis Günther Messner urplötzlich wie vom Erdboden verschwunden blieb. So sehr Reinhold Messner nach ihm Ausschau hielt und sich die Kehle heißer brüllte. Es war, als bedürfte diese Welt nicht mehr seiner. Da machte sich Reinhold Messner unsagbare Vorwürfe, wie leichtfertig er das Leben seines Bruders aufs Spiel gesetzt hatte und wurde unsagbar traurig. Halluzinationen bemächtigten sich immer stärker seiner. Böse quälende Geister, Zauberer und tolle Hexen umheuchelten ihn von allen Seiten. Dermaßen dem Wahnsinn nahe, traf Reinhold Messner seine Kameraden und gelobte nicht eher zu ruhen, bis er seinen Bruder gefunden hatte.

*

Graf Max von Kienlin, der mit der bunten Abenteurertruppe ausgezogen war, pflegte den traurigen Helden, der Gefahr lief zu sterben, gesund. Da ein richtiger Held immer eine Dame seines Herzens sein Eigen nennen muss, bezirzte Reinhold des Grafen Gattin Uschi solange, dass sie ihre drei Kinder zurückließ und ihm Hals über Kopf folgte. Uschi Demeter schien für Reinhold Messner auf Anhieb ein Glücksgriff zu sein. Sie hatte in der großen Stadt gelebt, er war in einem kleinen Dorf zwischen den Bergen aufgewachsen. Sie erzählte ihm von den großen Dichtern dieser Welt. Er hatte zeit seines Lebens nur gelernt wie man Berge erklimmen konnte. Sie kannte eine Unzahl einflussreicher Persönlichkeiten und diese kannten wiederum andere. Reinhold Messner durfte nun überall mitkommen. Nun tat er nichts mehr ohne Uschi Demeter um Rat gefragt zu haben. Sie wich keinen Augenblick von seiner Seite. Mit strengem Blick formte sie ihn. Als Erstes trichterte sie ihm ein, dass er seine Sprache vollkommen verändern müsse. Sie verlangte von ihm Sätze, oft ohne Sinn, welche aber gut klangen. Dann verlangte sie, dass er in der Öffentlichkeit auftrat, wo immer sich ein kümmerlicher Anlass bot. Reinhold Messner zeigte sich glücklich als man ihn von Hintertupfingen bis Trippsdrill einlud, um von seinen Abenteuern zu berichten.

Wer geglaubt hätte, Reinhold Messner würde nie mehr Bergsteigen, hatte sich geirrt. Mochten ihm die Ärzte sieben Zehen abgenommen haben und einige Finger dazu, erwachte zum Schrecken seiner Familie und der Leute im Dorf bald von Neuem seine Abenteuerlust. Der Manaslu, einer der Bergriesen im Himalaja war sein nächstes Ziel. Doch alsbald steuerte ein seltsamer Zug beklagenswerten Heldengestalten in Richtung Basislager. Übel zugerichtet kamen sie unten an. Wieder nahm sich der Berg zwei seiner Freunde.

Ein jeder hätte nun Feuer und Flamme gewettet, dass Reinhold Messner endlich von seinen Bergsteigereien geheilt worden wäre.

Doch dem war nicht so. Reinhold Messner strotzte nun erst richtig vor Selbstvertrauen. Denn mittlerweile, so wurde ihm bewusst, hatte er das Wesen des Sterbens zu entschlüsseln gelernt. Voll Stolz erkannte er, weiter in jenes mürrische Reich des Todes eingedrungen zu sein, als die meisten Menschen vor ihm.

Bei Pressekonferenzen und Vorträgen übte sich Reinhold Messner immer mehr, das Unmögliche seiner Ziele herauszustellen, um sich selbst als todesmutigen Held in den Mittelpunkt zu rücken. So brüllte er alsbald die atemlosen Zuschauer an, gab ihnen das Gefühl, vom Blitz erschlagen zu werden, an den kleinsten Felssimsen zu hängen - unter ihnen hunderte Meter Abgrund - oder unter schrecklichsten Gletscherbrüchen zerschmettert zu liegen.

Reinhold Messners Einbildung wurden immer verschrobener. Er erfand immer wieder neue Dinge, von denen er meinte, sie seien nützlich. So meinte er, dass es nach den Gesetzen des Bergsteigens nicht einmal in höchster Lebensgefahr erlaubt sein sollte, Nägel oder Bohrhaken in die Felsen zu schlagen. Außerdem verlangte er von allen anderen, dies hoch und heilig einzuhalten.

Je mehr Reinhold Messner gewahr wurde, dass im Erklimmen der ausgesetztesten Wände sein Lebenssinn lag, desto überzeugter wurde er, dass seine wilden inneren Gedanken einhergehen mussten mit nach außen getragener Wildheit. Ab sofort begann er sich nicht mehr zu rasieren, bis ein dichter Vollbart sein Gesicht bedeckte. Er schnitt sich auch nicht mehr sein Kopfhaar, das alsbald unordentlich in Strähnen herunterhing. Ihm wurde klar, dass er auf seinem Weg zum Berühmtsein sich anders kleiden musste. Er ließ sich von seiner Liebe zu Uschi nur mehr wenig anmerken, war er doch überzeugt, dass es sich für einen richtigen Helden nicht geziemte, offen seine Gefühle zur Schau zustellen.

Als die Freunde seines Tales erfuhren, was aus ihrem Kameraden geworden war, erschraken sie über seine Tollheiten, taten aber alles um sich nichts anmerken zu lassen. Erkannten sie in ihrer Höflichkeit doch, dass nicht jeder Narr unbedingt verrückt sein musste, gleich wie trotzdem manchmal ein Verrückter zum Propheten wurde.

*

All dies sollte erst der Anfang sein. Bald schon posaunte er hinaus, er würde ausziehen um Leistungen zu vollbringen, welche niemand nur ansatzweise für möglich gehalten hätte. Reinhold Messner war nun mehr denn je überzeugt, dass das Edle und Gerechte immer verfolgt würde und es Schicksal aller berühmten Männer sei von Unverständnis und Prügeln begleitet zu werden. Alles würde irgendwann verziehen, jede Missetat, ob man reich oder arm sei, schön oder hässlich, aber niemals Geistesgröße und Genie.

So sinnlos konnten doch seine Leistungen nicht sein! Meldete sich doch eines Tages ein weit bekannter Rum-Hersteller, der sogar Geld auslegen wollte, wenn Reinhold Messner als aufstellbarer Pappkamerad Werbung für seinen exzellenten „Stroh-Rum" machen würde. Als Reinhold Messner dies hörte, fühlte er sich mehr als geehrt und willigte sofort ein. Alsbald prangte sein Konterfei mit einer Flasche Rum in der Hand von Plakaten und Litfasssäulen.

Mit unerschütterlichen Glauben bildete er sich ein, dass all die Wunden, welche man ihm während seiner Gefechte schlug, ihm mehr Ehre und Anerkennung brachten, als sie ihm Schaden zufügten. Sein Unglück wurde zu seinem Glück.

Eigenartige Grübeleien bemächtigten sich in der Folge seiner immer mehr. Er sah andere Männer, welche berühmt geworden waren. Sie fielen durch wilde Sexexzesse auf, durch Orgien, noch mehr dadurch, dass sie sich Mädchen nahmen und wieder fallen ließen. Er dagegen führte eine hundsnormale Ehe. So konnte er niemals in das Buch der Unsterblichkeit eingehen. Er hatte zwar Uschi Demeter seinem treuesten Kameraden entführt, was er im Nachhinein als blendende Leistung betrachtete, aber wie bei seinen Klettereien musste er auch in der Liebeslust zu neuen Abenteuern aufbrechen. Nur der beste Bergsteiger der Welt zu sein reichte nicht. Nur die Berge in den sinnlosesten Verrenkungen zu besteigen noch weniger. So marterten alsbald wild lüsterne Fantasien sein Gehirn.

Uschi hatte ihn in die Techniken der Liebe eingeweiht, hatte ihm gelernt, wie er vor versammelter Schar die Zähne fletschen, Grimassen schneiden, brüllen und reden sollte. Sie hatte ihm das Leben der Großstadt gezeigt. Sie hatte ihm gelehrt, dass er Bücher über seine Taten schreiben müsse. Trotzdem sollte Uschi einsehen, dass es besser für beide wäre, wenn sie sich trennten. Sie konnten doch gute Freunde bleiben. Alsbald erkannte Uschi Demeter dass sie ihn ziehen lassen musste, ohne ihm böse zu sein. Er war wieder ein freier Mensch. Und fühlte sich ab nun stärker als je zuvor.

*

Nun folgten wilde Kämpfe und unmögliche Tollheiten, welche bei vielen normalen Menschen nur Kopfschütteln erregten. Er bestieg die höchsten Berge der Welt, durchquerte die trockensten Wüsten, wanderte über Gletscher und Pole.

Da er glaubte mit diesen Leistungen dem Großteil der Menschheit bewiesen zu haben, wie recht er doch gehabt hatte und wie unrecht all die anderen, fühlte er sich nun berufen, zu allem, was in der Welt geschah, seine Meinung abzugeben. Er erteilte den Politikern Ratschläge, wie sie ihre Staaten besser führen konnten, gab Belehrungen wie man alle Streitigkeiten beendigte und das Problem der Naturzerstörung löste. Er unterwies die Bauern, wie sie ihre kargen Höfe besser bewirtschafteten, wühlte in der Geschichte herum, um Gründe zu suchen, warum die Menschen hier so geworden seien und was sie falsch gemacht hätten.

Obwohl anzunehmen gewesen wäre, dass ihn nun in seiner Heimat alle feiern würden, geschah gerade das Gegenteil. Doch

Reinhold Messner tröstete sich damit, dass der Prophet im eigenen Land nirgendwo gelte, während er mit Genugtuung vernahm, dass im Ausland vielerlei Zeitungen über seine Leistungen berichteten. Nicht etwa, dass man in anderen Ländern davon überzeugt war, dass hier für die Menschheit wichtige Dinge vollbracht wurden. Jeder unbedeutende Erfinder eines Medikaments, der Entdecker einer noch ertragreicheren Pflanze, brachte die Menschen um Meilen weiter als dieser Mann der sich der „Eroberung des Unnützen“ verschrieben hatte. Aber zumindest erheiterte er mit seinen tollkühnen Aktionen die Menschen. Er bereitete Spaß, vertrieb die Langeweile und seine Narreteien zwischen Wahnsinn und Todessehnsucht waren spannender als mancher Roman. So lange er höchstens sich selbst schädigte, war das Unheil, das er anrichtete, nicht allzu groß. Zudem fand man, dass seine Handlungen gut zu jenem Land passten, aus dem er herstammte. Wie viele Rüpel und Rabauken waren hier schon geboren worden, wo er mittlerweile zwar der lauteste Polterer, aber Dutzende andere nicht weniger toll waren.

*

Da Reinhold Messner immer mehr bewusst wurde, wie die Allgemeinheit Anteil an seinem Leben nahm und er immer sicherer wurde, mit seinem Tun der Menschheit gedient zu haben, erkannte er, dass er eines Helden unwürdig wohnte. Das machte ihn innerlich unzufrieden und unruhig.

Ein Schloss sollte es sein, eine richtige Burg, so wie einst die alten Rittersleute lebten. Er suchte lange, doch fand er nichts, was seinen Vorstellungen annähernd entsprochen hätte. Als er eines Tages im Jahr 1983 durch den Vinschgau fuhr, fiel sein Blick hoch oben am Eingang zum Schnalstal auf einige Burgmauern, an denen der Zahn der Zeit schon seit langem nagte.

Obwohl der Besitzer von anderen Leuten über Reinhold Messner bisher nur Schlechtigkeiten erfahren hatte, war er überglücklich diese Ruinen endlich zu einem leidlichen Preis loszuwerden. So wurde Reinhold Messner zum stolzen Besitzer eines Schlosses, das diesen Ausdruck nur in seinen Augen verdiente.

Schloss Juval hieß die Burg seiner Träume, doch mehr erschütterte ihn, dass er so niemals standesgemäß wohnen würde. Führten nicht alle früheren Rittersleute die Dame ihres Herzens durch das Burgtor? Zu lange schon war er als wilder Vagabund durchs Leben gezogen. Er war sogar Vater geworden, doch verdankte er dies einzig und allein einem sündigen Zufall. Alles Bisherige war seines Ranges und Namens unwürdig gewesen. Da erinnerte er sich an Sabine Stehle, die er in den österreichischen Bergen kennen gelernt hatte. Sie war schlank, sie war hoch gewachsen, sie war schön. Ihr würde er dieses Schloss zu Füssen legen. Er würde sie hier herbringen, um sie zur stolzen Herrscherin dieser Burg zu machen, so wie es die Rittersleute taten. Bald schon sollte Schloss Juval im neuen Glanz erstrahlen, um den Ruhm des Hauses Messner in alle Welt zu tragen. Mutter Maria zeigte sich zum ersten Mal glücklich und meinte, dass ihr Sprössling nun sesshaft und endlich trotz seines Alters vernünftig geworden sei.

Schnell erkannte Reinhold Messner, dass es im gesamten Schloss keinen bewohnbaren Raum gab. Von diesem Tag an arbeitete Reinhold Messner wie ein Besessener. Er mauerte und spielte Zimmermann, er schlosserte und malte und ließ dabei seinen wilden und verwegenen Träumen ungehemmten Lauf. Den Besuchenden und Neugierigen erklärte er meist unaufgefordert, wo er seine Schreibstube mit all den vielen Büchern einrichten würde. Wo er beliebe die illustren Gäste aus aller Welt zu empfangen und wie er seine Burg gestalten wolle. Für sich selbst und Zurschaustellung seiner Taten hatte er die schönsten Kammern reserviert. Zehn Räume würde er für die zahlreich zu erwartenden Besucher zugänglich machen: Er dachte sich eigene Namen aus: „Haus der Trolle und der Gnome“, den „Expeditionskeller”, den „Spielturm“, einen Raum nannte er sogar „die letzte Welt“. Den "Saal der tausend Freuden" hatte er zum Festsaal erkoren. Einen zwei Meter großen Buddha, den er unter Schwierigkeiten aus dem Fernen Osten herangeschleppt hatte, liebte er über alles. Überall an den Wänden hingen die skurrilsten Masken aus aller Welt. Sie sollten ihn an die Welt des Unwirklichen und der Geister erinnern.

Er erzählte gerne und ausschweifend. Wie er vom einfachen Bauernjungen zum berühmtesten Kletterer geworden war. Wie er die grauenhaftesten Wände durchstiegen und wie er sich das Ziel gesetzt hatte, damit die Menschheit einen Schritt weiter zu bringen. Niemals hatte er sich von seinem Plan abbringen lassen: Nicht durch den Tod seines Bruders, die Schläge seines Vaters, den Neid seiner Mitmenschen.

*

Oft und oft zog Reinhold Messner aus um großartige Taten zu vollbringen. Manchmal kehrte er mehr tot als lebendig zurück. Mit seinem struppigen und unordentlichen Bart wurde er immer mehr zu einem über alle Dinge stehenden Griesgram, den nichts mehr erschüttern wollte. Wenn die anderen ihn anfauchten, fauchte er tausendfach stärker zurück, wenn ihn die anderen verletzen, dann verletzte er noch viel stärker. All dies ahmte er der Natur nach.

Er lernte, dass es ein Leben vor dem Tod und nach dem Tod gab. Und beides war nicht zu unterscheiden. Deshalb war sein Bruder Günther gleich wenig tot, wie er sich als Lebender fühlte. Mehr denn je bildete Reinhold Messner eine schauerliche Einheit zwischen Gut und Böse, Leben und Tod, Mensch und Natur. Erwachsen war er nie geworden. Immer noch träumte er davon, dass die Welt der anderen, welche sich sinnlos zu Tode arbeiteten in Wirklichkeit viel schlechter war als seine widersinnige, die er sich aufgebaut hatte.

Das Reich des Todes hoch oben in den Bergen hatte etwas eigenartig Schönes an sich. Viele der Toten schauten geschmackvoller aus als einige der Lebenden. Wenn die Bergsteiger sich irgendwo trafen, betrauerten sie die Hingeschiedenen als ob sie Märchen erzählten. Sie glaubten zu den Tapfersten der Tapferen zu gehören, zu Königen im Reich der Helden und der Unsterblichkeit. Manche Hänge hoch oben waren mittlerweile mit Dutzenden von Leichen übersät. Den einen pflückte ein furchtbarer Sturm wie eine Rose vom Berg und zerschmetterte ihn am Felsen, dass das Blut die Kleider rosenrot färbte. Der andere fiel in den strahlenblauen Schlund einer Gletscherspalte und wurde Jahre später zerborsten und starr gefroren wieder hinausgewürgt. Bei manchem konnte man sich allerdings wünschen, dass es besser gewesen wäre eines edleren Todes zu sterben. Manch ein Zurückgekommener ähnelte mehr einem Frankenstein als einem Menschen. Einige bemerkten erst, dass ihnen die Finger abgefroren waren, als sie an ihnen wie an einem Stück Schokolade knabberten, so kohleschwarz, spröde und unempfindlich waren sie geworden, ohne dass sie es merkten. Die Mediziner lernten mittlerweile, die nicht mehr zu rettenden Körperteile abfaulen zu lassen. Sie ließen die Helden mit ihren geschwärzten Klauen weiterhin einfach das tun, was sie für wichtig hielten. Solange bis die Pratzen nicht mehr gehorchten, zusammenschrumpften und die Freunde geekelt sich abwandten oder großzügig hinwegsahen, wenn die Armseligen nicht mehr imstande waren auch nur ein Glas Wasser zum Mund zu führen. Bei vielen begannen die erfrorenen Hände und Füße unaushaltbar zu stinken oder es krochen fette und feiste Maden hervor, welche genauso mithalfen das verfaulende Fleisch loszuwerden. Dann erst traten die Ärzte richtig in Aktion. Sie formten die unförmigen Stümpfe zu neuen Pfoten und schusterten neue Nasen, Ohren und Kinnspitzen zusammen. Mehr noch wunderte alle der Umstand, dass nach jedem Toten sich von neuem Leute fanden, es ihnen in noch törichterer Weise nachzuahmen. Bei vielen Expeditionen gab es kaum eine Rückkehr, ohne dass nicht dem einen oder anderen ein Körperteil abhanden gekommen war oder bei manchem sogar ihr Leben.

Während Reinhold Messner nun endgültig überzeugt war zum größten Bergsteiger aller Zeiten geworden zu sein, glaubten viele andere, dass es keinen Verrückteren jemals gegeben hatte. So stellte seine Erkletterung aller Achttausender ein kleineres Martyrium dar, als nun noch mehr der Lächerlichkeit preisgegeben zu werden. Den Menschen wurde immer mehr bewusst, dass sich in seinem Charakter alle Tugenden und Verrücktheiten seines Landes im Gebirge aufs Genialste vereinigten, und man kaum das eine vom anderen trennen konnte.

*

Eines Tages fasste Reinhold Messner den Entschluss den Yeti, jenes Wesen im Himalaja, von dem alle sprachen und niemand es jemals gesehen hatte, zu finden und damit dieses Rätsel für die Menschheit zu lösen. An einem Hochsommertag des Jahres 1986 zog er allein in die Wildnis. Er spürte förmlich, dass wilde Gespenster sich ihm in den Weg stellen würden.

„Du gehst durch den Wald, du denkst an nichts, und da steht es plötzlich vor dir. Ich bin dann später noch mal mit der Kamera hin und habe tagelang gewartet. Aber die Viecher sind viel schlauer, als ich gedacht habe, und sie haben auch einen extrem guten Geruchssinn,“ schrieb er hin.

Reinhold Messner würde allen mitteilen, dass er sogar den Yeti entdeckt hatte. Niemand würde ihm glauben, hatte er es nicht einmal geschafft ein Foto zu schießen. Er hatte zwar keine Beweise, aber was hatten die anderen schon? Zumindest erschrak das Ungeheuer fürchterlich vor ihm, was ihn mit einer sonderbaren Genugtuung erfüllte. Reinhold Messner offenbarte, dass es sogar welche mit weißen Köpfen gab. Dass man ihn auch „Chemo“ nennen konnte. Und tausend anderer verrückter Dinge, welche er mit sonderbar feierlicher und ernsthafter Miene hervorbrachte, als ob alle Rätsel dieser Welt nunmehr gelöst seien.

In der Folge begann er seine Ideen so lange weiter zu spinnen und allen seine Theorien über die Abstammung des Yeti zum Besten zu geben. Er fühlte sich schnell als der Yeti-Experte schlechthin. Den fragenden Journalisten gab er preis, dass es mindestens zwei Yetigattungen gäbe.

„Es sind eine schwarze Bären- und eine rote Affengattung. Der schwarze Yeti ist etwas größer als der Mensch und der rote etwas kleiner. Ich glaube, sie sind nur gefährlich, wenn man sie aufscheucht. Dann muß man bergabwärts laufen, denn sie haben keine Angst vor Menschen. Ich habe große Angst, dass es von den roten nur noch ein paar Dutzend gibt. Von den schwarzen, die in einem Gebiet leben, in denen noch nie ein westlicher Wissenschaftler war, gibt es noch hunderte."

Reinhold Messner wurde sehr zornig, wenn die Zuhörenden etwas von seinen wilden Erzählungen in Frage stellten. Er fand in der Folge heraus, dass der Yeti Plattfüsse haben musste, und es Pflicht der Menschheit sei, den Yeti nicht auszurotten. Besonders ärgerte sich Reinhold Messner, wenn jemand seine Darlegungen in Frage stellte. Es dauerte nicht lange, da trat Reinhold Messner vor versammelter Presseschar auf und erklärte allen Ernstes, sogar das Rätsel über die Abstammung der Menschheit gelöst zu haben.

*

Zehn Jahre wohnte und formte Reinhold Messner sein Schloss Juval wie er glaubte, dass es sich für einen richtigen Abenteurer ziemte. Je älter er wurde, desto mehr wurde er zum Sammler. Von allen Teilen der Welt nahm er das Skurrilste mit. Auf Schloss Juval konnte er sich ausruhen, denn die extremen Eskapaden bereiteten ihm immer größere Mühen. Allmählich spürte er die Trägheit und die Schwere des Alters auf sich zukommen. Es war ein seltsamer Anblick, den größten Bergsteiger aller Zeiten mit seiner ausgemergelten Figur zu sehen.

Reinhold Messner ging schon an die fünfzig zu und je mehr er zurückblickte, desto zufriedener wurde er mit sich. Er hatte so vieles erlebt, mehr als tausend andere zusammengenommen. Wie viele Menschen hatten ihr Leben mit Kleinigkeiten verzettelt oder taten Buße in ihren engen Büros oder mit einer Arbeit, welche nichts anderes als eine sinnlose Beschäftigung darstellte.

Die Zehen und Finger hatte er sich erfroren, das Fersenbein zertrümmert, er hatte sich gefordert und abgemüht wie ein Wüterich, um als tapferer und kühner Mann durchs Leben zu gehen. Sollten einmal die Menschen von ihm berichten, wenn er auch nichts Großes vollbrachte, er doch redlich und tätig danach strebte Großes zu vollbringen. Er freute sich immer mehr über jene, welche zu ihm pilgerten um ihn nach seinen Weisheiten zu fragen.

Wie viele seiner Kameraden hatte Reinhold Messner dahinscheiden sehen! Lang genug hatte er das Wesen des Todes zu ergründen versucht und genauso das Innere des Lebens, seines Ichs, wie jenes seines Bruders, das immer noch mit ihm in unverständlicher Weise eine untrennbare Einheit bildete. Er kam sich vor wie einer dem man aufgebürdet hatte, nutzlos einen Stein auf den Berg zu rollen, der ihm immer wieder entglitt. Die anderen hatten zwar auch nichts Anderes getan, nur hatte jener Stein sie irgendwann überrollt.

Erstaunlichweise fanden die meisten, dass er zwar ein verrückter Mann, aber ein guter war, dem die Anliegen der Natur und der Schutz vor den Übeltaten der Menschen ein besonderes Herzensanliegen waren. Viele waren sogar bereit ihm seine Rüpelhaftigkeiten nachzusehen, sein aufbrausendes Temperament und seine an einen Holzhacker erinnernden Höflichkeitsformen.

Er war nun ein Mann geworden, dem das Leben arg zugesetzt hatte, abgezehrt mit verwittertem Gesicht und dichter Löwenmähne. Inmitten anderer Menschen war er mit seinen sehr dünnen Beinen zu klein geraten. Und wenn er grollte, was er nun immer öfter tat, wunderten sich viele, wie all seine Hässlichkeit einen Anflug von Schönheit in sich trug. Es gab sogar Menschen, welche ihn mehr wegen seiner Fehler zu verehren begannen, als sie ihn wegen seiner Vollkommenheit schätzten. Von diesem Standpunkt aus hatte er ein außerordentliches Ebenmaß erreicht, wo all seine Taten von den einen als groß und von den anderen als klein erachtet wurden.

*

Da Reinhold Messner in seinem Leben so viele Abenteuer bestanden hatte dachte er sich, dass nun die Zeit reif sei, um in die Politik zu gehen. Glaubte er doch, dass er weniger Unheil anzurichten imstande sei als all die Politiker. Er hatte immer mit friedlichen Mitteln seine Ideen zu verwirklichen versucht und waren viele seiner Taten sinnlos, so hatte er niemanden getötet. Da er herausfand, wie viele Kriege unbedachte Politiker schon angezettelt hatten, war er sicher, es auf keinem Fall schlechter zu machen wie sie. Er war sogar überzeugt, dass durch sein Wirken eine Zeit der Ruhe und des Friedens auf dieser Welt einkehren würde.

Als die Politiker sahen, dass er anstatt der Wahnsinnstaten in den Bergen, wo er sich zumindest wochenlang allein beschäftigte, sich in ihr Leben einmischte, erschraken sie noch mehr. Denn wie sie ihn kannten, ahnten sie gleich, dass er umherwirbeln würde, wie ein Schneesturm im Sommer und mit seiner nie enden wollenden Fantasie jede Ordnung zum Wanken brächte. Ganz abgesehen davon, befürchteten sie, dass er das innere Wesen ihrer Arbeit niemals verstehen würde, gestanden ihm doch alle zu, dass er zwar toll, aber sonst der ehrlichste Mann auf der Welt sei. Sie hatten nicht nur Angst, dass er im Sumpf der Bestechung und Veruntreuung niemals bestehen konnte, sondern noch mehr, dass er ihre unergründlich aufgebauten Tätigkeiten vollends durcheinander brächte. Denn sie trauten ihm keinesfalls zu, innerhalb so kurzer Zeit das Wesen der Politik zu erlernen, wo sie sich Jahrzehnte lang mühsam hinaufgeduckmäusert hatten.

Besonders die Zeitungen, versuchten ihn von seinen Vorhaben abzubringen. Doch Reinhold Messner ließ sich nicht entmutigen, war er mehr denn je überzeugt, dass Verleumdungen und der Neid der anderen zum Leben eines großen Mannes gehörten. Und dass das Gutsein, die Tugend, die Bemühungen die Menschheit einen Schritt weiterzubringen, immer verfolgt und erst im nachhinein gerühmt würden. Wie viele berühmte Männer der Geschichte hatten Zeit ihres Lebens leiden müssen und Entbehrungen erduldet. In diese Reihe nahm er sich genauso auf. Stolz konnte Reinhold Messner werden, wenn sich die Leute mit ihm beschäftigten und sei es auch nur, dass sie Possen rissen.

Die Leute wählten ihn sogar ins Parlament, nicht weil sie dachten, dass er zum Politiker taugte, sondern um ein wenig Heiterkeit in die sonst so langweilende und eintönige Politikergesellschaft zu bringen. Bald schon saß er mit seinem zerzausten Bart wie ein Mann von einem anderen Planeten inmitten der Krawatten- und Nadelstreifenträger und verwechselte von Anfang an die Welt der Berge mit dem schlüpfrigen politischen Parkett.

Da Reinhold Messner seine Aufgabe als Politiker ernsthaft nehmen wollte und wirklich glaubte mit seinem Zutun viele der Kriege und Ungerechtigkeiten lösen zu können, stürzte er sich sofort auf alle Dinge, welche ihm auf dieser Welt rechtlos vorkamen. Gelegenheit dazu bot sich mehr als genug: Er reiste in den Irak und versuchte dort noch in allerletzter Sekunde den drohenden Krieg zu verhindern. Wie ein frostiger Prophet in der heißen Wüste mahnte er alle zum Frieden. Er war restlos überzeugt, dass er mit seinem Willen den Krieg gleich beenden konnte wie zuvor seine Unternehmungen.

Dann fand er, dass man die Olympischen Spiele immerfort an einem Ort veranstalten sollte, um damit die Naturzerstörung einzudämmen. Er reiste in die Karpaten um die Anliegen der dortigen armseligen Bauern anzuhören und ihnen zu helfen, setzte sich dafür ein, dass die jahrzehntelangen Konflikte in Indien und

Pakistan gelöst wurden und erteilte überall seine – wie er glaubte – hilfreichen Ratschläge. Er trat sogar dafür ein, dass sich alle Religionen auf dieser Welt vertragen sollten, wobei er am meisten Bewunderung für den Dalai Lama und seine ruhige Seele empfand.

Die vielfachen Betriebsamkeiten und Rührigkeiten fielen natürlich auf, und fanden bei den anderen Abgeordneten, welche zumeist in jahrelanger Arbeit in den Parteien hündisch das Einmaleins der hohen Politik erlernt hatten, keinen Anklang. Welch ein Sturm der Entrüstung regte sich, als er lauthals forderte, man möge die Gipfelkreuze der Berge herunterreißen.

Trotzdem fühlte Reinhold Messner bald, dass er für die Politik nicht geschaffen war. Der Hammer stand ihm besser als der Herrscherstab, der Weinkrug war ihm lieber als das ganze Gesetzesgefasel, Knödel mundeten ihm mehr als alle Paragraphen. Er fühlte sich wie ein eingesperrtes Tier. Er wollte Gutes tun. Gleich wie ein gütiger Hirte seine frei laufenden Tiere liebevoll und ohne Hintergedanken hegt und pflegt. Aber das war in der großen Politik nicht möglich. So verabschiedete er sich eines Tages leicht und locker davon.

*

Immer mehr erwartete man sich von ihm, dass er niemanden lobte und gegen alles auftrat. Das Gegenteil hätte man sogar als Seichtigkeit oder noch schlimmer als Beginn einer Krankheit empfunden. Überhaupt: Wie leicht taten sich die Ruhmlosen, um von ihm Selbstbescheidung zu verlangen und zu sein wie sie, wo sie es im Leben zu nichts gebracht hatten. Anstatt ihrer Trägheit all ihre geistige Armut zuzuschreiben, taten sie nichts anderes als ihn zu kritisieren.

Er war nie ein besonders guter Mensch gewesen, aber auch nie ein sonderlich böser. Niemals hatte er sich von seinem Tiersein verabschiedet. Er war immer Natur geblieben. Nie gerecht und auch nicht ungerecht, niemals freundlich, aber auch keinesfalls feindselig. Er half nicht und nahm nicht. Er schlug los, wie eine

Schneelawine, wenn es sich niemand erwartete, und begrub die Menschen, die nicht in Erfahrung bringen konnten, warum es gerade sie betraf.

Wie ein alt gewordener Schneelöwe fauchte er immer wieder seine Freunde an, um sich dann erneut zurückzuziehen. Seinen Bruder Günther hatte er niemals vergessen. Irgendwo hoch oben am Nanga Parbat musste er liegen. Und so lange man ihn oder seine Überreste nicht gefunden hatte, war auch er nur ein halbes Ich. Wenn es ihm in den Sinn kam, beschuldigte er seine Kameraden, am Tode seines Bruders mitschuldig zu sein, um wieder von ihnen abzulassen, und andere anzubrüllen. Dann knurrte er wieder die Zeitungen an, nicht etwa, weil sie schlecht über ihn berichteten, oder gar nicht, sondern er tat es einem Löwen gleich, um zu zeigen, dass sein Revier noch besetzt war.

Das Gesagte war für ihn dehnbar. Was er heute von sich gab, konnte morgen anders klingen. Wen er heute beschuldigte, für das konnte er morgen einen anderen anklagen, während er den einen wegen ganz etwas anderen anjaulte.

Er redete, klagte, schrieb, griff an wie ein Boxer, der beschlossen hatte eine Dutzendzahl von Gegnern gleichzeitig herauszufordern. Er tat es solange, bis endlich rund um seinen Bruder Günther solch eine Wust von Gemeinheiten, Blödheiten und Niederträchtigkeiten entstand, dass unzählige Gerichte und noch mehr Rechtsanwälte mit all den Streitereien sich eine goldene Nase verdienten. Die Menschen von der Strasse fanden schnell an all den Zerwürfnissen ihre Freude, mehr denn am tatsächlichen Geschehen, da sie seinen Bruder längst schon vergessen hatten, wie viele der anderen Bergtoten genauso. Festen Willens glaubte Reinhold Messner, dass der Tod seines Bruders, der anderen Problem wäre, und erkannte nicht, dass Günther ihm seit Jahren wie ein teilweise amputiertes Gehirn fehlte.

*

So wurde Reinhold Messner alt. Einige seiner Kameraden erzählten sogar, sie hörten seine Knochen klappern. Auf seinem Gesicht gruben sich immer tiefer die Narben seiner vielen Kämpfe, trotzdem verliehen ihm seine Haare noch eine geheimnisvolle Würde. Er hätte längst schon tot sein müssen. Aber erzählten nicht auch Jäger von jener alten Gämse, welche den Jägern stets entwischt und geprägt von tausend Schlachten, einen solchen Hauch von Würde erfuhr, dass niemand nur annähernd wagte sie zu belästigen.

In schaurig konzentrierter Weise hatte Reinhold Messner wie ein unverschämter Magnet all die Eigenbrötelei, die Verstocktheit, die verzauberten Traumwelten aller Gebirgsmenschen in sich vereint. Sein Volk versinnbildlichte gleich die wilde Natur wie er: manchmal Lawine und Steinschlag, dann wieder gefährlich lockendes Edelweiß oder heilsamer Enzianschnaps. Immer unberechenbar polternd und keinem logischen Gedankengang verpflichtet. Er selbst war zum Land der Berge geworden.

Nun wollte er seine Weisheiten und Erfahrungen der Allgemeinheit zur Verfügung stellen. Er würde Museen bauen, wo die Menschen ihn und noch mehr seine Taten bewundern konnten. Nicht eines sollte genügen, es brauchte ihrer viele.

Am Monte Rite hoch oben in den Dolomiten in einem ehemaligen Partisanenfort baute er alsbald sein „Museum in den Wolken“. Reinhold Messner hatte in den Jahren zuvor alles gesammelt, was er als Kunst erachtete. Von Stephan Huber ein Werk mit dem Titel „Shit happens“, „Scheiße geschah“, dazu aus Gips modellierte Berge, den Plastikschädel eines Höhlenbären. Eine Granate aus dem Ersten Weltkrieg veränderte sich in eine Blumenvase.

In Sulden, unterhalb des mächtigen Ortlermassivs, errichtete er ein Museum mit dem Namen „End´ der Welt“. Eine Yetiattrappe aus der Nazizeit hatte ihm ein findiger Kopf gegen teures Geld aufgequasselt. Den stellte er unter strengsten

Sicherheitsvorkehrungen aus. Sein Schloss Juval hatte er mittlerweile unter ein besonderes Motto gestellt: „Es geht um all das, was wir nicht verstehen.“ Und davon gab es sehr vieles.

All dies sollte nur ein matter Abklatsch dessen sein, was im Mittelpunkt seiner Idee stehen sollte. Er hatte schon lange sein Auge auf ein mächtiges Schloss, genauso eine klägliche Ruine geworfen, welches wie ein mächtiges Bollwerk den Gang von Norden nach Süden und umgekehrt versperrte: Schloss Firmian bei Bozen. Als „Zauberberg“, kam ihm dieser Ort sofort in den Sinn. Zwar standen im prächtigen Schloss der Moder und das Unkraut kniehoch und es befand sich neben einem noch größeren Müllberg, aber das störte ihn wenig. Hierher hatte er beschlossen den Tempel seines Ruhmes zu setzen, wie Cheops seine nutzlose Pyramide, Nimrod seinen Turm in Babel, Trajan seinen Triumphbogen, Gustave Eiffel den Eiffelturm.

Doch da hatte er die Rechnung ohne die anderen gemacht. Denn wie in keinem Lande der Prophet etwas gilt, die Missgunst zu den allergrößten Tugenden der Menschen gehört und die Schadenfreude viele Personen ergötzt, und nur einen erbost, beschlossen die Einwohner eine üble Posse anzustiften, da sie es nicht als zutreffend sahen, dass sich ein Mann niederen Standes plötzlich zum Regenten eines schönen Schlosses aufschwang. Doch nach einiger Zeit ließen sich die meisten überzeugen, dass man Reinhold Messner diese nussschalengroße Zinne bei so viel Raum auf der ganzen großen Welt wohl geben könne und der Schaden, den er verursachen konnte, hier wohl nicht allzu groß zu sein vermochte.

Schon allein um all den gesammelten Unrat, die Bilder und Kunstwerke, um „das Zeug irgendwo unterzubringen“, hatte es all dieser Museen der „Taten und Toten“ bedurft. Auf vieles hätte er sich gefreut, aber manches verweigerte man ihm.

Natürlich hätte er gerne die in Alkohol eingelegten Finger von Kurt Diemberger, des Erstersteigers zweier Achttausender-Riesen zur Schau gestellt. Sie froren diesen ab, als er vom K2 herabkroch. Kurt Diemberger benötigte die eingemachten Glieder einfach selbst allzu oft, schleppte er diese doch überall herum, wo immer seine Vorträge gefragt oder Ausstellungen angesagt waren.

Reinhold Messners Leben war eine Aneinanderkettung von Niederlagen gewesen, und das hatte ihn groß gemacht. Mochte vieles in seinem Leben von Ruhmsucht geprägt worden sein, sich viele seiner Träume von einem besseren Leben zerschlagen haben, so hatte er doch jeden Tag von neuem für eine bessere Welt gekämpft. Sein Leben war zum Teil Märchen und Fabel geworden. Wie viele bestechliche Staatsmänner und dreiste Betrüger hatte man bejubelt. Zumindest hatten ihm bloß die Sinnlosigkeiten und das Unnütze berühmt gemacht.

Wie oft hatte die Natur ihn und er sie angebrüllt und angefaucht. Beide sich gegenseitig geschmeichelt und dann wieder böswilligerweise geschlagen. Gerechtigkeit hat es nie gegeben, aber Würde, bei ihm wie bei der Natur. Er hatte gelernt nur mehr sich selbst zu glauben oder jenen, welche gut über ihn sprachen. So vieles hatte er im Leben zu erreichen versucht, zu oft wusste er nicht einmal was.

*

Doch wie versteinert, wie entsetzt, wie erstarrt war Reinhold Messner, als man ihm eines Tages mitteilte, dass die Überreste seines Bruders Günther am Nanga Parbat herausgeapert seien. Spärliche Nachrichten aus dem Himalaja berichteten von erstaunlichen Dingen. Er eilte hin und stand ergriffen und friedlich vor jenem Bündel Mensch, das ihn ein Leben lang in seinem Unterbewusstsein begleitet hatte. Sein Alter ego war Günther gewesen, sein „anderes Ich“, das er ein Leben lang gesucht hatte. Knochen um Knochen eines Menschen schichteten die Einheimischen vor ihm auf; eines Toten, der sehr fest und schon lange in völligem Frieden und ohne Ichsucht mit sich selbst und mit der Natur gelebt hatte.

Einen Bergschuh, worin noch immer die Zehenknochen seines Bruders steckten, stellte er in den Mittelpunkt seines Museums, als gehörten sie zu ihm. Jene Körperteile, die genau ihm fehlten, weil sie ihm am Nanga Parbat abfroren. Ohne dass er es merkte, bildete er nun in erschreckender Weise damit eine sonderbare Einheit.

Reinhold Messner war als begriffe er diese Bruchstücke erst jetzt, nachdem er längst schon zum baufälligen Denkmal verkommen war. Als Überlebender, als Unruhe in Person, hatte er sich in der Suche nach Ruhm getötet. Sein Bruder Günther, der Teil seines verlorenen Ichs, konnte wieder zurückkehren und in ihm weiterleben.

Dann wieder bäumte er sich auf, und strafte jene Lügen, welche glaubten, er sei schon zu schwach. „Schafsköpfe" nannte er all seine früheren Freunde, welche mit ihm und Günther am Nanga Parbat unterwegs waren. Er konnte nie verzeihen und nicht vergessen, weil es dies bei ihm nicht gab. Denn er hatte immer Recht behalten, so sah er es jedenfalls.

Durch keine noch so schweren Schicksalsschläge und Anfeindungen hatte er sich zurückschrecken lassen. Zeit seines Lebens war er auf der Suche nach dem Sinn des Lebens gewesen und hatte deswegen Irrungen und Wirrungen durchgemacht. Er war immer bereit gewesen zu lernen, auch wenn er oft missverstanden worden war. Inmitten eines Landes der Jasager hatte er seinen eigenen Weg gesucht, um sich für seine „bessere Welt" einzusetzen. Eine seltsame und ungewohnte innere Ruhe bemächtigte sich allmählich seiner, jetzt da er seinen Bruder zu sich aufgenommen hatte.

Im Laufe der Zeit verschmolzen Gelebtes und Gewolltes immer mehr zu einer untrennbar verhängnisvollen Einheit. Denen, die es hören wollten, erzählte er gern und ausgiebig von seinen

Abenteuern. In den Museen zeigte er sich, sein Leben und die Berge, wie heilige Reliquien.

Am Körper von Reinhold Messner begann noch mehr der Zahn der Zeit zu nagen. Seine morschen Gebeine schlummerten in einem abgelebten Körper, seine immer noch erstaunlich wuscheligen Haare verfärbten sich ins Weiße und alles passte zu jener Vielzahl an Kapriolen, zu denen er immer noch fähig war. Viele die ihn kannten, beneideten ihn, weil er zu einem schönen Greis hinüberwandelte. Er übernahm die eindrucksvolle Anmut vieler störrischer Bauern, welche im Alter noch mehr wie in der Jugend den anderen durch ihre unbeirrbare Willenskraft und durch ihren Starrsinn auf die Nerven gingen.

Sein Dasein hatte Reinhold Messner dazu verwendet, die anderen zu überzeugen, dass der Kampf mit der Natur des Menschen Bestimmung sei und hatte dabei nicht bemerkt, dass ihn alle von dieser Wahnidee befreien wollten. Ein Leben lang hatte er nach einem Lebenselixier gesucht, das ihn von seinem Schatten trennte. Ein böses Ich hatte immer gegen ein gutes gekämpft, das Leben gegen den Tod, die Verzauberung gegen die Wirklichkeit, die Seele gegen das Bewusstsein. Urbilder bildeten seine Person.

Sein Bruder Günther war wieder als zerfallene Knochenansammlung aus dem Eis des Gletschers aufgetaucht. In absonderlicher Eigenheit vereinte sich Reinhold Messner mit seinem Bruder Günther. Die, die ihn kannten, erschraken über die Veränderung. Sie sahen unter der brüchig werdenden Haut das Skelett heraustreten, den löwenhaft schleichenden Gang schwerfällig werden, die Runzeln wie Berge hervortreten, den Geist verkrusten. Alles was uns Menschen anzeigt, dass die Uhr dieses gedachten Lebens sich dem Ende zuneigt.

Raufbold Ötzis bitteres Ende

Der Chronist erzählt vom eigenartigen Auffinden eines schrumpeligen Leichnams. Es wird erklärt wie der unbekannte Wissenschaftler Konrad Spindler, notwendigerweise weltberühmt wird. Wie man den toten Ötzi zur allgemeinen Begaffung freigab. Endlich wird Ötzis Mord aufgeklärt. Es wird erzählt wie Ötzi Unruhe in ein Land hineinbringt. Allerlei andere nicht für möglich gehaltene Starrköpfigkeiten. Ein erschreckender Fluch, der nicht endgültig gelöst werden kann.

Lieber Fremde, der du nun einen Einblick in Besonderheiten der Stadt Bozen, mit vielen bildschönen Burgen, einigen jämmerlichen Schlössern, weltbekannten Fresken und geschäftstüchtigen Leuten gewonnen hast, sei mir erlaubt ausführlicher die Geschichte des vergletscherten, ausgedörrten Mannes, von allen Ötzi genannt, zu erzählen, soweit sie mir aus ihren Büchern und Erzählungen bekannt wurde.

*

Am Donnerstag 19. September 1991 trug sich etwas so Seltsames zu, dass man im Nachhinein nur den Kopf schütteln konnte, wieso solche Zufälle überhaupt geschehen und ob es nicht besser gewesen wäre, das Schicksal hätte es anders bestimmt. Als das Nürnberger Ehepaar Helmut und Erika Simon in den Ötztaler Alpen von der Finailspitze abstiegen, gewahrten sie in der Nähe des Hauslabjoches auf 3.210 m Meereshöhe in einem Gletscherschmelzwassertümpel etwas, das ihnen wie eine arg malträtierte Schaufensterpuppe erschien. Sie ärgerten sich über diese Wohlstandsgesellschaft, welche es sogar schaffte ihren Müll in höchste Höhen zu verfrachten. Als sie das sonderbare Objekt näher betrachteten, wurde ihnen bewusst, dass es sich doch um einen menschlichen Kopf handelte. Ekel erregend, lederbraun mit kahl geschorenem Kopf hatte er sein Gesicht ins

Wasser getaucht, so als wollte er sich kummervoll ertränken. Er sah sehr, sehr tot aus.

Darin lag die erste Täuschung. Denn jener Zerbrechliche, stieg urplötzlich zum Luzifer, dieser Sterbliche trug schnell ein unsterblich zähes Leben in sich, seine vertrocknete kalte Visage barg alsbald Sturheit und grenzenlosen Eigensinn. Seine Augen glotzten alsbald jeden mit einem teuflischen Feuer an. So lebt er und überdauert mit seinem wachen Geist, der nun mächtiger geworden ist, als jener der meisten Menschen, die Zeit. Seine bösartigen Verfluchungen, der Hauch des Zaubers, der sich über alles legte, möge Dich Fremder zum Nachdenken anregen, inwieweit das Wahre wahr, das Dasein wirklich und der menschliche Verstand das einzige Richtmaß dieser Welt darstellt.

*

Das biedere Ehepaar stieg zur Similaunhütte ab und erkundigte sich in der feuchtfröhliche Runde, ob nicht ein Armseliger im Laufe der letzten Zeit seinen Heimweg nicht gefunden hätte. Da dies allgemein verneint wurde, tat Helmut Simon zum Erstaunen aller kund, dass trotzdem einer überzählig sei. Oben liege ein Toter, gekrümmt wie eine knorrige Baumwurzel. Dann stiegen die beiden Simons ins Tal um ihre letzten Urlaubstage in Ruhe und Frieden zu genießen. Hätten sie nur den Schimmer einer Ahnung verspürt, was sich in den folgenden Tagen und Jahren zutrug, wer weiß, ob sie diesen Tag nicht als unglückselig verfluchten. Am nächsten Morgen sollte der Verwesende geborgen werden. Der lokale Bestattungsunternehmer karrte einen schönen Fichtenholzsarg heran, nicht gerade das teuerste Modell, aber immerhin - wie es sich für einen Christen geziemt - versehen mit passend eingeschnitzten Palmzweigen. Des verantwortungsvollen Auftrages Rechnung tragend, begannen sie sofort am Toten herumzubohren. Sie rissen und zerrten, ruckelten und zogen, doch seltsamerweise krallte sich der Kadaver ins Eis, als sträubte er sich davon entfernt zu werden. Je mehr sie diesen

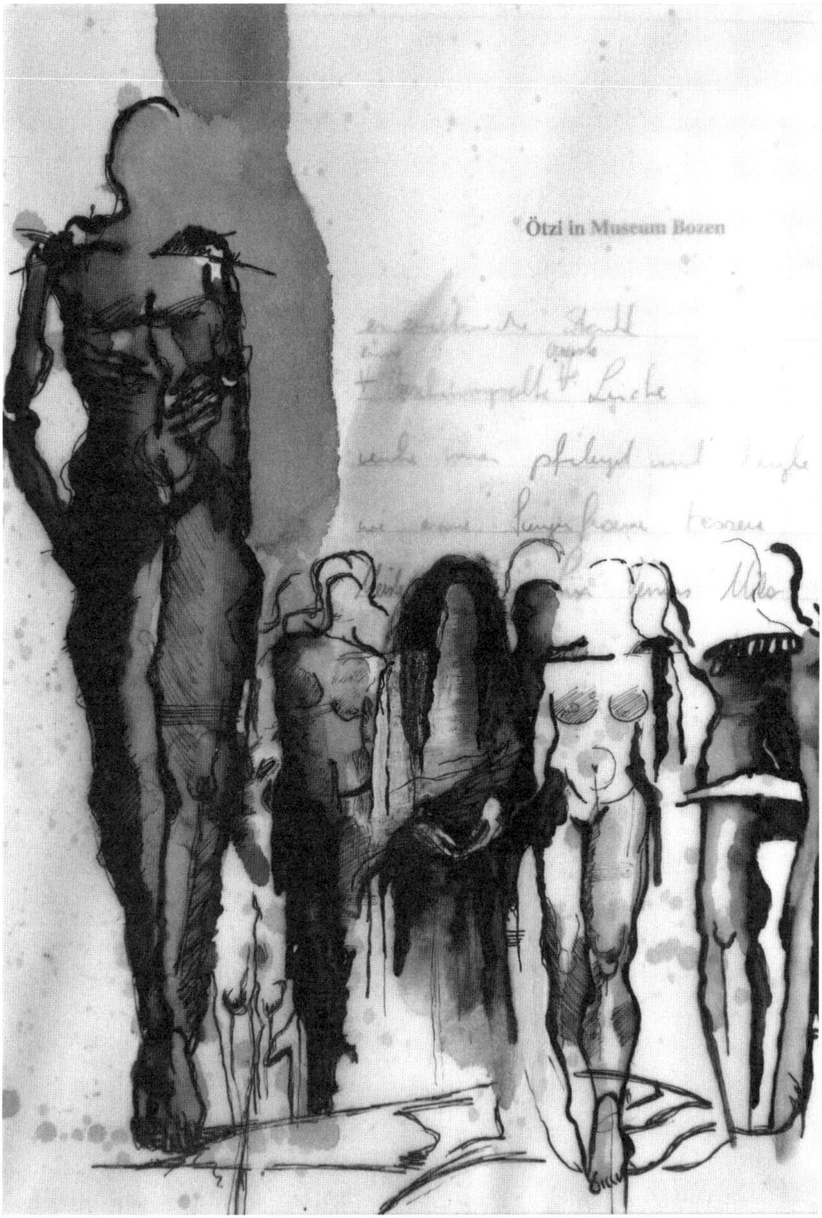
Ötzi in Museum Bozen

Armseligen anstarrten, desto mehr erkannten sie, dass er einer der ihrigen sein musste. Mit seinem wettergegerbten Gesicht ähnelte er vielen der Bergbauern. Seine wie geräucherte Haut erinnerte stark an jenes gepökelte Fleisch, das man hier Speck nannte. Mit seinem geheimnisvollen Ausdruck schlug er eine Brücke über die Jahrtausende und gab zu erkennen, dass sich nicht viel änderte. Kein einziger Knochen hatte sich anders entwickelt, kein Merkmal am Körper wich von dem der heutigen Bergler ab, und sein spitzbübischer Gesichtsausdruck schien gleich zu einem Glas Wein wie zu einer Rauferei einzuladen.

Sie hatten ihn schon zur Hälfte freigelegt, dass die Arme wie unnatürlich verfluchend herausragten als das Wetter sich verschlechterte, der Treibstoff des Hammers schicksalhaft zur Neige ging und die Zeit im Augenblick zerrann. So blieb ihnen nichts anderes übrig, als den Versuch abzubrechen. Noch einmal hatte sich der Tote verzweifelt des Versuches erwehrt, ihn von seiner Grabesstätte zu entfernen.

Mittlerweile bekam zufälligerweise der Extrembergsteiger Reinhold Messner diese Mumie zu Gesicht. Mochte er oft genug in seinem Leben durch Flunkereien und Aufgeblasenheiten aufgefallen sein, so behauptete er trotzdem starr und steif, dass die Leiche fünfhundert Jahre, wenn nicht dreitausend alt sei. Die Zeitungen glaubten ihm und schrieben es.

So lag die Leiche am vierten Tag noch immer zur Abholung bereit. Die Nachgeborenen welche mit den Sitten und Gewohnheiten dieses Land nicht vertraut sind, mögen Nachsicht am nun Folgenden üben. Wäre es nun wirklich unbillig alle traurigen Auswirkungen einzig und allein den Gelehrten und Wissenschaftlern dieses Landes zuzuschieben. Auf jeden Fall standen die Fernsehkameras bereit um den historischen Augenblick der Bergung dieser Leiche für immer und ewig aufs Bild zu bannen als der Hubschrauber des vortrefflichen Gerichtsmediziners Rainer Henn landete. Seine wissenschaftlichen Würde zu Erkennen gebend, und erstaunt über so viel sonst nie widerfahrender Ehre, begann dieser mit seiner Arbeit.

Er vergaß all seine Sorgfalt. Das Sichern der Spuren, das Einsammeln jedes kleinsten Details, das später Auskunft über Art und Weise des Ablebens dieses Armseligen hätte geben können und zurrte alsbald wie wild an diesem sich krampfhaft festkrallenden Luder herum. Er sonnte sich im Vergnügen, dass die Kameras alles verewigten. Er zerrte und riss, bis er es endlich schaffte den Leblosen im Leichensack zu verstauen. Seine Helfer pickelten indes weiter an den verschiedensten Utensilien herum und verstauten sie im Leichensack. Triumphierend fingerte Rainer Henn am Ende einen sonderbaren Gegenstand aus dem Eis und hob ihn stolz in Richtung surrender Kamera. Es war ein kleiner Dolch mit einer kurzen Feuersteinklinge und einem Holzgriff. Dermaßen entledigten sich die Fernsehreporter ihre Arbeit und alle krochen steif und gefroren in die Hubschrauber, um sich in aller Eile ins Tal manövrieren zu lassen.

Als es am nächsten Tag hell wurde beugte sich ein kurzsichtiger Archäologe namens Konrad Spindler mit schrulliger Nickelbrille ohne jedwedes Curriculum über die Leiche. Der Professor wäre wohl nie mehr als zu einer schnell verglimmenden Sternschnuppe am Firmament der Wissenschaft geworden, hätte das Schicksal nicht gerade ihm diesen Toten untergejubelt, der nun dalag und ihn mit seinen treuen Augen und seiner spitzbübischen Hasenscharte wie ein ungezogener Junge anbleckte.

„Mindestens viertausend Jahre alt," brachte er noch über seine Lippen. Dann war schon das bedeutungsvolle Ereignis in aller Munde.

*

Vorerst galt es diese Mumie behördlich zu taufen: „Homo tirolensis vom Hauslabjoch," sollte er genannt werden. Das klang den einheimischen Wissenschaftlern gar zu oberflächlich, um höheren Gefilden Genüge zu tun: „Jungneolitische Mumie aus dem Gletscher vom Hauslabjoch, Gemeinde Schnals, Autonome Provinz Bozen Südtirol, Italien“, sollte er für alle Zeit heißen. Diesen Ochsenschwanz wollten sie dem Armseligen aufbürden. Es dauerte nicht lange, da wurde es dem Wiener Journalisten Karl Wendl zuviel. Er wollte einfach einen weniger grausigen Namen für diesen Toten, einen, der sich kuschelig anhörte und der Eingang in die Seelen der einfachen Leute fand, als sei es der Karl, der Hansl oder der Sepp von nebenan.

„Diese ausgetrocknete, grässlich anzusehende Leiche muß positiver, lieblicher werden, um daraus eine gute Story zu machen“ , überkam es ihm. „Ötzi“ würde er ihn einfach nennen. Freund Ötzi, der von den Toten auferstanden war.

*

Nun konnte man den Forschern nicht mehr Einhalt gebieten, galt es doch aus dem Sterben dieses Mannes sein Leben in Erfahrung zu bringen. Einiges gab er freiwillig preis, vieles musste dem Störrischen mühselig abgerungen werden, anderes konnte man ihm überhaupt nicht entlocken. Der Tote war sogar älter als alle angenommen hatten. Vor 5.300 Jahren sollte er gelebt haben. Anstatt der angenommenen fünfzig Kilo wog er nur mehr deren sechzehn.

Wie ein Operationsteam rückten sie dem Kadaver zuleibe. Sie dokterten an ihm herum, denn Ungewöhnliches war zu erwarten. Schon von Anfang an geschahen seltsame Dinge. Die höchsten Wissenschaftler dieses Landes fanden seinen Penis nicht. Nun war guter Rat teuer. Die kuriosesten Gedanken machten die Runde. Man glaubte an Verzauberung oder im mindesten Fall an Betrug. Dem ehrenwerten Professor Konrad Spindler warf man vor, dies kostbare Stück selbst entwendet zu haben. Es ging um seine wissenschaftliche Ehre. Da die Erwartungshaltung groß war, setzte man alle technischen Errungenschaften ein, um das Rätsel zu lösen. Und tatsächlich fand man das Gesuchte. Er war einfach nur zerdrückt und angefroren.

*

Professor Konrad Spindler schwang sich zum König aller Mumienforscher auf. Er reiste rund um die Welt, gab sein Wissen zum Besten und reagierte mit Stolz und Befriedigung auf die vielen Ehrungen. Die Finder aber, das arme Ehepaar Simon, vernachlässigte man ganz. So dauerte es nicht lange, bis man ihnen überhaupt absprach, leibhaftig diese wichtigste aller Mumien gefunden zu haben.

Lieber Fremde, der du kein Eingeweihter der Sitten dieses Landes bist und dir gerade am Geschehen rund um diesen Armseligen manch einen Gedanken der Pietät und Ehrfurcht aufkeimte! Du stehst nicht alleine. Denn nicht nur du stellst Fragen darüber, was man mit solch einem wehrlosen Wesen anstellen durfte.

Viele Jahre schnitten, zupften und zurrten die besten Gelehrten an der Mumie, welche nun wirklich Ötzi hieß, herum, bis man es an der Zeit fand, diesem Dahingeschiedenen ein bleibendes Zuhause zu geben. Nicht, dass man darunter etwas verstand, wo der kunstvoll Malträtierte seine selige Ruhe finden konnte oder ein unschuldig Gefolterter in Frieden weiterleben konnte. Nein, er sollte eine Bleibe finden, wo ihn tausende von Todestouristen begaffen und anstarren konnten. Die Wahl fiel aus unerfindlichen Gründen auf Bozen.

*

Kaum angekommen, wurde Ötzi zum Hauptereignis der kulturellen Saison, wobei man alles tat, um der Leichenschau einen höheren schöpferisch geistigen Auftrag zu vermitteln. Sogar einen persönlichen Leibarzt stellten sie ihm zur Seite: Eduard Egarter-Vigl, hieß der Mann. Ihm war der Tod im Laufe des Lebens zum Beruf geworden, dass er jede Leiche bloß als sterbliche Hülle eines Menschen wahrzunehmen imstande war. Insofern ähnelte für ihn der Tote einem kaputten Auto. Er war ein richtiger Wissenschaftler, glaubte er, die Suche nach neuen Erkenntnissen zum Wohle der Menschheit habe Vorrang vor den nicht mehr mitteilbaren Wünschen des Toten. Je mehr Zeit der kleine Achtung gebietende Krankheitsforscher mit der Mumie in nachbarschaftlicher Berührung verbrachte, desto weniger gelang es einwandfrei festzustellen, ob er mehr von den Zügen des Ausgestellten annahm, oder umgekehrt. Ein eigenartiger Kadavergehorsam, der mit jedem Tag inniger wurde, verband ihn alsbald untrennbar mit dem Toten. Stundenlang saß er manches Tages mutterseelenallein mit dem geselchten, durchaus rüstigen Fünfzigjährigen herum, führte geistige Zwiegespräche oder ließ seine Fantasie über die Jahrtausende zurückeilen. Es entwickelte sich ein derart freundschaftliches Verhältnis, dass er sogar seine Angst vor ihm ablegte.

*

Die Leute fanden solches Vergnügen an diesem Jäger der verlorenen Zeit, dass alsbald Bozen und das Land rundherum eine seltsam unvernünftige Berühmtheit bekam. Trotzdem schien sich Ötzis versinkendes Leben wieder dem Stillstand zuzuneigen. Die meisten seiner vielen Geheimnisse glaubte man gelöst, das Interesse am Guckloch ließ mehr und mehr nach, oder wurde von anderen noch schaurigeren Ausstellungsleichen abgelöst. Doch plötzlich erwachte die Leiche von neuem auf grauenhafteste Weise, in einer Art wie es sich niemand vorgestellt hätte.

Es kam der Sommer 2001. Zusammen mit einem anderen Arzt, dem Radiologen Paul Gostner, sichtete Pathologe Eduard Egarter Vigl wie gelangweilt einige Röntgenbilder, welche man vom Eismann angefertigt hatte. Da fiel es ihnen wie Schuppen von den Augen und sie erschraken heillos. Sahen sie doch einen verdächtigen Schatten an seiner linken Schulter. Der Armselige war wirklich mit einem sehenswerten „Blattschuss“ abgeschossen worden. In diesem Augenblick wurden sie zu Zeugen eines Mordes. Tief drinnen steckte die steinerne Pfeilspitze.

Zehn Jahre untersuchten die besten Koryphäen diese Leiche und rätselten über die Todesursache. Hunderte Theorien waren aufgebracht worden. Das war noch lange nicht alles. Als sie den Toten noch verbohrter unter die Lupe nahmen, entdeckten sie voll Schaudern mit welch fürchterlichem und gemeingefährlichem Raufbold sie es zu tun hatten. Je mehr sie sich den Toten anschauten, desto mehr Verletzungen entdeckten sie, dass sie alsbald richtig gehend Mitleid mit ihm bekamen. An der linken Hand, am rechten Unterarm, an der Brust trug er die Spuren einer grenzenlosen Raufwut in sich.

Alles deutete auf einen erbitterten Raufhändel hin, denn selbst auf Ötzis Kleidung und seinen Waffen stieß man noch auf Blut und zwar von verschiedenen Menschen. Entsetzliches muss sich für den Armseligen zugetragen haben. Wie kannibalisch durften sie hoch oben auf den Bergen gerauft haben. Bis ein listig abgeschossener Pfeil, das Schulterblatt durchschlug, fast bis zur Lunge drang, und ihn ins Jenseits beförderte. Er musste dabei arge Schmerzen gelitten haben, während ihm das Blut im Schwall aus dem Körper schoss. Keiner hätte es für möglich gehalten, doch bedurfte es nur weniger Jahre und dieser eigensinnige Geselle schaffte es, - wie Phönix aus dem Gletscherschnee tauchend – dies Land im Gebirge mit all seinen Menschen zu verzaubern.

*

Es sei noch kurz erlaubt, auf das weitere Schicksal des Finderehepaares Simon einzugehen, und wie sich ihr Leben nach dem vermeintlich größten Tag ihres Lebens veränderte. Vorsichtig und bescheiden fragten sie bei den Politikern um die Anerkennung ihres Glücksfundes an. So als habe ein böser Geist alle verblendet, beschieden ihnen die Staatsmänner, dass sie ihn gar nicht gefunden hätten und wenn, hätten sie ihm alles angetan, um ihn zu vernichten.

Sie warfen ihnen sogar vor, ohne Genehmigung des Besitzers fremden Grund betreten zu haben und auf diesem die „Sache“

gesucht zu haben. Und „die Sache“ erwies sich in der Folgezeit als ein derart alles durcheinander bringender Klabautermann, dem nichts anderes einfiel als schadhaft durchs Land zu tollen. Selbst des Betruges bezichtigte man sie und der Fahrlässigkeit. Sie hätten den Leichnam zudem misshandelt und gegen seine Totenruhe verstoßen. In all diesen Punkten hätten sie als Finder gegen das Gesetz verstoßen. Es war ihr Glück, dass man Milde vor Recht gehen ließe und sie nicht schwer bestrafte.

*

Welche Lawine hatte das so bieder vereinte Ehepaar Simon losgetreten? Welch böse Spukgestalt heraufbeschworen! Zuerst holte er sich Günter Henn. Warum hatte er den Kadaver mit seinen unvorsichtigen Pratzen vor die Kameras halten müssen und ihn wie ein Stück lästiges Sperrgut in den Leichensack gequetscht? Ziemte es sich doch nicht in Gegenwart der Toten laut oder ausgelassen zu sprechen oder Lärm zu verursachen um seine Ruhe zu stören! Dies alles hätte der Gerichtsmediziner erkennen müssen. Sein Leben ging im Jahr 1992, knapp ein Jahr nachdem er ihn malträtiert hatte, durch einen Genickbruch zu Ende, als er gerade zu einem Vortrag über diesen Eismann hastete.

Als nächstes traf es den damals anwesenden Bergführer Kurt Fritz. Hatte es dieser doch gewagt, den Toten aus seiner eiskalten Gruft ins grelle Scheinwerferlicht des gesellschaftlichen Lebens zu zerren. Eine Eislawine drückte ihn in eine Gletscherspalte, so als sollte ihm das gleiche Schicksal aufgezwängt werden. Dann kam Rainer Hölzl an die Reihe, jener Mann, der ihn lustvoll niederträchtig filmte, als man ihn aus dem Eis herauskratzte. Eine schlimme Krankheit setzte seinem so hoffnungsvollen Leben einen Schlussstrich.

Rächte sich nun Ötzi mit böser Verwünschung an allen, die ihm jemals nahe gekommen waren? Im Herbst 2004 brach der rüstige Helmut Simon, der Hauptschuldige, zu einer Bergwanderung zum Gamskarkogel im Gasteiner Tal auf. Er verließ leichtfertig den markierten Weg. Der Grimm des „Rächers aus dem Eis“, wie sie Ötzi ab nun betitelten, war furchtbar. Helmut Simon starb einsam und verlassen in Eis und Schnee, ohne den inneren Frieden mit ihm gefunden zu haben. Drei Wochen später fand man seine Überreste, gleich wie er einst die Mumie gefunden hatte.

Ein Jahr später holte sich der Eismensch den Mikrobiologen Professor Friedrich Tiefenbrunner. Seine einzigartige Leistung war gewesen, die Mumie vor Verderbnis geschützt zu haben. Dies sollte ihn nicht von seinem Schicksal bewahren. Ein Klinikssprecher vermerkte oberflächlich: "Sein Tod kam völlig unerwartet."

Zu ihrem Entsetzen erkannten die Menschen, dass dunkle Mächte am Werk sein mussten. War dieser Mann der Kälte ein Zauberer gewesen, oder ein Schamane? Der selbst noch im Sterben und nach Jahrtausenden die Menschen ins Verderben stürzte? Die Täter hatten es damals versäumt den Kadaver in der Erde zu versenken und deswegen war sein Geist nicht zur Ruhe gekommen.

Scherzhaft lachend gab Professor Konrad Spindler „Werde ich der nächste sein?“ zum Besten. Er hätte diesen Satz niemals so leichtfertig über die Lippen bringen sollen. Noch im gleichen Jahr 2005 ging sein Leben dem Ende zu. Sein Gesundheitszustand verschlechterte sich geschwinde. Er starb im Alter von nur sechsundsechzig Jahren. Sie alle hatten es gewagt, die Ruhe dieses Toten zu stören.

*

Mit der Angst bekamen es nun auch jene zu tun, welche im Archäologiemuseum in Bozen Dienst taten und sogar jene, welche ihm vielleicht nur einmal als Besucher lüstern in die Augen schauten.

"Ich habe ihm nichts getan, nur einen Schuh ausgezogen", rechtfertigte sich getroffen ein Wissenschaftler der Ötzis

Habseligkeiten untersucht hatte. "Ich habe ihn immer nur angesehen, nie berührt", ein anderer. "Ich war bloß ein- zweimal in seiner Zelle und habe ihn nur ein einziges Mal angefasst", entschuldigte sich der Museumsdirektor. "Ich habe nur gut von ihm gesprochen", beteuerte die Frau, welche im Museum die Führungen machte und über Leben und Sterben dieses unheilvollen Menschen erzählen musste.

Jeder bemühte sich plötzlich krankhaft zu betonen, nur gut von diesem Mann gesprochen zu haben. Und viele fragten sich, ob es für alle nicht besser gewesen wäre, diese fluchende Mumie in alle Ewigkeit dort ruhen zu lassen, wo er ohnehin von allein verlotterte. Denn jetzt – losgelöst von allen Fesseln des Gletschereises begann er unbeirrbar herumzuspuken.

„Es ist etwas Schlechtes, den Toten nicht zu bestatten – das muss bestraft werden“, begann sich plötzlich selbst bei Doktor Eduard Egarter-Vigl ein eigenartiges Missbehagen zu entwickeln. War es wirklich nötig gewesen diese Leiche, so nackt, wie er war, im Museum zur Begaffung frei zu geben und dies alles nur wegen des schnöden Mammons willen?

So bedrückte der „Fluch des Ötzi“ diese Menschen in bizarrer und makabrer Weise und beschäftigte sie zusehends.

Man kann sich vorstellen, dass manch einem der Inhalt dieses Buches seltsam genug erscheinen mag. Gewisse Sichtweisen und Umherschweifungen sind sogar eigenartig. Durch einen seltsamen Zufall entdeckte ich, dass das Land „Loritanien“, von woher der Wanderer stammte durch einen sonderbaren Zufall in der Umkehrung gelesen den Namen „Tirol“ in sich enthält.

Sollte es nicht doch Aufgabe unserer Abenteurer und Erforscher sein, mehr von den Sitten, Bräuchen und Weisheiten der Loritanier kennen zu lernen, um im Gedankenaustausch die Vorzüge beider Länder zu vereinen.

Michael Wachtler